本书系国家社科基金青年项目

"公民养老保障的国家义务研究"（19CFX050）的结项成果

公民养老权的
国家义务研究

杨复卫　著

GONGMIN YANGLAOQUAN DE

GUOJIA YIWU YANJIU

上海人民出版社

序 一

当前，社会法学界鲜有学者从公民养老权的反向视角来论证、探讨国家的养老义务及其实现路径，即"国家义务—公民权利"的反向思维模式。由于"国家养老义务"研究的缺失，造成我国公民养老权利的国家保障处于相对失守的状态。在此背景下，杨复卫老师所著《公民养老权的国家义务研究》一书采取了社会法学和公法学综合交叉的研究视角和方法，不仅开拓了对国家养老义务问题进行研究的广阔空间，而且可以很好地弥补公民养老权研究视角和方法的不足，是他多年研究成果的凝练与总结。

本书研究国家养老义务是公民养老权利研究视角和方法的一次重大转换，是对公民养老保障权实现的有益补充，也是公民养老权利的一种反向证明方式。"国家养老义务"是公民养老权利保障和实现的一种法律机制，是公民养老权利的一种反射与镜像投映。通过国家养老义务来保障公民养老权利，可有效保障公民"有尊严地活着"。杨复卫老师多年苦心钻研公民养老保障问题，不仅契合了当下国家战略，还可丰富社会法学研究的理论与实践内涵。

具体而言，我认为本书研究内容的重要观点体现在以下四个方面：

第一，本书在公民养老权研究思路和视角方面有重大转换。根据《"十四五"积极应对人口老龄化工程和托育建设实施方案》和《老年人权益保障法》，我国在政策和法律层面已经承认"公民养老权利"是一项实在法权利，也表明"保障公民养老权益"已经成为党和政府的基本行动纲领。本书立足于中国人口老龄化现实困境，系统回顾和反思以往环境权研究成果，进行方法论与研究视角之转换，推导出国家养老义务这一命题和范畴。

第二，本书拨开了"只生一个好政府来养老""只生一个好政府帮养老""养老不能靠政府"的现实迷雾。本书提出通过强化公民养老权利和国家养老义务，提高国家化解养老危机的能力，将"养老靠家庭、轻国家"的治理模式转变为"国家、家庭和社会共同参与相结合"的合作模式，从根本上建立健全国家养老责任的边界和问责机制。此外，本书展望了社会法和其他部门法的沟通与协调，国家、社会和家庭的公民养老义务应当加以衡平。

第三，公民养老权益的保障除了从国家义务来论证外，还应当考虑从私法权利、政府职责、个体义务和家庭义务等多维度来进行，使其成为一种相互独立又相互补充的公民养老权益保护体系。本书基于基础理论思辨论证和学科交叉研究的方法，吸纳社会法学、宪法学、行政法学和法社会学等学科的最新理论和方法，从元理论上提出并证成"公民养老权的国家义务"，并论证其理论范畴体系与实际应用；同时采取比较研究、规范分析、法解释学等方法，借鉴国外相关的立法建构、基本运行、具体法律制度演绎等，为养老法治的建设与完善提出对策和建议。

第四，本书通过实践例证反证了公民养老权的国家尊重、保护和给付义务。通过研究个人养老金的制度实践，本书证成了国家为解决公民补充养老问题而采取的制度性措施，以缓解当下"养老金危机"带来部分群体养老给付偏低问题，体现了对人性的尊重。社保财务"外部负担"的化解则实践了面对"养老金危机"而采取的有效措施，通过制度构建缓解未来可能存在的养老金支付问题，体现国家对公民未来养老给付的保护。财政补贴养老保险则是解决当下养老金支付问题，确保基本养老保险基金给付及时、有效。

本书研究视野开阔，研究内容丰富，有极强的问题意识。本书的研究并非仅仅理论上的探讨，也是人口老龄化时代积极应对人口与生育深刻变化和变迁之客观需求与回应，蕴含着作者多年对社会保障法领域的深挖与苦研，于理论与实务都能为读者提供诸多裨益，实在是不可多得的佳作。万望杨复卫老师能够在社会保障法领域持续深耕，产出更多佳作，为我国高质量养老保障事业的发展贡献一份力量。

张新民

2023 年 4 月 18 日

序　二

复卫教授将其新作《公民养老权的国家义务研究》书稿发我，邀我作序。我借此亦将自己对养老问题以及养老保险法制谈谈感受，并不一定按照书稿的内容展开。

中国社会保障法之理论研究、教学展开系劳动法学教学的副产品，二十多年前的劳动法教科书中包含一章"社会保险法"即其全部。记得20世纪末，中国人民大学法学院黎建飞教授主编第一本《社会保障法》教材时，曾邀我参与编写，后来我没有参加，我认为当时这个教材以前没有接触过，不知写什么。2005年，我在中国政法大学第一次开"社会保障法"课程时，心里没底，课程内容完全摸索。直至今日，全国范围内，该领域的立法并没有大的突破。随着"劳动和社会保障法"作为一门重要的法学课程，"社会保障法"概念已经为学界所知悉。诚然，因为经济社会发展尚处于"初级阶段"，教学、科研的时间短暂，立法没有相应的跟进，这个领域的教学与科研在我国法学界系最弱势一科。随着教学、科研队伍的扩充及经济社会发展的需要，该领域的所有问题都是社会现实问题，几乎涉及每个国民的切身权益，理论探讨和研究会得到相应的重视。

认识复卫缘起张荣芳、张新民二位教授的引荐，张荣芳教授系复卫的博士生指导教授，指导复卫教授专注于养老保险法领域的学术研究；张新民教授曾在西南政法大学经济法专业读博期间选择了养老保险法律制度研究作为博士论文的选题，并出版了专著，之后，教学、科研的中心转移至社会法领域，尤其对养老保险法进行了深入的理论探讨。复卫教授随二位教授学术引领，这些年一直将研究重心投注于社会保障法—社会保险法—养老保险法领域。学术展开分精专、广博两个经纬度，前者需要不断的深入，选题越来越小，研究问题越来越深入；后者范围宽泛，面上铺陈甚广。复卫长期专注于社会养老保险法领域，对此一中国当代社会所面临的挑战问题进行了深入研究。

20世纪90年代，随着国企改革的不断深入，以及企业市场化程度的不断提高，社会养老保险制度建构逐渐被纳入政策议题、立法议题，之后，随着城镇职工养老保险制度的建立，农民养老保险，甚至城乡居民养老保险制度建构被提上议事日程，并在实践中摸索展开。随着我国人口结构变迁、城市化、少子化程度的加剧，未来完全依赖子女养老的格局逐渐被社会化养老所替代；未来子女养老负担越来越轻，而国家、社会，以及个人合力养老的格局将逐步形成。国家对于国民的养老问题不再同既往一样可有可无，而是承担着相应的公法上的义务。复卫教授以"公民养老权与国家义务研究"为命题申请了相关项目，并形成了其学术成果。"公民养老权"概念，没有写进《宪法》中，其他法律法规亦没有提及，多由学界进行分析与归纳。与民法学科的"物权""债权""人格权"等源自法律规定相比，宪法、社会法领域所涉及的社会权利许多尚属"纸面"上的权利，这些"权"大多没有形成法律上的请求权，更像是一种呼吁和呐喊。复卫的此项研究具有理论意义和实践价值，其呼吁和呐喊的价值超越了法律制度的实践价值。

20世纪80年代开始，三十多年的独生子女政策，使我国人口代际结构发生了深刻调整，家庭越来越核子化，大城市家庭平均人口不到三人；农村生育率亦大为降低，家庭平均人口大幅减少。进入21世纪之后，不婚不育率越来越高，至2022年年底，我国近百年以来，人口出现了负增长。从个体家庭角度，家庭养老的功能逐渐退减；从社会整体角度，社会养老的功能逐渐被放大，这是不可逆转的趋势。当然，在这一趋势中，部分当事人可能未参加养老保险，老人个人积蓄少，子女经济能力弱，老年的经济安全将出现问题。例如，相当数量的农民工，包括平台骑手未参加社会养老保险，老年后的经济保障将成为问题，或者说，未来的养老质量肯定出现问题。此等情形下，国家是否负有这些人群的养老义务？于此意义，复卫教授将"国家养老义务"设置为命题进行研究，于未来而言应当具有相应的价值。目前，我国养老保险财政转移占比较高，保险缴费占比功能有限，"恩济"式养老模式尚未改变，依赖"国家"的思想旧念仍然存在。而透过保险精算，透过当事人之法定缴费义务（Contribution）之履行，透过代际供养关系，实现老年人晚年的经济保障，此为养老保险。政府所负担义务，更准确地说应当是"职责"，政府应当成为服务型政府、给付政府，给老百姓把这等"麻烦"事操办好而已，并非直接从财政国库中支付养老费用。于此意义，任何一个国家和地区对此项事业，皆有"义务"。

我国社会生活中存在的"养老保险"，域外一般称之为"年金保险"，系典型的代际保险，系将老年人晚年经济安全保障之社会政策与保险技术有机嫁接的一种社会保险政策，始于1889年的德国《残疾与老年年金保险法》，一开始保险对象专注于"劳工"，之后，覆盖其他社会成员。东亚国家和地区，日本、韩国亦如德国法制，分别建构起职业人群的年金保险制度，之后，向没有工作的无职业人员的国民年金制度过渡，形成了覆盖所有人群的社会养老保险法制。不同的国家和地区，因其社会养老保险组织模式上的差异会略有不同，而养老保险隶属社会行政给付属性是一致的，换言之，国家养老义务系由社会行政给付义务而实现。于保险对象而言，其缴费义务（Contribution）系实现其养老金请求权、国家（政府）履行养老保险行政给付义务的前提。亦如我国法律上的规定，此一系列操作称之为"社会保险经办"。本人猜测，复卫教授所称之"公民养老权与国家义务研究"乃是从抽象之权利与义务，或者从宪法高度论证的权利与义务，于此，这一研究并非解释法学上之权利与义务。我国社会保险项目中，工伤保险率先进入法律实践，但社会保险属性并不突出。养老保险还未成为真正意义上的法律调整的范畴，如个别用人单位与劳动者未参保、农民工退保本不属于养老保险法律的问题，在我国竟成事实。我国该领域的制度建构与理论研究才开始启动，好多问题通过多年实践和摸索，才认识到问题的存在，例如养老保险个人账户的问题。期待我国的老年年金保险法制建构能够逐步规范、科学。

复卫教授的著作系本领域少有的著作，期待更多的学术探索得以展开。亦期待复卫的研究从抽象到具体，引证上更关注同行，尤其是境外的同行，本著作中没有郭明政、郝凤鸣、钟秉正、孙迺翊的著述，亦未有荒木诚之、菊池馨实等同行的著述，期待复卫更多地关注于具体的制度、具体的权利、具体的义务。调研分析中国具体的养老保险经办与实务操作，形成社会养老保险法领域的权利、义务与职责语境。以上皆为共勉！

郑尚元

于清华大学法律图书馆

2023 年 4 月

目　录

序一/1

序二/1

导言/1

第一章　绪论/5

　　第一节　研究问题的背景和问题缘起/5

　　　　一、研究背景/7

　　　　二、相关人口数据/8

　　　　三、问题提出：中国式养老困局/9

　　第二节　研究意义/12

　　　　一、两种观点比较/12

　　　　二、理论意义/14

　　　　三、实践意义/16

　　第三节　研究思路与研究方法/19

　　　　一、研究思路/19

　　　　二、研究方法/19

　　　　三、主要观点及创新之处/21

第二章　公民养老权国家义务的法理基础/23

　　第一节　国家存在的目的与任务/23

　　　　一、国家存在的目的和功能/23

　　　　二、国家的任务/24

　　第二节　国家帮助公民养老的法理逻辑/28

　　　　一、法源基础/28

　　　　二、国家义务源于基本权利/31

　　　　三、养老权实现的国家义务/33

　　　　四、国家救助义务与公民养老权的国家义务/34

　　　　五、国家履行公民养老义务/35

六、国际视野下保障公民养老权利的国家义务/38

第三节　公民养老权国家义务提出：国家干预养老保险的实质/40

一、公民养老权国家义务提出："形成"而非"限制"/41

二、公民养老权国家义务内容："尊重、保护与给付"义务/43

第三章　公民养老权国家义务的法律证成/47

第一节　国家养老：一种人类社会运行工具的法理逻辑/47

一、养老：自然机理与社会建构连接的结构链带/47

二、国家养老：生存权利与宪制义务运行的应然图景/49

第二节　国家养老义务的宪法证成/52

一、公民养老权——宪法未列明的基本权利/53

二、公民养老权的权利基础/55

三、公民养老权的规范构筑/59

第三节　国家养老义务的构造及其实现限度/64

一、国家养老义务的基本内涵/64

二、国家养老义务限度设定的影响因素/65

第四章　公民养老权国家义务的基本内容/75

第一节　公民养老权的国家尊重义务/75

一、公民养老权的国家尊重义务的逻辑起点与内涵/76

二、公民养老权的国家尊重义务的内容/77

三、公民养老权的国家尊重义务的现实维度/78

第二节　公民养老权的国家保护义务/80

一、公民养老权的国家保护义务的价值基础与主观权利性质/80

二、公民养老权的国家保护义务的基本类型/81

三、公民养老权的国家保护义务的边界讨论/83

第三节　公民养老权的国家给付义务/86

一、公民养老权国家给付义务的职能与原则/86

二、公民养老权国家给付义务的内容建构/88

三、公民养老权国家给付义务的范围与次序/90

四、公民养老权国家给付义务的实践/92

第五章 公民养老权国家义务的履行路径/97

第一节 问题缘起：公民养老权实现困境和国家义务履行/98

一、公民养老权实现仍存在制度障碍/98

二、国家保障公民养老权实现的正当性/101

三、通过国家义务实现公民养老权的现实与理论意义/107

第二节 公民养老权救济的国家义务履行/108

一、国家尊重义务中的公民养老权救济/110

二、国家保护义务中的公民养老权救济/112

三、国家给付义务中的公民养老权救济/114

第三节 公民养老权国家义务不履行的责任承担/115

一、公民养老权国家义务不履行的责任/115

二、公民养老权国家义务不履行的司法救济：不作为诉讼/118

第四节 财政补贴养老保险基金内涵国家养老义务履行/124

一、财政补贴直接目的是补偿养老保险基金的政策负担/124

二、财政补贴客观上可以缓解养老保险基金的支付压力/125

三、财政补贴最终目的是履行养老保险基金中的国家义务/126

第六章 公民养老权国家尊重义务：个人养老金的制度实践/129

第一节 个人养老金中的国家尊重义务缘起/129

第二节 个人养老金的制度背景和历史沿革/131

一、个人养老金的制度背景/131

二、个人养老金的制度历史/132

第三节 个人养老金国家尊重义务的现实图景及法律支撑/134

一、个人养老金国家尊重义务的现实图景/134

二、个人养老金国家尊重义务的理论基础/136

三、个人养老金国家尊重义务的规范证成/140

第四节 个人养老金国家尊重义务的履行内容/142

一、个人养老金制度模式构建/142

二、个人养老金的税收优惠激励/144

三、个人养老金投资收益监管/147

第五节 个人养老金国家尊重义务的履行路径/148

一、构建个人养老金制度模式/148

二、优化税收优惠激励方案/150

三、建立个人养老金监管制度/153

第七章 公民养老权国家保护义务：社保财务"外部负担"化解实践/155

第一节 问题意向/155

第二节 基本养老保险财务运作的基本原理/157

一、基本养老保险费缴纳的强制性设计/157

二、基本养老保险待遇给付的保险原则/159

三、基本养老保险财务收支的总体平衡/160

第三节 基本养老保险财务运作的"外部负担"/162

一、保险财务承受"外部负担"的典型事例/162

二、"外部负担"不是财务运作的内生逻辑/166

第四节 "外部负担"化解现状：基于法律文本的量化分析/169

一、"外部负担"的方式与类型：基于央地法律文本的解读/170

二、"外部负担"的化解方法：整体纳入政府公共财政预算/175

第五节 "外部负担"化解路径：基本养老保险财务自动调整法律机制构建/178

一、财务自动调整法律机制构建的理念/179

二、财务自动调整法律机制构建的方案/182

三、财务自动调整法律机制的保障设施/184

第八章 公民养老权国家给付义务：财政补贴养老保险实践/187

第一节 国家给付义务的履行实践：财政补贴养老保险/188

一、财政补贴养老保险的基本形式与实践逻辑/188

二、财政补贴养老保险是国家给付义务的实践形式/190

第二节 养老保险国家给付义务定位的逻辑混乱与缘由/192

一、义务定位混乱：社会保险法到单行法的体系解读/192

二、混乱缘由：养老保险中的国家角色含混不清/197

第三节　养老保险国家给付义务的应然定位与确立基准/200

一、应然定位：基于财政与养老保险交织现实/201

二、国家给付义务基准受国家财政能力牵连/204

第四节　国家给付义务规范塑造：从定位到基准的设计/207

一、增设国家给付义务定位一般条款/208

二、构筑国家给付义务基准的设计逻辑与规范/210

三、完善国家给付义务承担的精算与预算规则/212

四、养老保险国家给付义务设计规范的法治化/213

参考文献/214

后记/234

导　言

　　人民的养老问题始终是"国之大者"。2022年年末全国人口141175万人，比2021年减少85万人，标志着我国人口变动趋势出现历史性转折，进入了人口负增长时代。生育率下降和人口老龄化已经是全球面临的共同挑战。中国养老保障改革是积极应对当前人口老龄化，主动适应新时代社会治理现代化和全面推进"一老一小"改革与建设的一项紧迫任务。党的二十大报告指出："我们深入贯彻以人民为中心的发展思想，在幼有所育、学有所教、劳有所得、病有所医、老有所养、住有所居、弱有所扶上持续用力，人民生活全方位改善。"在中国共产党的带领下，我们建成世界上规模最大的社会保障体系，基本养老保险覆盖十亿四千万人，人民群众获得感、幸福感、安全感更加充实、更有保障、更可持续，共同富裕取得新成效。党的十九大报告早就提出"构建多层次养老服务保障体系，实现'老有所养'"，二十大报告进一步指出"健全社会保障体系……实施积极应对人口老龄化国家战略"，体现了最高决策者将人口老龄化治理放到更加紧迫和重要的位置。

　　在此同时，中共中央、国务院出台了《关于加强新时代老龄工作的意见》，指明要"走出一条中国特色积极应对人口老龄化道路"。这不仅彰显了积极主动探索治理人口老龄化问题的"中国方案"，还蕴含了积极投身全球对话并贡献老龄社会治理经验与智慧的担当。实际上，党的十八大以来中央和地方政府出台了大量解决人口老龄化问题的政策文本，开展了大量社会养老服务的地方实践，基本解决了约1.43亿的城镇和1.21亿的农村60岁以上人口的养老问题。基于地区和城乡差异，我国基本建成了全球最大的多层次社会养老保障体系，既解决了人口老龄化衍生的公民养老权保障问题，又满足了老人对美好养老生活的向往。在中国人口老龄化和生育政策转变的大背景下，家庭养老负担加重，社会保险存在失灵风险，国家必须在一定程度上承担养老义务。因此，从国家义务角度研究公民养老保障问题，既是国家战略，又落实宪法基本权利，还可丰富社会法学研究的理论与实践内涵。

党的十九大报告将国家加强养老保障体系建设作为保障和改善民生的重要理念，积极应对人口老龄化，构建养老法律体系成为国家战略。现代法治国原则认为，国家是公民养老保障的主要承担者，只有规范和控制国家养老保障行为，才能有效解决公民养老问题。对此，不少国家采取了"公民养老义务和权利并重""国家养老义务和权力并重"的立法思路，这有助于公民养老权利和义务的衡平、协调和统一。如果说忽视公民养老权利会损害社会法效力，那么忽视国家养老义务同样有损社会法效力。生活中，在谈到养老义务时，通常会关注到公民对于年老父母的养老义务而非想到"国家"的养老义务，这是典型的"公民权利—公民义务"单一化的单向线性思维。法治国家的一般理论认为，国家养老义务源于公民养老权利，公民养老权利要求并衍生国家养老义务，国家养老义务是公民养老权利的保障。为此，本书基于中国养老现状，以国家养老义务的证成与实现为研究对象。"国家养老义务"是公民养老权利保障和实现的一种法律机制，是公民养老权利的一种反射与镜像投映。研究国家养老义务是公民养老权利研究视角和方法的一次重大转换，也是对公民养老保障权实现的有益补充。强化国家养老义务实际上是强化公民养老权利。因此，通过国家养老义务来保障公民养老权利，可有效保障公民"有尊严地活着"。

实际上，我国《宪法》并无公民养老权或公民社会保障权的明确规定，也即并不存在宪法规范上的公民养老权的国家义务。我国《宪法》关于公民社会保障的规定主要通过以下条款得以实现：总纲第14条第4款"国家建立健全同经济发展水平相适应的社会保障制度"；第二章"公民的基本权利和义务"第33条第3款"国家尊重和保障人权"；第44条"国家依照法律规定实行企业事业组织的职工和国家机关工作人员的退休制度。退休人员的生活受到国家和社会的保障"；第45条规定："中华人民共和国公民在年老、疾病或者丧失劳动能力的情况下，有从国家和社会获得物质帮助的权利。国家发展为公民享受这些权利所需要的社会保险。"此时的问题便是，《宪法》未列举的公民权利是否应当获得同宪法基本权利类似的保障，以及对应国家义务。"物质帮助权"是否可替代"公民养老保障权利"显然值得商榷，如认为"物质帮助权"可替代"社会保障权"，不能概括关于社会保障各条款所规定的社会保障权利内容，与社会保障权之内涵仍有较大差异。"物质帮助"作为日常用语，体现的是随意的、暂时的援助，主动权在帮助者，帮助者没有帮助的义务。此外，"帮助"与"量""度"不易结合，过于通俗与泛化，这一概念强调了对被帮助者的恩惠与仁慈，没有体现出"帮助者"的责任与义务。公民养老权的国家义务是公民在年老、疾病或者丧失劳动能力情形下所获得的"物质帮助"，皆须依赖"国家发展为公民享受这些权利所需要的社会保险、社会救济和医疗卫生事业"。因此，即使《宪法》未列举公民养老权，公民养老权利的享有也与国家养老义务形成相应的对价，公民养老权利应具有实体法与程序法上的请求权，而非"帮助"。

当前，社会法学界鲜有学者从公民养老权的反向视角来论证、探讨国家的养老义务及其实现路径，即"国家义务—公民权利"的反向思维模式。由于"国家养老义务"研究的缺失，造成我国公民养老权利的国家保障处于相对失守的状态。在此背景下，本书采取了社会法学和公法学综合交叉的研究视角和方法，不仅开拓了对国家养老义务问题进行研究的广阔空间，而且可以很好地弥补公民养老权研究视角和方法的不足。本书的研究并非仅仅是理论上的探讨，也是人口老龄化时代积极应对人口与生育深刻变化和变迁之客观需求与回应。本书在研究视角、研究方法、研究内容和研究观点等方面都不乏创新之处：

第一，本书在公民养老权研究思路和视角方面有重大转换。根据《"十四五"积极应对人口老龄化工程和托育建设实施方案》和《老年人权益保障法》，我国在政策和法律层面已经承认"公民养老权利"是一项实在法权利，也表明"保障公民养老权益"已经成为党和政府的基本行动纲领。本书立足于中国人口老龄化现实困境，系统回顾和反思以往环境权研究成果，进行方法论与研究视角之转换，推导出国家养老义务这一命题和范畴。

第二，本书在研究内容和观点方面有创新。本书拨开了"只生一个好政府来养老""只生一个好政府帮养老""养老不能靠政府"的现实迷雾。通过强化公民养老权利和国家养老义务，有利于公民养老问题的解决，提高国家化解养老危机的能力，更有利于将"养老靠家庭、轻国家"的治理模式转变为"国家、家庭和社会共同参与相结合"的合作模式，从根本上建立健全国家养老责任的边界和问责机制。此外，本书展望了社会法和其他部门法的沟通与协调，国家、社会和家庭的公民养老义务应当加以衡平。

第三，本书在研究方法上有特色。本书基于基础理论思辨论证和学科交叉研究的方法，吸纳社会法学、宪法学、行政法学和法社会学等学科的最新理论和方法，从元理论上提出并证成"公民养老权的国家义务"，并论证其理论范畴体系与实际应用；同时采取比较研究、规范分析、法解释学等方法，借鉴国外相关的立法建构、基本运行、具体法律制度演绎等，为养老法治的建设与完善提出了不少对策和建议。社会法学界与法理学、公法学的国家/法律义务研究存在一定的"脱钩"或"滞后"现象。公民养老权益的保障除了从国家义务来论证外，还应当考虑从私法权利、政府职责、个体义务和家庭义务等多维度来进行，使其成为一种相互独立又相互补充的公民养老权益保护体系。

第一章　绪论

第一节　研究问题的背景和问题缘起

　　天下之务，莫大于恤民。党的二十大报告提出"健全社会保障体系……实施积极应对人口老龄化国家战略"，公民养老权国家义务的研究正是贯彻此国家战略的重要抓手。全球生育率都在下降，每一个进入工业化的国家都会面临生育率大幅下降的问题。在此情形下，人口增长速度减缓和期望年龄延长，人口老龄化问题日益严重，成为影响全球各国的主要社会问题，更是我国面临的一大现实考验。人口老龄化是社会发展的重要趋势，也是我国今后较长一段时间内的基本国情。①我国是世界上老年人口最多的国家，人口老龄化程度已高于世界平均水平。根据第七次全国人口普查数据，我国 60 岁及以上人口有 2.64 亿人，占 18.7%，其中 65 岁及以上人口为 1.91 亿人，占 13.5%。伴随人口预期寿命延长、劳动年龄人口数量下降、劳动人口平均受教育年限增加，加之退休年龄偏低、养老保险缴费年限偏短，我国抚养比近年来在持续下降，20 世纪 90 年代在职职工与退休人员的抚养比为 5∶1，目前已到 2.8∶1。②为此，2020 年中共中央办公厅、国务院办公厅印发《关于改革完善社会救助制度的意见》，对当前和今后一个时期推进社会救助制度改革创新作出总体设计、系统规划，社会救助制度由分散的单项救助转变为综合的救助体系，基本生活救助、专项救助和临时救助等各项社会救助制度不断完善，民生兜底保障安全网更加密实牢靠。但我国养老保障体系具有浅层的、明显的歧视性，带有强烈的不正当性，诸如

---

①　参见黄文忠：《我国人口老龄化的法律应对研究》，载《河北法学》2012 年第 12 期。

②　中共人力资源和社会保障部党组：《进一步织密社会保障安全网》，求是网，http://www.qstheory.cn/dukan/qs/2022-04/16/c_1128558641.htm，最后访问日期：2022 年 4 月 16 日。

制度整合没有完全到位，制度之间转移衔接不够通畅；政府主导并负责管理的基本保障"一枝独大"，而市场主体和社会力量承担的补充保障发育不够；社会保障统筹层次有待提高，平衡地区收支矛盾压力较大；城乡、区域、群体之间待遇差异不尽合理①等问题比比皆是。目前我国社会面临贫富差距加大和社会两极分化加剧的困境，部分社会群体公民养老权实现受到挑战，基于此，国家养老义务被提出。国家养老的合法性问题本是公权在履行养老给付时必须回答的问题，但学界关于国家养老义务法理依据的理论成果较少，更多学者仍基于《老年人权益保障法》的规定，直接证成国家当然应当对公民予以养老给付，合法性问题被轻易绕过。②

我国传统观念中，生育和养老是密切联系的，被认为是一个家庭或家族的私人事件，并不需要政府的外力干预和管制，生育目的是实现老年后的养老，如"养儿防老""招婿上门""子女过继"等。个人随着自然生长必然归于衰老，衰老导致生命机能退化、身体器官功能衰退，对日常照护需求与医疗卫生服务需求越来越高。基于此，通过多生育子女的方式来达成对父母辈的扶养成为中国传统"孝道"文化的核心。③然而，自改革开放以来形成的工业化社会推动了家庭规模的巨大变迁，家庭规模得以变小，导致传统以家庭或宗族联合方式对抗社会风险的能力被瓦解，社会保障制度逐步取代传统方式，成为化解个人养老等社会风险的重要支柱。④"在这个时期，社会保障体系将成为调适国家和社会关系、精英与民众关系的焦点领域"，⑤养老权作为社会保障体系的基础性权利，地位不言自明。要回应和解决好上述问题，不仅需要全面阐释国家对公民养老具有"责任"的法理依据，更需要在宪法层面对国家养老义务进行规范建构并对实现限度进行讨论，还要对其与家庭养老和社会养老的多元协同调适作

---

① 习近平：《促进我国社会保障事业高质量发展、可持续发展》，求是网，http://www.qstheory.cn/dukan/qs/2022-04/15/c_1128558491.htm，最后访问日期：2022 年 4 月 15 日。

② 参见应飞虎、涂永前：《公共规制中的信息工具》，载《中国社会科学》2010 年第 4 期。

③ 参见李金波、聂辉华：《儒家孝道、经济增长与文明分岔》，载《中国社会科学》2011 年第 6 期。

④ 参见刘翠霄：《社会保障制度是经济社会协调发展的法治基础》，载《法学研究》2011 年第 3 期。

⑤ 孙立平：《转型与断裂——改革以来中国社会结构的变迁》，清华大学出版社 2004 年版，第 70 页。

出设计，以确保国家养老义务的切实履行。公民养老权既是一项基本人权，又是我国宪法规定的一项基本权利。[1]而国家义务是公民在让渡了一部分权利给国家后，国家相应地需要负担为公民履行一定的义务。因而，与公民享有的基本养老权利对应的国家义务应如何体现是本书的重要议题。本书将研究重点置于我国养老义务的理论证成，从法理依据、宪法依据、义务构造、义务限度和义务实现五个方面建构国家养老义务的教义学，致力于通过国家养老义务的研究助力人口老龄化问题的优化解决，推进国家养老服务体系高质量发展。

一、研究背景

伴随着物质条件的不断改善与医疗水平的持续提升，我国居民的平均寿命逐步提高。从 20 世纪 70 年代开始，我国人口出生率经历了大幅下滑，总和生育率逐年递减。[2]在这两方面原因的共同影响下，中国社会走向人口老龄化时代的态势将不可避免。我国从 21 世纪之初就开始步入人口老龄化时代，目前中国人口呈现加速老龄化状态，人口年龄结构开始逐步转化为中老年型。由此可见，我国所面临的人口老龄化带来的各种社会问题也越来越严峻。在"银发浪潮"的冲击下，养老问题这一重大社会议题成为困扰中国政府和万千中国家庭的亟待解决的问题。"国未富、人已老"所导致的一系列社会性问题在我国基本公共服务体系尚未完善之时却已"抢滩登陆"。为此，国务院于 2021 年印发了《"十四五"国家老龄事业发展和养老服务体系规划的通知》（国发〔2021〕35 号），强调"十四五"时期是我国开启全面建设社会主义现代化国家新征程，把积极应对人口老龄化上升为国家战略的重要时期，在《中华人民共和国国民经济和社会发展第十四个五年规划和2035 年远景目标纲要》中作了专门部署。我国公民养老存在老年人需求结构正在从生存型向发展型转变，老龄事业和养老服务还存在发展不平衡不充分等问题。

2022 年，我国人口自然增长率为 −0.60‰，[3]总体人口出现负增长，与近几年出生率持续下滑、老龄化持续加深是一体的。在此种背景下，应更加重视人口

---

[1]　参见刘灵芝：《论公民养老权的可诉性》，载《河北法学》2011 年第 6 期。
[2]　国家统计局：《人口总量保持增长　城镇化水平稳步提升》，http://www.stats.gov.cn/xxgk/jd/sjjd2020/202201/t20220118_1826609.html，最后访问日期：2022 年 12 月 18 日。
[3]　参见《我国 2022 年人口负增长，多地密集发布生育新政》，载《证券时报》2023 年 1 月17 日。

老龄化带来的挑战。人口快速老龄化与低生育率的叠加，是我国在全面建设社会主义现代化强国目标征途上的重大挑战，实施积极应对人口老龄化策略已成为未来的重要策略。习近平总书记曾表示，要贯彻落实我国积极应对人口老龄化发展的方略，使全体老人共享改革发展成果，安享幸福晚年。①2020 年中共中央发布的《关于制定国民经济和社会发展第十四个五年规划和二〇三五年远景目标的建议》中明确提出了全面推进健康中国建设和制订了积极应对人口老龄化的国家策略。②这对于指导全社会积极主动应对人口老龄化带来的危机和挑战、挖掘老龄社会潜能、激发社会活力具有重要指导意义。③党的二十大报告明确指出："实施积极应对人口老龄化国家战略，优先发展老龄事业和养老产业，优化孤寡老人服务，推动实现全体老年人享有基本养老服务。"由此可见，公民养老问题愈发成为老百姓日常关注的热点话题，如何处理好老年人的养老权利保障和国家养老服务供给之间的问题，已然成为当前我国急需解决的重大民生问题。

二、相关人口数据

自 20 世纪末至今，由于老龄化发展的社会现实问题急遽加剧，二十多年的时间里全国老年人口数净增加了 1.1 亿之多。2013 年，全国 60 岁以上老年人口规模已经超过了 2 亿，2014 年底，全国 80 岁以上的老年人口数约 2400 多万，老年人口中失能、半失能的人近 4000 多万，近年来更呈持续上升的势头。2019 年 1 月 3 日，由中国社科院人口与劳动经济研究所和社会科学文献出版社联合发布的《人口与劳动绿皮书：中国人口与劳动问题报告 NO.19》中预言，如果我国人口数在 21 世纪 30 年代前后就到达高峰，老年人口到了 21 世纪中叶以后，就开始到达高峰，我国将在 21 世纪 30 年代人口数步入负增长的同期，老年人口迅速增加。人口快速老龄化带来的结果必然是养老的困局。④2021 年

---

① 《福建省贯彻〈中共中央、国务院关于加强新时代老龄工作的意见〉实施方案》，载《福建日报》2022 年 12 月 14 日。

② 中国政府网：《中共中央关于制定国民经济和社会发展第十四个五年规划和二〇三五年远景目标的建议》，http://www.gov.cn/xinwen/2020-11/03/content_5556991.htm，最后访问日期：2022 年 12 月 4 日。

③ 参见杜鹏、陈民强：《积极应对人口老龄化：政策演进与国家战略实施》，载《新疆师范大学学报（哲学社会科学版）》2022 年第 5 期。

④ 参见姜小卉：《老年人权利保障的国家义务研究》，中南财经政法大学 2019 年博士学位论文，第 3 页。

5月11日发布的第七次全国普查数据表明，截至2020年年末，我国60周岁及以上老年人口规模为26402万人，占我国人口数的比例为18.7%（其中，65岁及以上人口为19064万人，占总人口的13.5%）。[①]2010年，这一数字为13.26%。在十几年的时间里，中国老年人人口占全国总人口的比重增长达到了5个百分点，社会进入加速老龄化阶段。

2023年1月，国家统计局发布的国情数据显示，2022年年末全国人口（包括31个省、自治区、直辖市和现役军人的人口，不包括居住在31个省、自治区、直辖市的港澳台居民和外籍人员）141175万人，比2021年末减少85万人。全年出生人口956万人，人口出生率为6.77‰；死亡人口1041万人，人口死亡率为7.37‰；人口自然增长率为－0.60‰。这是我国人口自1962年（约61年）以来首次出现负增长。过去这一年，我国出生人口首次跌破1000万人，人口出生率连续三年跌破1%。2019年到2021年，全国人口自然增长率分别是3.34‰、1.45‰、0.34‰。2022年全年出生人口956万人，人口出生率为6.77‰，出生人口相比2021年减少106万人，出生率下降了0.75‰。60岁及以上人口28004万人，占全国人口的19.8%。老龄化率较2021年增长了接近一个百分点，接近中度老龄化水平。有学者研究表明，我国预计在2050年后结束加速老龄化阶段，并形成超高水平的老龄社会形态，60岁以上的人口数量将保持在3.8亿至4.8亿之间，老龄化水平维持在36%—38%。[②]由此可见，我国人口老龄化问题已不可逆转。

三、问题提出：中国式养老困局

人口快速老龄化意味着老年人口比例的迅速增加，随之而来的是人口结构迅速改变引发的各种社会问题。自20世纪末进入老龄社会以来，由于社会主义国民经济的高速发展以及城市化、工业化脚步的加快，人口老龄化进程不断被压缩。[③]与此同时，由于家庭构成、价值观念上的变化，我国数千年来形成的"养儿防老""招婿上门"等观念受到越来越大的冲击。加之青壮年劳动力求职比较艰难，成家立业养育子女的经济和社会成本也越来越高，导致子女赡养父

---

① 国家统计局：《第七次全国人口普查公报（第五号）》，http://www.stats.gov.cn/ztjc/zdtjgz/zgrkpc/dqcrkpc/ggl/202105/t20210519_1817698.html，最后访问日期：2022年11月10日。

② 参见原新：《积极应对人口老龄化是新时代的国家战略》，载《人口研究》2018年第3期。

③ 参见肖金明：《构建完善的中国特色老年法制体系》，载《法学论坛》2013年第3期。

母的基本家庭功能在现代社会中的作用也愈来愈小，大多数子女难以兼顾赡养老人和照护子女的重大责任。研究表明，因为生存压力太大、找工作的困难和教育状况落后等因素，中国 90% 以上的"80 后"均认为，自己并没有赡养父母。在经济领域，人口老龄化引发劳动适龄人口比重下降，劳动力优势减弱。由于人口是生产力的基本要素，其短缺势必会影响国民经济的增长，更将影响国民的生产生活方式、居民消费构成以及国家税收。在社会方面，老年人是特定的社会群体，生理机能开始衰退，社会生活的能力受到限制，伴随老年人数量的增长，人口扶养比例上升，家庭与社会养老中的经济供养、生活照料、精神慰藉这三方面的赡养负担明显加重。当前我国正处于社会的转型时期，在家庭结构小型化、城乡二元制结构等多重因素的驱动下，家庭对于公民养老问题的支持功能越来越力不从心。

此外，虽然我国社会保障制度有了跨越式发展，但面对不断深化的人口老龄化带来的公民养老困境仍有较大提升空间。纵观全球不同国家的经验，人口老龄化现象多发生在人均收入达到较高水平的国家。当下，我国却处在"未富先老"①"未备先老"（即没有做好应对人口老龄化的准备就进入老龄化社会）的发展态势，这对我国经济社会发展造成了巨大压力。历时四十余年的独生子女计划生育政策造就了我国家庭规模小型化，小规模家庭无法充分履行工业化时代的养老的责任与义务。加之，市场经济发展过程中产生的城乡差异、东西区域发展的差异导致我国老年人权益保障质量不均衡。尽管在实践中发展了多样化的养老模式，基本实现了中国老人的生存权益保障，但部分城乡尤其是农村老人的权益保障依然还存在诸多问题，需要在立法等顶层设计层面去保护。老年人的养老权益既要从物质层面保护也要从精神层面保护。在现代社会前者更易于实施，但精神赡养方面的老年人权益保障不容忽视。老年是生命中的最后一段岁月，是人一生的必经阶段。人生的多元化就体现在人的权利要求的多元化。从人权保障的角度看待老年人的权益，国家应当基于生存照顾的理念承担相应的养老责任。②国家在道德、立法、执行和司法管理等领域内均承担着义务。

---

① 参见王斐民：《社会管理创新视野下我国社会化养老的法律调整》，载《政治与法律》2014 年第 6 期。

② 参见王广辉：《国家养老责任的宪法学分析》，载《暨南学报（哲学社会科学版）》2020 年第 3 期。

在法律实施方式和途径方面，还需要在立法、执法等层面上保护老年人的养老权益。

相比较而言，老年人的身体机能处于人生的后期，各项生理机能显著退化，成为社会的弱势群体。但并不能据此否认他们曾经为父母、国家和社会等做过艰苦卓绝工作，有着无法替代的社会贡献，在其进入老年后理应受到国家和社会的尊重，确保安享晚年。家庭履行赡养职责，是中华民族晚辈赡养长辈的传统路径，这保障了家庭的和谐与延续，为家庭中的老年人带来了幸福和快乐，分担了国家的部分养老保障支持。不管过去或者现在，家庭一直是社区最基础和最稳定的单位，是社区人员最主要的福利来源，担负着照顾、供养老年人的职责。"家庭作为不可缺失且值得珍视的养老资源，其养老功能的发挥情况关乎老年人晚年生活质量。"①无论在传统社会还是法治社会，家庭在养老方面的独有功能和责任是任何在家庭以外建立起来的养老保障制度和养老模式所无法替代的，其所体现的是几千年以来我国以孝道文化为表征的养老制度范式。②国家和社会参与养老并不是完全替代家庭的养老责任，而是基于某种程度，用不同的方式分担过重的家庭养老责任。

中国目前处在从家庭赡养保护向国家、社区赡养保护过渡的阶段。在对赡养责任的承担问题上，人们产生了一个更加极端的错误观念，它完全否定了中国传统社会家庭对老人的赡养责任，亦否定了我国孝道文化在法律制度中的价值。③与传统社会相比，法治社会提倡人权与法治为主导，更加关注对公民权利的保护。故在法治社会视域下，国家与社区固然需要担负起部分养老责任，但家庭仍是不可或缺的重要养老力量。孝敬老人是国家、家庭以及整个社区共同肩负的责任。综上所述，养老责任的承担需要国家、社会、家庭乃至个人的共同努力。④换句话说，国家、社会、家庭应该各司其职、各尽其责，承担起自己应负的养老责任，最终实现国家、社会和家庭养老责任的相互融合，进而重新

---

① 覃李慧：《论老龄化背景下家庭养老的法制保障及完善路径》，载《华中科技大学学报（社会科学版）》2021年第2期。

② 参见李志强：《我国老年人照护保险立法研究》，载《兰州学刊》2015年第4期。

③ 参见李志强：《西方养老保障制度对我国孝道文化传承的立法启示》，载《华中科技大学学报（社会科学版）》2016年第3期。

④ 参见王广辉：《国家养老责任的宪法学分析》，载《暨南学报（哲学社会科学版）》2020年第3期。

构建一套区别于传统以家庭为核心的新型养老模式，以适应新时代的需要，真正解决我国的养老难题。要实现这样的养老模式，最亟待解决的问题便是厘清国家在承担养老责任时的义务来源和依据。

第二节　研　究　意　义

《2013年度人力资源和社会保障事业发展统计公报》显示，2012年我国已基本实现新型农村和城镇居民社会养老保险制度全覆盖，加上企业职工养老保险，覆盖我国城乡居民的社会养老保障体系基本建立。2017年，党的十九大报告提出健全城镇职工基本养老保险制度和城乡居民基本养老保险制度，并尽快实现职工基本养老保险全国统筹。要求完善老年人社会关怀服务体系，建立了养老、孝老、敬老的政策机制和良性社区氛围。党的二十大报告强调，实施积极应对人口老龄化发展战略，将优先发展养老事业和养老产业，优化孤寡老人生活，推动实现全体老年人享有基本养老服务。正是在此背景下，研究养老权利保障中的国家义务具有重大的理论和实践意义。

一、两种观点比较

本书从养老权的国家义务的理论视角出发，聚焦于我国目前普遍存在的养老社会问题，求证公民养老权的国家义务，为国家承担养老义务提供法理支撑，以求更好地应对人口老龄化导致的各种问题。通过聚焦老年人权益保障层面国家的义务依据，基于公民养老权的研究存在着两种不同的研究视角。

第一，从法律对社会中弱势群体的保护义务出发，认为法律应当对社会中的弱势群体进行倾斜性保护。孔繁华（2011）指出，老人作为弱势群体，对其权利的保障是当代人权的必然需求，法治社会需要实现对权利的重视和保护，更需要实现对身为特定族群的老人权利的重视和保护。[1]胡玉鸿（2018）认为，老人因认知能力的减退和生理机能的下降，构成社会弱势群体，因此应当

---

[1]　参见孔繁华：《我国〈老年人权益保障法〉基本原则解析》，载《暨南学报（哲学社会科学版）》2011年第3期。

得到法律的倾斜保护。①在社会生活中，老年人群体的认识能力与行为能力均随年龄增加而呈下降趋势，在社会生活中易处于弱势地位，如果仅仅出于形式公平的考虑不对老年人提供额外的权利保障，则容易导致弱者权益受到侵蚀。

第二，老年人群体作为社会弱势群体的一部分，本身享有公民所拥有的各项普遍性权利，但是由于衰老的影响，老年人无法主动实现自己所拥有的权利，因此应当对老年人群体的权利实现予以保障。②路易斯·亨金说，在我们的年代，是权利的年代。人权作为一个现代的概念，是已经被广泛认可的一种国家与道德观念。③基于此种观点，国家有义务通过各种方式保障公民权利得到实现。龚向和（2010）认为，从国家义务的作用出发，国家义务是对公民权利的直接维护以及基本保护。④

两种研究视角虽然出发点不同，但其最终目的走向殊途同归。前者从国家对弱势群体的针对性保护视角出发，将老年人归为社会中弱势群体的一部分，进而论证对老年人群体进行专门保护的必要性。后者从国家保障公民权利实现的角度出发，主张国家有义务保障老年人权益的实现。两种研究进路的落脚点均不否认老年人权益具有一定的特殊性，并主张法律需要在老年人权益保障领域作出更具针对性的规定。然而，我国虽然一直重视对老年人权益保障相关问题的研究，但是目前我国有关老年人权益的立法内容表现出较高的原则性，在具体权益保障领域可操作性较差，老年人具体的权益责任方面规定并不清晰，⑤救济措施也尚不完善。理论研究仍需结合具体的社会问题，提高老年人权益保障立法的可操作性。研究表明公民养老权直接义务主体缺位，国家养老义务功能亟待发挥更大的作用。目前对于国家义务理论的研究倾向于从某种具体

---

① 参见胡玉鸿：《弱者权益保护研究综述（上册）》，中国政法大学出版社 2018 年版，第 26 页。

② 参见姜小卉：《老年人权利保障的国家义务研究》，中南财经政法大学出版社 2019 年版，第 20 页。

③ 参见［美］路易斯·亨金：《权利时代》，信春鹰等译，知识出版社 1997 年版，第 30 页。

④ 参见龚向和：《国家义务是公民权利的根本保障——国家与公民关系新视角》，载《法律科学》2010 年第 4 期。

⑤ 参见杨海坤：《宪法平等权与弱者权利的立法保障：以老年人权益保护立法为例》，载《法学杂志》2013 年第 10 期。

的权利出发,研究国家对全体公民的某项权利的保障,①但将视线聚焦于国家对养老权承担义务的研究相对较少。

二、理论意义

我国的传统思想是把"孝"奉为至上的礼法,自上而下,从天子到臣民都以"百善孝为先"为自身的礼仪与准则。中国传统孝道典籍著作中既有成为了中国儒家文化典型的《孝经》,还有协助一般平民百姓了解和熟记的《二十四孝图》,这已经不是情感方面的养老行为,而是在道德价值与社会意识上的赡养行为及其要求。据此,"孝"不仅仅是传统文化,更是传统社会中的良善行为,孝道亦应在老年人权益保障上传承一份责任要求,从道德方面和法制方面构建现代孝文化理念的制度体系。②在古代,孝的行为被广为推崇,不孝的行为甚至会被安上十恶不赦的罪名。如此,"孝"的观念自上而下贯彻落实,普通老百姓将之视为治家之道予以遵从。"孝道"要求子女对父母恭敬孝顺,完全是发自于内心的敬爱去侍奉父母,所以传统社会中的"孝"是对父母从物质上的供养、精神上的愉悦以及死后的哀戚。《唐律·斗讼》还明文规定,骂祖父亲、父亲者,绞,"诸子触犯教令及供养有缺者,徒二年"。"老吾老以及人之老"被设想为"孝道"的最高境界。这是中国传统社会保障老年人权利的指导思想,是在全国范围内对所有老年人的尊敬和孝敬。当下社会,"孝"的传承开始转化为对长辈的养老问题,它不仅仅是社会热点话题,更是能解决现实问题的课题。满足公民的养老需求不仅可以解除老龄化背景下众多老人的后顾之忧,使他们安享晚年,而且对于构建一个经济良性运行、秩序安定的和谐社会具有重要意义。同时,满足公民养老需求需要理论支撑和政策引导,我国宪法中有关公民养老的相关规定与各部门制定的有关公民养老的条款,都体现了对公民养老问题的重视。做好公民养老与国家义务体系的有效衔接,才能形成合力,共同推进养老问题法治化建设。

近年来在西方发达国家福利政策的影响下,公众对于社会养老的呼声越来

---

① 参见张震:《社会权国家义务的实践维度:以公租房制度为例》,载《当代法学》2014 年第 3 期。

② 参见李志强、刘光华:《现代法治语境下的孝道制度建构》,载《中州学刊》2014 年第 3 期。

越高，大有取代传统的家庭养老之势。相反，家庭养老议题被逐渐忽视，大有遭受边缘化之势。不过，今天人们需要意识到的是，在法治的视野里，家庭赡养责任的承担已经被赋予了全新的含义。传统社会中的家庭养老模式，家庭作为提供保障的基本单元，①家庭才是主体；在家庭赡养中，人们只是将老人看成一个家庭的一员，而最容易忽略的则是老人作为社会成员的一面。在现代法治社会，老人先被认为是一种社会成员，然后再被认为是一种家庭成员。所以在法治社会下养老模式必定会发生巨大的变化。在不排斥家庭成员，尤其是孩子的赡养责任的同时，将传统家庭赡养所肩负的责任从家庭成员扩展至整个社会身上。也就是说，和传统社会的家庭赡养一样，法治社会的赡养是把履行赡养责任的组织形态，从家庭扩展至国家、其他涉老的专业和非专业组织身上，从个人或家庭到社会、到国家的顺序来实现赡养责任的实际承担，②各养老行为体之间应当相互协调、相互补充。

人权是权利人作为人类所享有的权利。人权是法学领域的重要理论问题、法治建设中的重要实践课题。③不论国籍、种族、民族、年龄、语言以及性别等，每个人都希望自己作为一名社会上的人与他人享有同样的权利与自由，每个人都渴望自己能够生活得有尊严和获得平等，不受歧视。人权是普遍的，是源于人自身的固有尊严，是一项根本的伦理原则。④人权的概念在哲学、道德、宗教和政治等领域都被普遍探讨。没有单一的历史叙事指明了发展的权利，各国对人权宣言的"人人生而自由，在尊严和权利上一律平等"都有共同的认识。我国新时代的人权观在于：一切依靠人民、一切为了人民、一切保护人民、一切造福人民，以人民权利为根本出发点和落脚点。⑤老年人作为人民中的一部分，理应享有国际权利公约中有关政治、经济、文化、社会与公民的国际人权的若干具体规定，也同样享有养老权保障。当然这些远远不够，养老权的内容和形

---

① 参见韩克庆、李方舟：《社会救助对家庭赡养伦理的挑战》，载《山西大学学报（哲学社会科学版）》2020 年第 5 期。

② 参见王广辉：《国家养老责任的宪法学分析》，载《暨南学报（哲学社会科学版）》2020 年第 3 期。

③ 参见于文豪：《试论人权法学研究的定位、内容与方法》，载《人权》2017 年第 6 期。

④ 参见柳华文：《论当代中国人权观的核心要义：基于习近平关于人权系列论述的解读》，载《比较法研究》2022 年第 4 期。

⑤ 参见汪习根：《论民法典的人权精神：以人格权编为重点》，载《法学家》2021 年第 2 期。

式还应该多样化，例如包括拥有财产权利、参与政治的权利、平等地享有劳动权、受教育权、休闲权等。人权既有共同的特性即人群的普适性，同时人权又必然不能脱离一国的政治与经济等因素的影响而孤立存在。人权具有独特性，其在不同的经济、政治与文化的发展变化中表现出不同的特点。养老权作为中国老年群体的权利也必然在中国式现代化的进程中体现中国特色。

养老权是一项基本人权，①保障公民享有养老权是我国国家性质的需要，我国目前处在经济社会转型期，社会各方面处在巨大的变化期，这也给深入研究和丰富养老权理论带来了历史性的机遇，本书的研究也力图为养老权的国家义务研究提供一些有力的拓展和补充。在法律研究领域，目前大多关注社会保障法规制定，在一般法层面的社会保障制度法治化方面做了些有益探索。但是，把养老权的国家义务提高到宪法学高度，从法理学角度进行分类并立足于我国国情将其以宪法学的研究视野进行系统研究的很少。因此，立足于我国实际，从基本权利的角度出发对养老权进行保障，从而探讨国家义务具有重要的理论意义。中国养老权的国家义务研究理论意义主要有：（1）中国传统家庭式和以"孝"为行为规范的养老权理论有中国特色的历史文化背景，具有中国特色的养老权理论，可以促进国际上养老权的发展。（2）中国养老权是健全以宪制、法治为保证的社会主义法治体系的基本理论依据。（3）中国养老权的国家义务履行体系的建立有利于中国传统文化在国家、社会、家庭等领域的传承。

三、实践意义

国务院"十四五"规划和党的十九大、二十大报告均提到了应积极应对人口老龄化，将对老年人的全面保障的重要性提到国家政策方针的高度。衡量一个地方迈入人口老龄化的国际标准一般是，如果 60 岁以上的老人在该地方的总人口数中占比达到百分之十，或者说 65 岁以上老人在总人口数中的占比到达百分之七，这些地方就将迈入人口老龄化社会。人口老龄化几乎是当今这个世界上每个进入工业化国家都存在的问题。不管是发展中国家还是发达国家，都处于或者将要迈入老龄化社会的进程中。20 世纪末至 21 世纪之初，全国人口普查

---

① 参见马新福、刘灵芝：《公民养老权涵义论析》，载《河北法学》2007 年第 9 期。

的统计资料表明，中国正式迈入了老龄化发展时期。①中国应对老龄化发展的意识与准备工作显然不够，而因中国的老年人口数量巨大、四十余年的计划生育政策的推行，以及人口的发展不平衡，使得中国人口老龄化的步伐加快。作为全球人口大国中的主要发展中国家之一，中国更是当今世界上老年人口最多的发展中国家，中国的老年人口是当今世界上老年人口数量的五分之一。我国的老龄化不仅仅是我国自己的问题，甚至关乎着世界老龄化的发展，值得全球重视。

由于生活的不断改善和医疗水平的不断提高，人类的寿命越来越长，这一现实使我们不得不面对这样的问题：未来社会中老年人口占比越来越多，②法律如何保障老年人的合法权益？如何使老年人不囿于衰老、体弱而依然维持其正常的生活？中国是世界上老年人人口数量最多的国家，这是毋庸置疑的事实。尊重老年人的权利即是尊重每个人将来的权利。我们不是老年，就是正在迈向老年。老年人口的迅速增长与社会经济的持续性发展的矛盾如何协调，难道老年社会必然带来社会经济的衰落吗？依照宪法和法律，1996 年全国人民代表大会常务委员会制定和通过了《老年人权益保障法》。该法律为老年人的合法权益保护提供了法律制度上的依据，是为维护老年人权益而作的特殊保护规定。在该法颁布以后，我国各地均以《老年人权益保障法》为基准，相继颁布有关老年人权益保障的地方性法规。《老年人权益保障法》经过多次修改，重点是中老年人在住房、遗产、婚姻、医学、赡养等方面的法律保护。我国鼓励各类社会力量参与建立各种老年大学和长者学院，丰富老年人精神文化生活，逐步完善中老年人社会保障体制，发展老龄事业，促进各类老年人服务体系建立，保护老年人的各种权益。国家必须采取措施，完善对老年人的社会保障体制，逐步提高保护老年人生命身体健康和参加经济社会发展的能力，做到老有所养、老有所医、老有所为、老有所学、老有所乐。努力营造公平正义的社会氛围，引导全社会爱老、敬老、扶老、助老的良好风尚，从社会道德层面提升老年群体的地位，保障老年群体的人性尊严。③

---

① 参见姜小卉：《老年人权利保障的国家义务研究》，中南财经政法大学出版社 2019 年版。
② 参见肖辉：《老龄化社会背景下老年权益法院的设立构想》，载《河北法学》2019 年第 12 期。
③ 参见杨海坤：《宪法平等权与弱者权利的立法保障：以老年人权益保护立法为例》，载《法学杂志》2013 年第 10 期。

"从人的自然属性和生命周期过程来看，养老是个人、家庭乃至社会都不能回避的永恒课题。"①国家目前已颁布了诸多法律、法规，赋予和保障公民的基本权利，这些权利主体当然也包括老年人，老年人也享有国家规定的各项基本权利，但是实践中城市老人和农村老人的权益在受赡养的权利、受扶助权利、医疗保障权、婚恋自由权等方面存在比较大的差距，此外，老年男子与老年妇女在某些权利上也是不平等的。后一个问题，实际上就是现实中我们通常认为人口老龄化一定是经济社会增长的包袱和压力，因为老龄阶段就意味着老年人只能消耗而不能产出，不能为社会带来更多的效益。正是因为存在这样的观点与偏见，老年人的权利就不可能得到认真的对待，其权益就不能真正实现。《老年人权益保障法》规定，老年人是指六十周岁以上的公民。在中国物质文明和精神文明发展的现阶段，六十岁以上甚至耄耋之年的老年人并没有表现出心理和生理功能衰退的征兆，而是保持着一定水平的健康，越来越多的老年人接受积极老龄化思想，希望通过劳动实现"老有所为"，自主解决一定的生存问题。②如今越来越多的人养成更加卫生的饮食习惯和生活方式，努力保持健康的身体、敏捷的思想和活跃的社会环境。这一代代保持着健康的身体但老年后退出劳动大军的人，是拥有技术与经验的巨大资源，每一个人都值得社会予以开发。老年人也是一种重要的人力资源，各个年龄阶段工作的安排需要有灵活性，这样就可以发挥每种人力资源的优势和特长。对老年人的重新认识有赖于我们从人本主义的视角去认识老年群体，破除以往对老年人的刻板认识，国家需要进行科学知识的普及以及对老年人提供发展和教育的资源。③

本书希望通过分析法治社会视域下国家养老义务的具体归属，在阐明国家应当承担养老义务的同时，说明国家养老义务的承担不仅要与社会发展的进程相适应，还应与传统基础密切相关，不能把这些具体情况割裂开来。我们不能"用 20 世纪的方法来解决 21 世纪的问题"，应当积极探寻适合我国国情的新型养老之路，逐步改革和完善相关的法律制度，保障老年人的生存权、健康权与社会发展权。④

---

① 姜向群：《老年社会保障制度——历史与变革》，中国人民大学出版社 2005 年版，第 1 页。
② 参见鲁晓明：《积极老龄化视角下之就业老年人权益保障》，载《法学论坛》2021 年第 4 期。
③ 参见姜小卉：《老年人权利保障的国家义务研究》，中南财经政法大学 2019 年博士学位论文，第 5—7 页。
④ 参见刘灵芝：《论公民养老权的权利属性》，载《河北法学》2008 年第 12 期。

第三节　研究思路与研究方法

研究思路指如何发现问题分析问题解决问题的思维路径，它引领一项研究的进程，确保研究进程的有条不紊。研究方法是为了构建正确有用的知识而逐渐形成的，其价值与重要性在于让科学研究拥有共同的概念、方法与价值，并有助于学科之间的交流。

一、研究思路

本书基于中国养老现状，以实现公民养老权保障和国家养老义务为研究对象。"国家养老义务"是公民养老权保障和实现的一种法律机制，是公民养老权利的一种反射与镜像投映。国家养老义务是公民养老权保障研究视角的一次重大转换，是公民养老权实现的有益补充。公民养老权与国家养老义务的同质性，要求国家承担养老义务来保障公民养老权利，特别是在家庭养老弱化的背景下，证成社会保险养老中国家干预的正当性依据，进而有效保障公民"有尊严地活着"。具体而言，通过阐述当前我国养老方面的现状，借用国家义务的基本理论证成我国公民养老权国家义务，为公民养老权的国家义务寻求依据，为解决公民养老问题提供具体制度设计和理论依据，探寻解决公民养老问题的适合方案。

二、研究方法

（一）文献资料分析法

利用各种途径查阅文章、书籍、杂志等一手及二手资源，来探究关于养老权的国家义务的现有学术研究成果，寻求理论依据，拓宽写作思路，并在此基础上了解本书的研究状况，查阅国内研究者的著作，寻求可以参考的理论。对专家学者们的看法进行筛选、梳理与分类，对没有完善的方面给出观点。需要明确的是，公民养老权与国家义务的理论研究是本书研究的基础，深入细致地梳理公民养老与国家义务的现有学术成果，针对核心问题查阅相关学术资料，在消化、借鉴学者优秀研究成果的基础上予以新的思考。通过对学者们的观点进行筛选、分析与总结，形成自己的理论、主张与见解。

（二）理论分析法

从法理学的角度出发，试图延伸出各国普遍适用的原理原则，因而称之为理论分析法。在当代社会，养老权的保障很难直接体现为法治的内容和权利的表述。养老权与国家义务之间不是简单的一一对应关系，也不必然是一体两面的问题，因此需要进行理论论证。本书从养老权理论以及国家义务理论的视角出发，分析我国目前的老年人权益保障制度体系中义务主体缺失的不足之处。保障公民权益是法治国家的根本任务，但是构建老年人权益国家保障义务机制的必要性与可行性仍然需要通过理论论证。

（三）实证分析方法

实证分析是指收集、整理近年来我国各地公民养老的财政投入、养老补贴等数据，揭示数据与现象内在的联系，从而概括总结公民养老中存在哪些共通之处及问题，分析其产生的原因并讨论国家在养老方面所承担的具体责任。本书主要采用实证材料、个案访谈以及案例分析的方法，运用社会调查，实验观察、了解和掌握老年人的现状，对其身体健康状况、医疗保障以及婚姻状态等进行综合分析，概括出老年人权利中存在的一些共性问题，分析其缘由，论证其对国家和社会的影响，倡导敬老爱老的文明义务。为了解和掌握老年人的利益需求，并以解决现实问题为目标，对多位老年人进行了访谈，以便在分析和构建策略时提高文章内容的真实性与客观性。本书通过中国各大门户网站、知网等平台，保证了资料来源的准确性，在相关的新闻、文献中搜索与养老权、国家义务有关的材料，作为研究的基础，通过整理、归类、分析，得出更为符合实际的结论。

（四）比较分析方法

比较分析法指从外国一些先进的养老实践和经验出发，借鉴各国对同一难题的各种处理方式，从而对各个国家的养老模式加以介绍与比较，并根据我国的实践进行总结和借鉴。本书研究时主要体现为中国与发达国家关于养老权的国家义务的法律制度以及理论基础比较研究。考察国外关于养老权的国家义务的发展演变进程，解读国外养老权的国家义务在不同时期的规定，深入研究发达国家养老权的国家义务的发展进程，为我国进行该领域的研究提供借鉴。例如，其他国家如何实现老年人的养老权利，国家在养老权的实现中承担怎样的责任，既有与我国相似的，也有与我国不同的，通过对比归纳，找出那些被各国普遍认同的可以论证国家在公民养老中承担责任的理论和现实依据，同时结合中国国情予以中国化，对于我国老年人养老权的国家保护和实现义务具有借鉴意义。

（五）历史考察方法

通过梳理国家义务演进的历史脉络，深化对国家义务来源理论的认识，基于国家尊重与保障人权的根本目的，为建立完善我国的养老权的国家义务承担机制提出建议。同时，通过对西方和中国在老年人养老权中承担责任的历史进行比较分析，总体把握权利与经济、政治、文化等因素相互作用的历史脉络。①

三、主要观点及创新之处

实际上，近年来政府越来越强调家庭功能对于社会保障功能的补充作用，"减轻国家负担、增加家庭和个人责任"逐渐成为社会保障制度的主导思想。②地方政府也乐于将养老保障等责任打包给家庭，社会养老等压力、矛盾也可顺带转移，这在基本养老保险中的居民、职工身份差异中表现明显。③家庭在社会保障制度中变得重要的同时，将不得不消化大量本应由国家、社会承担的转制成本，如若在政策实践中缺少家庭配套支持措施，将导致家庭承担的抚幼、养老压力倍增。其结果是"拥有家庭的人反而得不到政策的直接支持"。④因此，如何在立法中探寻公民养老权国家义务的法理依据就显得极为重要了。当前，我国宪法并未规定公民养老权，《宪法》第45条所强调的"物质帮助权"亦非属于养老权的变种，而是一种基于物质帮助基础之上的权利形态，难以形成具有约束力和形成力的权利形态。尽管我国的养老保障制度和事业快速发展，国家初步建立了一种较为完善的养老保障制度框架，在一定程度上维护了老年人的养老权，但这种所谓的养老保障制度并不健全，制度的身份、城乡差异较大，城乡居民养老保障水平相对较低，难以真正惠及全体老年人。对此，本书从宪法

---

① 参见姜小卉：《老年人权利保障的国家义务研究》，中南财经政法大学2019年博士学位论文，第14—15页。
② 参见魏建国：《城市化升级转型中的社会保障与社会法》，载《法学研究》2015年第1期。
③ 参见陈映芳：《国家与家庭、个人——城市中国的家庭制度（1949—1979）》，载《交大法学》2010年第1期。
④ 张秀兰、徐月宾：《建构中国的发展型家庭政策》，载《法学研究》2003年第6期。

到一般法律层面探讨公民养老权的国家义务承担机制，积极推动养老权入宪。这要求我们从立法方面完善我国公民养老权的制度内涵，在宪法中纳入或者通过宪法解释第45条的规定，赋予物质帮助权新的宪法内涵。从社会保障法角度来讲，着重完善养老保险制度和基本养老服务制度。两大养老制度直接影响我国养老保障的基本水平和公平性问题，影响公民养老权的实现，社会保障立法的水平对于养老权实现至关重要，建构统一的公民养老保障制度将是今后研究的一个重要方向。

本书的创新主要集中在以下三个方面：第一，学术思想创新。本书在养老保障权研究思路和视角方面有重大转换。思路上，对公民养老保障权研究传统思路进行回顾和检讨，尝试采用国家义务这一全新的研究视角进行系统研究；视角上，采取国家养老义务的视角，将从家庭养老到社会保险养老作为研究的突破口，提出社会保险制度运转中存在国家养老义务介入；进路上，提出"国家养老义务"这一命题，认为国家养老义务的实施方略应是政策与法律的双向互动，立法保障措施上，应是从宪法规范到社会法规范的进步。第二，学术观点创新。本书在研究内容和观点方面具有创新点。研究内容上，认为社会保险运转失灵需要国家干预，而国家干预的理论根源则是国家养老义务，该义务由宪法课予，表现为国家养老政策与法律的双向互动关系。研究观点上，展望社会法学与其他部门法的沟通与协调，提出国家、社会和家庭养老保障义务平衡的分界点。第三，研究方法创新。采用基础理论思辨论证和学科交叉研究方法。社会法学界与法理学、公法学的国家和法律义务研究存在"脱钩"或"滞后"现象。吸纳人口学、社会学以及宪法学、行政法学等学科的最新理论和方法，从元理论上提出并证成"国家养老义务"，并论证其理论范畴体系与实际应用；同时采取比较研究、规范分析、法解释学等方法，借鉴国外的研究成果，使其成为一种相互独立又相互补充的公民养老权保障体系。

第二章　公民养老权国家义务的法理基础

第一节　国家存在的目的与任务

一、国家存在的目的和功能

保障人权是国家存在的目的，[①]也是国家权力与法治的目的。传统的国家理论中，对于国家存在目的的探讨一直是一项重要课题。国家存在目的的问题由于受到理性主义的影响而出现片面化的趋势，并使国家被误解为一种个人恣意的、具有目的意识的创造物。虽然国家的存在需要预设人类在国家内部的、有目的意识的活动，但国家的作用或功能并不需要被所有参与作用者当作目的。

（一）国家存在的目的

国家存续的目的，在于谋取社会共同的幸福，而社会的共同幸福体现在公民每个人自由使用自己的财产，保障每个人的安全，[②]即在于保障基本人权。国家为手段，人权才是真正价值所在。我们通常都能接受一个观点：现代民主法治国家的内涵与正当性基础，不在宪法文字与体系的完美与否，而在于社会生活，其中个人人格发展自由与资源的合理分配，应该就是民主与法治的目的。这个观点让我们换个角度看国家，人权保障就是国家存在的目的，就是国家权力与法治的目的，在此理解下，人权保障的理念与建制就是一种对于国家体制的反思。国家存在的目的，就是保障个人与社会的发展。国家，就是为公民的利益而存在的特殊社会组织形态；国家，不仅仅是作为公民的栖息住居之地。

---

①② 参见蒋银华：《论国家义务概念之确立与发展》，载《河北法学》2012 年第 6 期。

所以，只有国家在组织之初就是为了公民，国家与公民之间的关系是服务与被服务的关系，①那么这个国家现在才能继续存在。人类行为的最终目的，在于生理的圆满，然而，人类无法自然形成自我约制的秩序，又或者人类为了自我保护所产生的生存竞争反而演变成破坏自我保护的行为。因此为了裁决这些竞争，必须制定公共秩序，来实现个人生理的圆满。公共秩序有存在的必要，国家便这样成立了。国家存在的目的，就是维护公民的基本权利，国家只是工具，人权保障才是真正意义所在。国家需要以公权力介入、干预和控制现实世界中的强者，使生存权、平等地位获得真正的保护，同时积极地供给弱者生存所必需的各种条件，从而使其得以谋求自身幸福，而国家行使公权力的过程亦是履行国家义务。国家权力与国家义务相对。②如此看来，所谓国家就是要达到对公民基本权利的保障，其中最核心的就是保障生存权。主要包括以下几个方面：第一，特殊的生活弱者的生存保护。第二，一般国民的生存保障。第三，社会安全的保障。

（二）国家存在的功能

由于公民的权利直接对应国家的义务，③因而在现代的国家理念中，旨在要求国家积极保障人权。由于国家理念变迁，国家对于公民的人权保障所担负的主要责任从消极责任转变为积极责任。国家必须采取各项积极措施，以保证公民符合人性尊严的基本生存需要，帮助与关怀经济上弱势的人，实施生活保障政策、建立社会保障制度，这些都属于国家实现公民享有人性尊严的生活所应尽的义务。据此，国家对公民应进行各项保护，让公众符合人性尊严的基本生存需要得到满足。

二、国家的任务

国家责任基于法治国原理的权利保护、损害救济与生存托底制度产生，任何朝向现代化的治理选择，任何名副其实的法治国家，都必须发展完善国家责任的制度体系。④并非国家单方面对公民因侵权而负的赔偿责任，而是以全民为

---

① 参见龚向和：《国家义务是公民权利的根本保障》，载《法律科学》2010 年第 4 期。
②③ 参见陈醇：《论国家的义务》，载《法学》2022 年第 8 期。
④ 参见陶凯元：《法治中国背景下国家责任论纲》，载《中国法学》2016 年第 6 期。

基础的救济制度，须同时对国家周遭境遇与赔偿责任的负担能力作整体的把握。公共负担面前，人人平等。国家责任最明显的特征，表现为国家权力组织与公民间立场的不平等。国家任务的增繁多涉，与行政上量和质的锐敏变化成为互动的因子，愈演愈烈，而其伴随产生的消极结果，则是人权保障受到严重的威胁。

（一）秩序维护

有学者认为，国家的生存不是自明之理，各个国家是为了保护个人，使所有抱持差异终极价值的人可以平等共处，国家的存在有其必要性和正当性。[①]所以，国家的任务自始受到限制，国家的行为亦须在一定区域内才具有约束性；非其范畴之内的事务，应由社会个人自主选择，国家无置喙余地。在截然不同的时期，公民必须借由国家保护的社会共通权益变化有所不同，而由社会个人自主选择的空间，也会产生变动，但国家权力有其边界，国家权力须在国家义务的来源内行使。[②]从自由国家、消极国家和夜警国家，到福利国家、积极国家及社会国家，随着国家理念的变化，国家任务也显著增加。国家任务在历史的发展上，由于近代国家基于自由主义或夜警国家之理念，在国家社会二元论对立之前提下，特别强调国家之行政权对于社会经济发展过程应采取自由放任之主张，而法学上与之对应者，即是宪法保障公民财产权、契约自由以及营业自由和国民防御权的内容。

1980 年以来，以民营化为主轴之行政革新风潮兴起，各国政府认为福利国家已产生危机，于是通过民营化及公私协力等方式，[③]以小而美政府之论点，将现代国家之任务重新定位，另外在行政行为形式的选择上，亦以提升行政效率为由，大量推动行政业务委托民营的方式，将国家应负的任务以遁入私法之方式加以质变。然而在国家任务的本质上，国家任务是国家所结合的公共任务，因此，在宪法之规范性上，并不容许逃遁私法的方式大量产生。事实上，国家任务是天生的，而社会福利国原则以及生存照顾等原则，其原本属于社会任务，

---

①　参见许志雄：《宪法之基础理论》，稻禾出版社 1992 年版，第 10—30 页。

②　参见龚向和：《国家义务是公民权利的根本保障：国家与公民关系新视角》，载《法律科学》2010 年第 4 期。

③　参见杨彬权：《论国家担保责任：担保内容、理论基础与类型化》，载《行政法学研究》2017 年第 1 期。

但因社会自律之活动，对于福利国家之要求与补充原则之适用，成为走向国家任务之过渡区块。现代行政法学有两大课题，其一是以国民权利、自由保障为行政宗旨；其二是实现行政目的，以达成国家任务。行政目的主导了行政法之脉动，并且使国家行政行为成为立法与民意之结合，而取得正当性与合法性。然而，行政目的欲达成国家任务，并非单义的概念，它在不同国家形态中内涵不同。由于行政的形态非一成不变，故在不同的时期，须因应不同之社会发展，以解决不同之问题。在现代法治国家中，国家权力之行使，均须符合宪法之价值要求，行政应在法律的授权之下始得运作。相对地，在任务的变动及其质量上亦有所不同，在立法目的之关联性上，似乎具有必然的连贯性但又有一些冲突性。行政在现代社会中所扮演之角色日显重要，行政介入国民生活领域亦多有所在。

（二）社会立法

从 19 世纪至 20 世纪 70 年代，人类对国家的定义已发生变化，国家超越阶层、民族、地区，并具备调控社会的功能。此外，认为国家也包括了社会自身，它们之间存在着某种无形的契约关系，而在此契约关系中，国家在民生保障方面有不可推卸之义务，[①]比如，提供公共教育以创造公平立足点；提供社会保险等制度以维系公民人格尊严之基本生存权利。社会法即是国家完成上述义务的最重要基础制度体系，因此社会法在法律性质上存在公法法域的属性。[②]各国政府及人民间的经济社会法治问题由于时间之变化而产生了不同的解释，因此，德国政府在第二次世界大战后所颁布之《国家基础法》第 20 条第 1 项及第 28 条第 1 项，将经济社会法治国确定为德意志立国的五大基本原则，同时确立《德国基本法》第 79 条第 3 项为不可变更之基本秩序与中心价值，并得作为直接有效的权利。与国家之角色定位相同，正义之内涵亦因时代之变迁而有不同之辩证。正义是社会制度存在所要维护的第一价值，除了常被作为衡量一项社会制度的标准以外，亦得根据公平原则而划分公民的基本权利与义务及分配其权利与负担。20 世纪初期公民要求国家应强化其生存照顾义务，社会国家思想因此逐渐对于国家的功能认识产生质变与量变，并得作为直接有效的权

---

① 参见龚向和：《论民生保障的国家义务》，载《法学论坛》2013 年第 5 期。

② 参见余少祥：《社会法"法域"定位的偏失与理性回归》，载《政法论坛》2015 年第 6 期。

利。对此是否指在德国法上，社会法治国原则之确立，已经使得公民可以直接以此为规范，而径行请求国家提供经济性或社会性之给付。似乎可据此认为，公民可在此原则的确立下，直接根据相关规范，请求国家为一定的给付。①换言之，其可作为一种直接有效的权力。近代以来的国家观，对国家任务的要求已经发生变化，也使得传统国家与社会之界限发生位移。现在不仅需要国家大幅介入规制市民社会，而且也需要公民的积极合作，才能建立符合社会正义的宪制秩序。以法律保留的方式，创设公民的其他作为义务，往往具有正当性与必要性。

（三）社会保障政策

从国家层面上看，社会保障的法律制度构建仍有较大的进步空间。②面对我国经济发展趋势，社会保障政策策略规划应更注重适当性、公平性、福利优先级，财务负担应兼顾税收及保险，因此，社会保障政策可定位为：第一，实践社会正义，提供公民基本的生活安全保障。第二，以民众需求为导向，是全民性、积极性和前瞻性的福利政策。第三，社会福利扮演预防、消除、减缓社会问题的积极角色，并作为社会团结的媒介，进而发挥助人自立的功能。根据新的社会保障政策定位与意涵，依循消极救助到积极服务、局部推动到全面开展、选择性服务走向均衡发展等进程，现阶段社会保障政策规划之基本原则应注重于：第一，强调社会保障制度与经济平衡发展，同时兼顾政府部门财务，并提倡义务对等的利益伦理。第二，完善社会保障系统和制度，及时制定社会保障有关政策，以应社会变迁发展的需要。第三，建立以家庭为核心的社会保障政策，发扬家庭伦理。第四，利用专业社工人才及方法，采取专门社工方式，推动各项社会保障事业发展。第五，制定各种社会保障制度，以财政自立、不耗费、不损失为准则，形成完善的保障制度。社会保障服务应以人民利益为优先，根据现状及需要，强调城乡平衡发展，并整合民间资源，发展合作模式的公共服务输送制度。

---

① 参见余少祥：《社会法上的国家给付义务及其限度》，载《清华大学学报（哲学社会科学版）》2022年第5期。

② 参见何平：《论我国社会福利法律制度的构建模式：来自德国的经验启示》，载《法商研究》2016年第6期。

第二节　国家帮助公民养老的法理逻辑

一、法源基础

（一）国内法渊源

1. 直接规定

我国《宪法》第 14 条第 4 款规定，"国家建立健全同经济发展水平相适应的社会保障制度"，第 44 条规定，"退休人员的生活受到国家和社会的保障"，第 45 条第 1 款规定，"中华人民共和国公民在年老、疾病或者丧失劳动能力的情况下，有从国家和社会获得物质帮助的权利"。据此可知，宪法规定国家在其公民发生年老、疾病或者丧失劳动能力的情况下有义务为该类公民提供必要的物质条件保障。[①]2018 年修订的《老年人权益保障法》提出把积极应对人口老龄化提高到战略高度层次。公民养老作为影响我国可持续性发展的长期性问题，提升公民养老服务水平、完善养老服务的保障机制无疑是保证社会公平正义的有效手段。国家作为重要的义务主体，有着不可推卸的责任。面对"来势汹汹"的人口老龄化，养老问题备受世界各国重视，也成为学界研究的重点。对于公民养老问题，多数学者从家庭养老、社会养老及法律保护等方面进行深入分析，但从国家义务的角度研究较少，这与国家作为承担公民养老的基本义务主体地位不相匹配。按照义务的履行难易程度，国家义务结构细分为由低至高三个维度：尊严、保护和给付。[②]

结合人口老龄化加速发展的现状，家庭养老与社会养老等问题层出不穷，国家在公民养老服务中的角色定位问题引发人们的思考。公民养老权利的获得，来源于公民的年龄达到了法律所规定的免除义务劳动的范围、年老丧失劳动能力等。从宪法学方面分析，养老权利处于公民基本权利的范围之中，是公民通过法律所行使的未经宪法明文确定的一项基本权利要求。但养老权利与国家、社会以及公民个人的切身利益休戚相关，其不仅涉及公民基本权利的保障问题，

---

① 《宪法》第 45 条："中华人民共和国公民在年老、疾病或者丧失劳动能力的情况下，有从国家和社会获得物质帮助的权利。"

② 参见张翔：《基本权利的规范建构》，高等教育出版社 2008 年版，第 44—45 页。

而且涉及国家维护社会稳定、政府财政负担以及社会公平正义等问题。

2. 宪法是公民养老的国家义务的基本前提

国家为何承担公民养老的给付责任?①主要取决于以下两个因素。一方面,工业化经济的深入发展与城市化进程的加快,公民逐渐走出自给自足的状态,个人对国家与社会的依赖性更高。同时,伴随国家职能的扩大与转变,国家对公民"生存照顾"的理念应运而生。我国宪法中通过社会保障的具体规定以实现对于国家权力的引导,②要求国家解决个人生存发展面对的困境,公民在年老体衰时所面临的生存问题则属于国家"生存照顾"的范畴。另一方面,"物有甘苦,尝之者识"。国家承担公民的养老责任不能只停留在"生存照顾"③的理念上,同时应积极采取行动,切实将公民养老国家给付义务落到实处。国家作为国民经济的支柱,掌握着主要的自然资源与生产资料,这决定了国家在养老问题的解决上应承担更大的义务,需要国家提供一定的物资或金钱作为支撑。与此同时,在全面依法治国的大背景下,国家在行使职权和负担义务的过程中,都应该按照法治主义的基本原理,在宪法法律范围内进行活动,确保国家权力的行使与义务的履行有法律上的依据,保持行为的正当性。国家对公民养老义务的承担需要有法律的基础,如此方能体现依法治国的精神和要求。

(二)国际法渊源

宪法的终极目标是尊重和保护人权,④有关人权保护的国际条约和国际习惯是国际上老年人的人权法的渊源之一。政治权利国际保护的主要依据有:1948 年《全球人权宣言》、1999 年《公民权利和政治权利国际公约》、1966 年《经济、社会及文化权利国际公约》等都是主要的有关人权的国际文件。尽管上述国外文献中并不是直接强化或凸显"老年人"这一群体的名字,但是在《全球人权宣言》第 22 条指出,每个人身为国际社会的成员,可以获得社会保障,并有权享受他的个人尊严和人格自由发展所必需的经济、社会和文化方面各种

---

① 参见吴乐乐:《"老有所养"的立宪主义考量》,载《前沿》2012 年第 17 期。

② 参见任喜荣:《"社会宪法"及其制度性保障功能》,载《法学评论》2013 年第 1 期。

③ 李国兴:《超越"生存照顾"的给付行政——论给付行政的发展及对传统行政法理论的挑战》,载《中外法学》2012 年第 6 期。

④ 参见贾锋:《论社会救助权国家义务之逻辑证成与体系建构》,载《西北大学学报(哲学社会科学版)》2014 年第 1 期。

权利的实现，这种实现依靠的是国家努力和国际合作以及各国的组织和资源情况。例如《世界人权宣言》第 25 条第 1 项明文规定："人人有权享受为维持他本人和家属的健康和福利所需要的生活水准，包括食物、衣着、住房、医疗和必要的社会服务；在遭到失业、疾病、残废、守寡、衰老或在其他不能控制的情况下丧失谋生能力时，有权享受保障。"第 3 条明文规定："人们有权获得生活、自由权利和身体健康。"第 7 条明文规定："法律面前人人平等，并有权享受法律的平等保护，不受任何歧视。人人有权享受平等保护，以免受违反本宣言的任何歧视行为以及煽动这种歧视的任何行为之害。"《世界人权宣言》是一个综合性文本，主要关乎到国民的政治、权利、文化、经济社会和文化精神上的权益。《经济、社会及文化权利国际公约》规定了工作权利、获得社会保障的权益、受教育权，以及获得适当的生活水平和食物供应的权益，也都适用于老年人。

《公民权利和政治权利国际公约》中虽然并未特意提及老年人的权益，但是该公约的第 18 条、第 19 条、第 22 条、第 26 条特别规定平等和非歧视原则，普遍认为这些条款也保护老年人的权利。[1]第二次世界大战后至 20 世纪五六十年代，仅有极少数国家开始重视人口老龄化问题，1956 年，联合国出版了《人口老龄化及其社会经济后果》一书，产生了一定的影响，但在联合国内部，人口老龄化问题在这一阶段还没有引起足够的重视和关心。1982 年，联合国举行了第一次老龄话题全球会议，批准了《维也纳老龄问题国际行动计划》。首次明确了老年问题的两方面："人道主义和发展方面。"尽管开始关心老年问题，但关于老人权益保障的条约，却缺乏像未成年保护的《儿童权利公约》以及对女性保护的《消除对妇女一切形式歧视公约》之类的专业权利保障文件或协定。老年人权利保护的公约只零星分布于几部核心人权条约中。老年人权利保护公约更多在涉及老年问题的决议、计划等政治文书或机构中，如经济、社会和文化权利委员会《有关老年人经济、社会和文化权利的第 6 号一般性意见》《有关可达到的最高标准的健康权利第 14 号一般性意见》等。[2]

---

[1] 参见姜小卉：《老年人权利保障的国家义务研究》，中南财经政法大学 2019 年博士学位论文，第 1 页。

[2] 参见何燕华：《〈老年人权利公约〉理性构建研究》，湖南师范大学 2016 年博士学位论文，第 21 页。

二、国家义务源于基本权利

（一）公民养老权利是一项社会权利

美国心理学家桑斯坦把社会权利分成积极的和消极的两类，积极的权利是指通过寻求政府的帮助而得到有效实现的权利。①公民的养老权利无疑属于积极的社会权利，国家须积极作为来保证这一权利的实现。关于公民的养老权利，我国《宪法》第45条和《老年人权益保障法》第3条都赋予了老年人从国家和社会获得物质帮助、享受社会服务和优待的权利，这也就意味着国家和社会具有相应的义务。老年人所需的经济、医疗和社区参与等方面的保障，国家要以公共资源为基础积极供给，国家是保障和促进养老事业的义务主体。每个公民所期望享有的能够安度晚年的权利内容，也是国家所承担的健全和发展养老事业的义务内容。

（二）国家义务与基本权利

在现代法治社会中，基本权利是第一位，而和基本权利相对应的概念是国家义务，它们共同组成了权利与义务这一对基本范畴。"任何对基本权利的保障最终都落实或者表现在国家义务及其履行上，而且国家义务决定国家权力，国家义务是衔接公民权利和国家权力的桥梁。"②基本权利的内容是多样的，具有极强的人权属性和宪法权利属性，③涉及人身、自由、财产、政治、教育和社会参与等内容，使得国家保障公民基本权利的方式也是多样化的。当然，通过基本权利这样宏大和抽象的内容来探讨所对应的国家义务显然是凌乱且模糊的。关于国家义务和基本权利两者的关系，学界也是多有探讨，且在国家义务的分类以及基本权利的理解和认识上已经达成一些共识。如对基本权利主要从主观和客观两方面去认识和理解。主观的基本权利是防御性的，是广义上的某项或某些权利的自由表达。对于这类基本权利，国家义务应是尊重义务，是不干预或不干涉个体的自由权利。作为客观上的基本权利，与之相应的国家义务一般是保障与实现。客观方面的基本权利是受法律所确认的，同时也受法律所确认的社会秩序来调整。一般学者认为保障客观方面基本权利的国家

---

① 参见胡敏洁：《福利权研究》，法律出版社2008年版，第63页。

② 龚向和：《国家义务是公民权利的根本保障——国家与公民新视角》，载《法律科学》2010年第4期。

③ 参见刘灵芝：《论公民养老权的权力属性》，载《河北法学》2008年第12期。

义务是保护和实现的义务。基本权利主客观的价值作用与国家义务一一对应，如国家对基本权利的保障义务，保证基本权利不受外在力量的侵犯。国家保护义务实施的方式是多方面的，有的是通过法律的命令性规定，有的采取的是法律禁止性的规定。基本权利的国家实现义务，是表现在基本权利中的社会权内容。对此，我国学者对国家实现义务有不同观点，认为称其为国家给付义务尤为恰当。[①]

诚然，基本权利内容中的社会权在很多方面需要国家积极履行作为义务，例如对老年人的救济权或物质帮助权，这些均需要国家给予救助或提供物质资源的帮助，从这个意义上可以说社会权的多数权利对应的国家义务是给付义务。但是我国老年人人口数量巨大，老年人的权利需求日趋增多，借鉴一些西方国家的老龄化社会发展经验，有学者认为国家义务是实现以及促成义务更为妥当。他们认为老年人的需求具有多样化，在生活物质条件得到满足的情况下，老年人的教育权、劳动权等权利实现也是较为重要的。从现实层面来看，国家义务是全面实现公民权利的逻辑前提。[②]一方面，基本权利确定了国家义务的内容和方式；另一方面，国家义务的执行又确定了基本权利的实现程度。基本权利和国家义务是直接相对的，但是基本权利的实现关涉诸多方面。国家权力通过国家义务去实现基本权利，但国家权力是把双刃剑，必须运用恰当，才能利用国家义务实现基本权利，使用不当，可能导致基本权利受到侵犯。

国家义务既是国际法的概念又是宪法学范畴的概念，作为宪法学上的概念，主要是与一国公民权利相对应的。宪法上的基本权利的国家义务体系存在一个渐进层级，即尊重、保护和给付。一些专家与学者已经认识到了国家义务对民生保障的重要性，[③]并试图通过对国家义务的分层建立国家义务体系，以保障民生问题。从宪制角度看，基本权利的理论是国家义务的理论渊源。基本权利中的社会权是构成我国民生保障的主要组成部分，可以说民生和基本权利的外延有交叉的部分。有学者意识到了国家义务是民生保障的重要工具，具有工具价值。

① 参见蒋银华：《论国家义务的理论渊源：现代公共性理论》，载《法学评论》2010年第2期。
② 参见贾锋：《论社会救助权国家义务之逻辑证成与体系建构》，载《西北大学学报（哲学社会科学版）》2014年第1期。
③ 参见龚向和：《论民生保障的国家义务》，载《法学论坛》2013年第5期。

三、养老权实现的国家义务

自由基本权利和社会基本权利的差异在于，自由基本权利主要寻求摆脱国家的限制和控制国家的恣意，认为公民通过行使权利即可获得合乎人性尊严的生活，意即，无需法律创制，只要国家不予限制干预，就应然存在的权利。与之相反，社会基本权利则要求国家积极介入、干预公民个人的自由空间，公民为了维持其生存和发展则需冀望于国家之辅助，亦即，必须依靠法律创制，不能因为宪法文本业已规定，就可以基于宪法解释等方式产生该权利。公民对于权利保障的需要是组成国家的原因，国家的义务当然是满足权利的需要。①公民养老问题是事关社会和谐稳定的多维度民生问题，养老权亦属于社会基本权利范畴之内，所以离开了国家的介入与干预，该权利将难以落地。社会基本权利是由国家实现的自由，在我国可从宪法层面和一般法律层面两个层级具体保障公民所享有的社会基本权利。

从宪法层面考虑实现社会基本权利，可以由以下四种方式加以实现：第一，把社会基本权利条款视为方针条款，这里所谓的方针条款是指宪法的规定，是给予国家公权力（尤其是予立法者）一种日后行为的方针指示。不过，该指示尽管确立了国家的价值观，但是由于它并无规范的拘束力，所以政治意义或者道德意义强于法律意义；第二，视为宪法委托，是指立法者基于宪法获得一个具有法规范力的立法的委托，国家负有重视社会福利、保障公民社会基本权利的义务，但是立法者拥有较大的自由裁量权，这使得他们在决定社会基本权利的内容时容易产生违宪的后果；第三，视为制度保障，最早起源于《魏玛宪法》时代的制度保障理念，指的是宪法明确规定保障某些社会基本权利；第四，视为公民的公法权利，该方式主张社会基本权利应该具有直接的、强行的效力，就如同其他的宪法自由权利一样。即，社会基本权利也是公民可以主张实践并请求法院予以救济的一种公法权利。

从一般法律层次加以实践，是以立法者不再基于任何宪法依据，而积极制定各种一般法律以实践社会基本权利，以达成社会正义和人道思想要求。②我国

---

① 参见杜承铭：《论基本权利之国家义务：理论基础、结构形式与中国实践》，载《法学评论》2011年第2期。

② 参见陈新民：《德国公法学基础理论（增订新版·下卷）》，法律出版社2010年版，第16页。

有关社会基本权利的宪法规范主要规定在宪法公民的基本权利和义务章节中，从规范效力层级而言，给予其最高的宪法效力位阶，不容国家政府恣意违反、侵犯。一旦国家政府未具体实践该社会基本权利的内容，或者其他组织、公民个人任意违反涉及社会基本权利的法律规定，均会被推定为违宪或者违法的行为。但是，基于宪法规范具有抽象性、简洁性的特点，如果没有法律保留予以实现，通常就会流于空洞与不切实际。因此，如何将宪法中的社会基本权利转化为公民养老权，并通过法律保留的路径加以实现，则应当成为当下研究的重点。

四、国家救助义务与公民养老权的国家义务

在法律的基本范畴中，义务与权利是相对应的。从抽象层面来看，权利和义务总是伴随而生、相互对应的。保障与实现主体的正当利益追求是创设一切制度的核心思想与基础，从这个层面讲，权利是符合该常态思维的主线，义务则是实现权利的对应物和从生物。[1]法律义务是指设定或隐含在法律规范中、实现于法律关系中的，主体以相对抑制的作为或不作为的方式保障权利主体获得利益的一种约束手段。基于此，国家权力、国家义务与公民权利、公民义务的关系是：公民为了保障其基本权利的实现，决定国家义务，并进一步决定国家权力，国家权力服务于国家义务，并进一步服务于公民权利。[2]具体到社会救助中，国家救助义务是指公民在遭遇灾害、疾病、丧失劳动能力或陷入贫困而自身无法维持生存时，国家应承担社会救助给付义务，[3]相对于此，国家为保障公民的生存权，对公民的救助权利应有回应的义务，该义务要求国家及时有效地做好对于公民生存不可或缺的物质和非物质的给付工作。因此，基于国家救助义务的内涵，延伸到公民养老权，其也属于公民在丧失劳动能力或陷入贫困而自身无法维持生存时获得救助的基本权利，国家也应当予以回应并承担对公民的养老义务。

---

① 参见彭诚信、邹潇：《义务观念的现代理解》，载《学习与探索》2005 年第 5 期。

② 参见蒋银华：《国家义务论：以人权保障为视角》，中国政法大学出版社 2012 年版，第 33 页。

③ 参见贾锋：《论社会救助权国家给付义务基准之三维度量——以江苏省四个县区为例》，载《现代法学》2013 年第 9 期。

五、国家履行公民养老义务

如前所述，国家在公民养老权中应当履行相应的义务。公民享有的养老权利作为一项重要的宪法权利，其不同于我国《老年人权益保障法》中规定的养老权利，它是一项作为人权的社会权，是基于公民身份而取得和享有的。换句话说，一个人要想享有宪法上规定的养老权利，就必须首先具有合法的公民资格。宪法意义上的公民养老权利确定了国家应当以积极作为的形式对公民养老权益进行维护，所以较之于《老年人权益保障法》所规范的公民养老权利更为严格。当然，除宪法外，我国部门法也进一步明确对公民养老权的确认和保护。《老年人权益保障法》第4条规定养老是一个国家最基本的义务，政府在为老年人提供社会福利方面负有义不容辞的责任。[①]

近年来，我国政府逐步缩减"权力清单"，着力打造公民满意的"服务型政府"，在涉及公民切身利益的养老权益保障方面，政府相继出台了一系列政策和措施。在法律法规层面，《老年人权益保障法》《关于加快发展养老服务业的若干意见》提出"鼓励保险公司探索开展老年人住房反向抵押养老保险试点"，即在全国试点推行"以房养老"；国务院办公厅下发《国务院关于建立统一的城乡居民基本养老保险制度的意见》指出，未来我国将逐步合并实施新型农村居民社会养老保险和城镇居民社会养老保险，并将在全国范围内建立统一的城乡居民基本养老保险制度。在财政供给上，政府加大对养老服务的资金支持力度，保证我国社会养老服务体系建设的长足发展。在养老保险上，目前我国已基本建立起覆盖城乡的基本养老保险制度。同时，中央与地方政府不断创新养老服务方式，通过政府购买养老服务，重点推进居家/社区养老服务模式的深化和发展，促进我国养老服务的产业化和事业化。这些都表明，我国政府正从战略上的重视逐渐发展到采取更多具体措施，来实现和完善自身承担的养老责任。具体来说，国家主要承担尊重、保护和给付三个方面的义务。

（一）国家的尊重义务

国家的尊重义务是指国家不得肆意干预公民合法养老权利的享受，不得干

---

① 《老年人权益保障法》第4条规定："国家和社会应当采取措施，健全保障老年人权益的各项制度，逐步改善保障老年人生活、健康、安全以及参与社会发展的条件，实现老有所养、老有所医、老有所为、老有所学、老有所乐。"

预公民自身实施免于养老匮乏的努力。具体来说，养老权与人权原则关系密切，更加注重社会经济权利的保障。[1]国家应当尊重公民现有的或将有的获得养老保障的机会，并应采取积极的措施避免该种机会受到非法妨碍；不得直接或间接干预公民享有的合法养老权，不得随意剥夺所有人得到全面的、专业的、及时的养老服务保障的公正平等机会；不得对城乡老年人的健康和养老权利采取歧视性政策；不得阻止全体公民参与养老保障方面的事务；采取积极的政策和方针以不断满足老年人的养老需求，逐步改善保障老年人生活、健康、安全以及参与社会发展的条件等。

（二）国家的保护义务

国家的保护义务是国家以公权力保障他人不得肆意干预、阻碍公民实施免于养老匮乏的努力。具体来说，国家的保护义务要求国家的积极作为来确保公民的基本养老权利得以实现；国家应当采取积极的措施，确保企业和个人不得剥夺公民取得养老金的平等机会；国家有义务保护公民在年老时免于贫穷、饥饿、疾病，并给予一定的物质帮助。[2]国家有保护老年人免于遭受歧视、侮辱、暴力的义务。国家要保证第三方不得限制或剥夺公民得到养老方面的信息和服务，最大限度地保护公民在年老时公平地参与社会事务等。由于生理与心理上的特殊性，老年人相较于社会中的其他群体会更加弱势，因此老年人权益更加依赖国家对其进行保护。老年人权益对国家保护义务的依赖性主要表现为以下三个方面：

第一，作为国家公民的一员，老年人自然享有公民所享有的一般性权益。公民普遍享有的权益是指公民基于基本人权以及公民身份而拥有的权益，例如生命权、自由权、财产权、健康权和人格权等。由于老年人更弱势，其权益更容易受到侵害，因此这些一般性权益的实现需要国家履行保护义务。国家义务是宪制的产物，直接源自公民权利，基本权利的内容决定了国家义务的内容，保护公民基本权利是国家存在的目的和宗旨。[3]老年人权利作为公民基本权利的一部分，理应处于国家义务的覆盖范围之内。因此，创造并维护一个能够保

---

① 参见周敬敏：《社会保障基本国策的规范体系与实施路径》，载《政法论坛》2021年第5期。

② 参见原新利、龚向和：《我国公民物质帮助权的基本权利功能分析》，载《山东社会科学》2020年第2期。

③ 参见龚向和：《论民生保障的国家义务》，载《法学论坛》2013年第5期。

障老年人养老权益不受侵犯的社会环境就成为了国家的重要任务。国家保护义务的内涵是保护公民免受第三人的侵害。在个体之间力量差距悬殊的状况下，国家有义务通过事先、事中、事后多种方式介入个体之间的法律关系中，保护弱势方的权益不受侵害。老年人在社会生活中，无论是经济实力还是社会地位都难以与公司、组织、壮年的侵权者处于同等的地位。国家在设计面对所有社会成员的权益保障体系时，就必须充分考虑到社会中老年人群的特点，如此才可以促进社会的公平正义，在实质上保障老年公民的合法权益不被侵犯。

第二，老年人与年轻力壮公民的差异决定了老年人享有不同于其他群体的特殊权益。老年人所特有的权益是指因为老年人身体机能的衰退，想要维持正常的生活所必需的权益，如退休权、被赡养权等。作为社会中的弱势群体，老年人的特殊权益更需要国家特别保护。宪法平等权作为稳定个人之间和个体与共同体间博弈的杠杆，是实现人权保障与社会安定的基础。[1]不同利益主体之间的实力差距必然导致强者对弱者权利的侵蚀，为了保证社会平稳健康发展，保护弱者的权利不受侵害，法律不仅要规定公民之间形式上的平等，更应该在个体间实力差距过大时保障不同个体之间实质上的平等。宪法对于平等权的规定意味着我国的法律应当体现出法律面前人人平等的价值导向。在现实中难以避免的事实不平等面前，法律应当通过倾斜性保护的形式调整强弱双方之间的力量对比关系，消解个体之间实力的巨大差距，帮助弱者抵御强者的侵害。宪法规定国家尊重和保障人权，在宪法面前，每一位公民享有公平的法律地位。在现实生活中，国家负有给予平等权实质性的保护的义务。老年人由于其生理以及心理的衰退，无论是行动能力还是认知能力相较青壮年人都处于弱势。如果法律不对其进行保护，老年人养老权益势必难以得到完整的实现。

第三，国家积极履行保护义务同样是老年人尊严的需求。人的尊严指每一个人都是平等的社会主体，包括弱者在内的各色人等，都享有着和他人同等的价值和地位。[2]在众多老年人权益受侵害的案例中，侵权者利用自己与老年人在

---

① 参见杨海坤：《宪法平等权与弱者权利的立法保障——以老年人权益保护立法为例》，载《法学杂志》2013年第10期。

② 参见胡玉鸿：《人的尊严与弱者权利保护》，载《江海学刊》2014年第2期。

知识、信息等方面的差距，侵害老年人权益。这些侵权行为不仅是对老年人具体权益的侵犯，更侵害了他们的尊严。人的尊严是现代法律所保障的核心价值所在，尽管各地法律在尊严词汇选取上有一些不同，但这些都一致承认个人所保有的精神完整应受他人与社会尊重这一意涵。① 《宪法》第 33 条规定，公民的人格尊严不受侵犯，这为国家对尊严受侵害者进行救济提供了依据。人对于尊严的需求贯穿人的一生，社会中每个个体的尊严都需要社会的每一份子共同维护。当人处于壮年，其更容易凭借自己的力量捍卫自己的尊严，而对于年幼与年老的社会成员，想要保障其尊严的完整实现就少不了其他社会力量的帮助。尊重老人是中华文化重要的精神内核，拥有数千年尊老、敬老传统的国家不应坐视社会上种种将老人视为可以随意欺辱的弱者而侵害其权益的行为。

（三）国家的给付义务

国家的给付义务作为基本权利的受益权功能，② 是指当公民无法以自己的能力免于养老匮乏时，国家应当主动承担起给付或物质帮助的义务，进而使公民免于养老匮乏。换句话说，当公民由于某种原因而无法享受养老权利时，国家有义务通过积极的作为帮助公民落实养老权利。具体来说，国家应当采取积极的行动，通过各种政策和措施的施行和落实，增加本国公民获取养老资源、享受养老福利的机会。国家通过对养老服务和养老保险基金的资金支持来保护公民享有的养老权利。国家加大养老服务的基础设施建设，来满足公民的养老需求，给予孤寡老人以一定的最低生活保障，定期提供物质帮助或服务等。

六、国际视野下保障公民养老权利的国家义务

老龄化是个全球性的问题，尽管有着国际性和地区性法律保护，老年人仍然缺少一个为他们量身定做的条约去满足他们对养老的特殊需求。因此，老年人的权益经常被忽视甚至被否认，这表明现阶段的国际法律组织无法充分保障

---

① 参见郑贤君：《宪法"人格尊严"条款的规范地位之辩》，载《中国法学》2012 年第 4 期。

② 参见朱军：《国家义务构造论的功能主义建构》，载《北京理工大学学报（社会科学版）》2018 年第 1 期。

老年人的养老权利。在国际老年人权利大会上米勒（Miller）指出国家和政府应负的义务。[1]退休金是目前全世界最为广泛使用的保护老年人退休生活的社会手段之一，同时也是可持续发展目标的关键要素。在全球范围内，68%的超过退休年龄老人退休金以供款退休金和非供款退休金的形式分发。发展中国家目前在扩大退休金的规模方面有着重大的进展。普惠制养老金制度已应用于阿根廷、白俄罗斯等数十个国家。一些发展中国家比如巴西、智利、哈萨克斯坦以及泰国已经十分接近实现普惠制养老金。然而，对于大多数老年人来说，社会对于其权益的保护仍然没有落实。在大多数低收入国家，仅有不到20%的超过法定退休年龄的老人收到了退休金。在许多发展中国家，很大比例的老年人口仍然主要依靠于其家庭提供经济支持。

我们所观测到的结果在不同地区之间有巨大差异，有的甚至出现在同一地区的不同国家。在那些有着针对老人的成熟全面的社会保障的国家里，最主要的挑战是在金融持续性和退休金的足够性上保持良好的平衡。[2]在另一个极端上，世界上很多国家依然争着去扩大他们的退休金系统，这些国家所面临的社会结构上的障碍是和其发展水平、不成熟的体制、低水平的社会贡献能力、贫穷以及财政空间上的不足所紧密关联的。[3]在发展中国家出现的一个十分明显的趋势是非供款式养老金，包括普惠制社会养老金的普及。这是一个良好的现象，尤其是对于那些在发展供款养老金上十分困难以及缺少成熟体系的国家。这个趋势表明许多国家在朝着为老年人提供收入保障上前进。公共保障安排，基于团结和集体的财政管理，是目前老年人保障最广泛使用的手段。退休金私有化政策过去在多个国家适用过，但并没有收到预期的效果。当规模和收益没有增加时，整个体系的风险被转移到了个体上来，进而导致财政状况恶化。因此多个国家目前正在撤销退休金私有化并转回以公共和团结为基础的体系。在若干个国家进行的改革中实现最低社会保障成为了风险，侵蚀着社会合约。国家在

---

[1]　Miller，Jaclynn M.（2010），*International Human Rights and the Elderly*，Marquette Elder's Advisor：Vol. 11：Iss. 2，Article 6. Available，at：http://scholarship.law.marquette.edu/elders/vol11/iss2/6，最后访问日期：2022 年 12 月 14 日。

[2]　参见《法国退休制度改革之殇：陷入"高收入陷阱"》，载中国网，http://www.china.com.cn/opinion2020/2023-02/04/content_85088302.shtml，最后访问日期：2022 年 12 月 1 日。

[3]　徐沛原：《定义"公平"：智利养老体系的困境分析》，载《区域观察》2021 年第 6 期。

设计为老年人提供经济保障的政策改革时应该更加谨慎。①老年人的权利是人权的重要部分。

诚然，自进入工业社会以来，老年人的社会地位丧失了，早期的福利制度是国家对老年人中贫弱者的同情和悲悯。这种补缺式的正义是有积极意义的。老年人的权利是在确认人权、重视人权以及发展人权的基础上产生和发展的。从历史发展的视野看，人权与国家义务的关系经过了几种关系模式发展，但是历史是向前发展的，这是人类历史上发展的必然方向。集权政治体制下的人权与权力的关系是统治阶级的政治权利越集中，个体的人权就越受挤压，在改革型或改良型政治格局下，统治阶级将国家权力与公民的权利进行平衡，国家通过法律赋权于公民，作为个体的人权扩大了。在法治社会中，国家义务与个体的人权是相对应的，国家尊重和保障人权，国家义务通过尊重、保护、实现人权来履行。我国老年人的权利正是社会主义法治国家的人权。保障老年人的权利是国家对公民社会权的具体实现。人权遵循着生存到发展的需求，老年人的权利也是如此。老年人权利的演变展示了老年人权利需求的多样性。现阶段，国家要保障老年人养老权；在不久的将来，老年人的教育、就业等权利的需求将逐步增多。针对老年人的权利演变，国家对其合法权利有尊重、保护以及给付的义务。

第三节　公民养老权国家义务提出：
国家干预养老保险的实质

德沃金的"保险原则"理论认为，社会保险制度被理论化表述为一种"政治性"解决方案或者事实上的社会契约。②那么，国家干预养老保险也受"政治性"因素影响，比如解决养老保险制度现实问题的实践逻辑，就蕴含着维护社会和谐、稳定的目的。此外，从规范层面上讲，"社会主义原则"也要求国家履

---

① Social protection for older persons：Policy trends and statistics 2017-19/International Labour Office，Social Protection Department-Geneva：ILO，［D/OL］.（2018-11-05）［2022-12-14］. http//socialprotection-humanrights.org/wp-content/uploads/2018/11/55212.

② See Dworkin R.，*What is Equality? Part 2：Equality of Resources*［J］. Philosophy & Public Affairs，1981，10（4）：283—345.

行其承担的责任。虽然我国并无类似德国法上的"社会国"理论，但我国有着独特的社会保险解决方案，"社会主义原则"就是对复制西方政治和"社会国"理论路径的"祛魅"。①值得注意的是，不能将所有问题均归咎于"社会主义原则"而兜底解决，毕竟社会主义原则是相对宏大的政治范畴，具体操作层面需要法学理论的供给。不过，从解决现实问题的实践逻辑和课予国家义务的规范依据来看，前述情形的背后还隐含着国家养老义务理论。

一、公民养老权国家义务提出："形成"而非"限制"

国家养老义务提出后，需进一步区分的是"国家养老义务的来源"，也即设定国家养老义务是基于公民养老权形成还是对国家公权力的限制而生成。换言之，国家养老义务并不能凭空产生，其规范依据为何？进一步解读为，立法所形成的国家养老义务具体内容与国家养老义务的边界问题是否为同一命题？因为国家养老义务势必对应公民养老权利，而立法的规定本身就存在悖论，公民养老权利由宪法保障，但权利内容乃至如何保障却是由其他法律来规定。

与宪法所保障的公民自由权利相较，公民养老权利在宪法上仅规定了年老时获得国家的物质帮助，至于何为老年乃至何为物质帮助均不明确，这导致养老权利内容模糊，须借助具体法律来规定方可明晰。这直接影响国家养老义务的具体内容和实现方式。例如，只有基于劳动法上的同工同酬原则，立法者才会对同工同酬的对象、内容、实现方式、效力等进行规定，才会形成女职工权利保障、劳务派遣工权益保障等立法，进而才能在宪法层面明确国家有义务保障上述权利。如无社会保险法对公民养老权利内容的形成，就不会有宪法上的国家养老义务的实质内容。实际上，宪法和其他法律没有直接的"国家养老义务"概念，其基于对宪法公民养老权利规定和国家财政补助养老保险实践推导而来，甚至可以认为从宪法解读出的国家养老义务源于社会保险法的具体规定。在此意义上，宪法强制的国家养老义务必须是可从法律解读出来的，是合乎法

---

① 有关祛魅的基本含义，参见［德］马克斯·韦伯：《学术与政治》，冯克利译，生活·读书·新知三联书店 2005 年版，第 29 页。有关祛魅与理性化、祛魅与西方社会理性化及法律理性化之间关系的经典研究，参见李猛：《除魔的世界与禁欲者的守护神》，载《韦伯：法律与价值》，上海人民出版社 2001 年版。

律逻辑的，也即宪法所课予的国家养老义务内容可从法律条文中推导出来。这正是国家养老义务具有"有待立法形成"的特点。

此外，公民养老权利关涉个人生存的社会权范畴，立法担心国家公权力侵犯人民养老权利，通过课予国家养老义务形式以限制国家权力。正如德国联邦宪法法院认为，立法者在不同社会权上的构建空间并不等同，对于生存权保障的构建空间比保障社会参与要小得多。①如若立法基于限制国家权力而课予国家养老的某种义务，并不考虑对应的公民养老权在法律上的位阶问题，如此，可能混同宪法与法律上的公民养老权内容，无疑将宪法所保护的权利"矮化"了。按此逻辑，对宪法上国家养老义务的解读源于对国家公权力的担忧，忽视了公民养老权利的生成。有德国学者认为，立法对个人生存予以保障是近乎绝对的国家义务，诸如公权力行使成本等因素不应成为公然反对的理由。②

事实上，国家养老义务的基本面向是对公民养老权的反向保障，不应当被理解为对国家权力负面的限制。因为在宪法和普通法律未明定时，对国家权力的限制解读并不当然得出国家负有养老这一义务。毕竟只有在公民养老权利的内容通过立法具体化后，才会反向产生对国家权力进行限制的思考，后者并不能从逻辑上得出前者。正常的逻辑是，基本权利与国家义务之间并非单向的对应关系，国家义务首先体现的是一种客观价值秩序，其次才是主观权利。③对公民养老权利的保障关涉其生活质量，从基本权利中发展出了"生存最低限度"保障，国家公权力受其约束。④具体分工上，立法机关制定完善的法律，行政机关制定实现国家义务的各种细则。⑤在中国建设法治国家的语境下，公民养老权利的内容和形式还有待进一步深化，公民养老权利形成比限制国家权力更为迫切，这意味着，国家养老义务应来自立法的自然形成，而非限制。

---

① BVerfGE 125，175 Rn. 135.

② Stefan Huster, *Hat das Leben keinen Preis?*，in：Jahrbuch für Recht und Ethik 22（2014），S. 251，S. 253.

③ 参见赵晶：《国家义务研究——以公民基本权利演变为分析视角》，天津人民出版社 2017 年版，第 129—130 页。

④ Matthias Bernzen, *Das Grundrecht auf Gesundheit—Ausblick auf einen latenten Standard*，in：Katzenmeier/Ratzel（Hrsg.），Festschrift für Franz-Josef Dahm，2017，S. 49，S. 57.

⑤ 参见郑贤君：《基本权利原理》，法律出版社 2010 年版，第 263 页。

二、公民养老权国家义务内容："尊重、保护与给付"义务

对于国家义务的内容，美国学者亨利·舒提出"义务层次"理论以确立不同义务内容对应的顺序，包括避免遭受国家侵犯的义务、保护个人不受他人侵犯的义务和帮助主体实现既定权利的义务。[1]有学者在社会权理论研究中提出了"二元三层次"的国家义务结构，涵盖尊重、保护和给付义务。[2]该"三层次"义务理论，不仅内涵明确，而且三层次之间的逻辑关系也相对分明，其中，"尊重义务是前提，保护义务是核心，给付义务是基础"。[3]公民养老权隶属社会权范畴，国家养老义务作为其反向视角，亦可参考国家义务的"三层次"理论，从社会权的"三层次"结构角度进行分析。此外，对国家养老义务的具体展开，应从公民养老自身的需求出发，通过对不同类别的国家任务阐释，确立国家权力行使的总体要求。

首先，现状保持的国家养老尊重义务。要求国家承担最低限度纯粹消极的义务，不得主动侵犯公民养老权利。在社会权"三层次"的国家义务结构中，尊重义务最先产生，对国家责任的要求最低。国家应坚持自由权的价值理念，充分尊重公民的养老权益，不侵害、不干涉公民的养老福利以及创造养老福利的自由。在养老实践中，强调国家向公民提供的养老产品和服务维持现有平衡，不得恶化倒退。在社会保障领域，国家天然存在一种对其人民负担养老的尊重义务。包括为年老者提供养老、医疗等社会保险，其中困难者还可获得必要的物质帮扶，主要是以经济手段维持人性尊严。国家统治的正当性强调人民在年老后享有合乎人性尊严的生存条件，以减轻或避免经济困境对人性尊严的侵蚀，国家这种天然的义务就建立在该正当性基础之上。法律通过确认和完善国家尊重义务内容，筑牢国家统治的正当性基础。为达成此目的，立法还应在宏观制度层面构建国家养老义务的框架，主要涵摄宣言性的国家养老义务体系、完善内容明确的国家养老管理体制、公民养老权利救济机制等。相应地，在微观层面防范公民养老权利倒退，在现有水平上寻求更具操作性和基础性的方案设计。

---

① See Henry Shue, *Basic Rights：Subsistence, Affluence and U. S. Foreign Policy*, Princeton University Press, 1996, pp. 52—53.

② 参见龚向和：《社会权的可诉性及其程度研究》，法律出版社 2012 年版。

③ 朱军：《系统论视角下国家义务理论的视角：体系与方法》，载《福建行政学院学报》2017 年第 3 期。

从国家养老实践观之，为防止公民养老权受侵犯，国家权力行使应控制在法定范围和程序内。比如，国家应建立完善的养老保险制度，重视作为弱势群体的农民养老问题，以及促进公共养老服务发展等。目前，国家履行养老义务所取得的成果，集中在养老保险并轨、完善城乡居民养老保险和发展养老产业方面。例如，德国和日本在解决老年人长期护理保险和津贴选择方面，认为国家财政应负担部分责任，与保险对象共同筹集资金。①英国为解决老年人生存和尊严问题，于 2000 年通过了《护理标准法》规范政府与社会服务部门等之间的关系，政府的财政责任表现为直接补助老年护理服务，以解决老年人生计问题。②芬兰在2001 年出台了针对老年人高品质服务的国家框架，体现国家的养老义务。总体观之，防范养老待遇退化的国家义务较好地在经合组织国家执行，较好解决了政府与社会组织之间在老年人长期照护方面可能出现的冲突。确立中央政府在养老保障财政管理上的主导权，是国家养老尊重义务在长期照护政策上的具体表现。③

其次，危险防御的国家养老保护义务。从自由法治国的传统理念出发，公民养老等基本权利是抵御国家干预的防御权。当对公民养老权具有明显、直接侵犯时，国家应采取主动的防御措施加以排除，运用必要的手段和方法来保护公民养老权。近代各国宪法大多要求国家履行保护其国民生命、自由以及财产安全的基本职责。如德国联邦宪法法院从"堕胎案"的基本权中推导出国家保护义务，不仅禁止国家对生命的直接侵犯，也要求国家对生命进行保护和促进。④值得注意的是，国家养老保护义务并不意味着绝对的、毫无限制的保护，而是应被限制在适当的基础上。我国学者从中推导出国家负有保护公民基本权利、维护社会公共秩序的危险防御义务。⑤其中，对老年人权益的保障原则上属于社会权的范畴。⑥从法律概念出发，社会权上抽象的"危险"与具体的"危险"

---

① 戴卫东、顾梦洁：《OECD 国家长期护理津贴制度研究》，北京大学出版社 2018 年版，第30—31 页。

② 施巍巍：《发达国家老年人长期照护制度研究》，知识产权出版社 2012 年版，第 64 页。

③ Business. Public Long-term Care Financing Arrangements in OECD Countries［J］. Source OECD Finance & Investment/insurance & Pensions，2011，volume 2011：203—235（33）.

④ BVerfGE 39，1，42.

⑤ 参见陈海嵩：《雾霾应急的中国实践与环境法理》，载《法学研究》2016 年第 4 期。

⑥ 参见陈云良：《基本医疗服务法制化研究》，载《法律科学（西北政法大学学报）》2014 年第 2 期。

不同，前者偏向于危险防御，体现了未受阻止可能损害公民养老权法益乃至对社会稳定和秩序造成损害。比如社会学研究表明，当前中国农村社会实践中多子并不直接导致老年人多福，[1]子女推卸赡养老年人，甚至强占其养老金，侵犯其获得养老金待遇权利的案件时有发生。

传统上，老年人权益争端通常通过家庭、基层组织自身的调和能力解决或者由公安机关代表国家参与解决，当危及老年人养老权益时，公安机关有权采取保护性的措施。在当代社会中，国家任务越来越多元化和多样化，不仅包括解决扰乱公共秩序的违法犯罪活动、突发疾病和自然灾害等，面对越发严重的人口老龄化问题，国家依然承担着保障老年人实现生存权、受教育权以及获得幸福的权利等任务。这些均需要国家对具体侵害老年人养老权益的行为进行抵抗或排除。具体操作中，需要国家界定公民养老权的具体内容，进而才能有效识别和判断侵害公民养老权利的各项因素和行为，甚至对将来事件的发展状态进行预判，采取更具针对性的措施予以保护，这也是国家明确其养老保护义务内容的关键。在制度层面，国家应建立健全与完善公民养老相关的立法保护制度。我国《宪法》第 14 条第 4 款"国家建立健全同经济发展水平相适应的社会保障制度"作为宣示性规定为完善养老保障制度提供了规范依据。实际上，由于城乡居民养老保险参保缴费是自愿的，在城乡二元体制下，部分农民的养老是被排除在该制度之外的。如果追溯历史，可以清晰地目睹农民养老保障权的实现经历了一段曲折的道路。在清晰稳定的法治环境下，国家履行其危险防御的养老义务对法律规范如何供给需求强烈。也即在执法层面，国家应建立内容和程序完善的养老执法体系，并根据养老保障的实际情况适时调整。特别是强化对公民养老权利的重视，规范自身执法手段、程序、责任等，甚至强化其执法能力建设等。司法层面，需要保障畅通的司法救济渠道，对侵害公民养老权利的行为予以惩治，通过司法案例和司法解释厘清国家养老义务边界。

最后，风险预防的国家养老给付义务。由于老年是一种可以确定和预测的生命现象，原则上无法成为不确定的"风险"，年老后因创造能力降低，造成经济生活的不安全，产生法律上的风险。为预防上述风险，国家需履行养老给付

---

[1]　参见石智雷：《多子未必多福——生育决策、家庭养老与农村老年人生活质量》，载《社会学研究》2015 年第 5 期。

义务，以调和及照顾所有老年人的利益，平等促进所有老年人的福祉，达成社会均衡。该均衡并非简单的直接针对某个人或团体，而是构建一个复杂的供需关系，征税的同时对另一部分弱者予以给付。①但是这种从"基本生存保障请求权"衍生的养老给付请求权内涵并非无限延伸，需要满足一定的实体条件。如需求的种类和所需的必要资源，以及社会对合乎人性尊严生存所需的见解、被救助人的具体生活情境以及社会关系和经济发展水平。②这使得部分国家提供的养老给付仅满足"最低生活保障""最低生存发展"的需求。公民养老权是一项宪法基本权而非国家的恩赐，故人民应积极请求国家履行该给付义务而非被动等待，甚至可要求国家改善给付的内容和质量，促成个人实现生存、自由与发展。

实践中，国家履行风险预防的养老给付义务通常通过养老保险、长期护理保险和养老院等立法实现。给付内容方面，有学者将其归纳为实物给付、服务给付及现金给付三类。③本书基于积极与消极属性将国家养老给付区分为物质性给付、服务性给付、制度性给付三类。其中，物质性给付要求国家直接支付实体的物（现金）等，养老金、社会救助物资等发放即属此类；服务性给付则强调国家向老年人给付具体服务项目，如德国针对老年人制定的《监护和护理法》和长期护理保险制度，通过政府提供护理需求等服务性给付来达成对老年人的保护；制度性给付是规范和确认物质性给付与服务性给付，国家为帮扶重度失能老人，在成都等地区开展了长期照护保险试点，通过颁行《长期照护保险服务项目和标准》规范照护服务。

---

① 参见袁立：《从社会国原则谈劳动权的国家给付义务》，载《人大法律评论》2011年卷第1辑。

② VerfGE 125，175 Rn. 138.

③ 葛克昌：《国家学与国家法》，月旦出版股份有限公司1996年版，第61页。

第三章 公民养老权国家义务的法律证成

第一节 国家养老：一种人类社会运行工具的法理逻辑

一、养老：自然机理与社会建构连接的结构链带

养老是自然机理演化而成的必然结果。遵循人类寿命有限终将归于衰老的必然逻辑，养老是规避身体机能退化、经济供给层薄弱双重风险的重要媒介。囿于年龄增长伴随的生命机能退化、身体器官功能衰退的底层现实，年老者维持生存的自身能力会随年龄的增长愈发式微。年老者慢性病患病风险较大，心理与生理层面都表现出较强的依赖性，尤其在失能失智情况下，自助能力近乎丧失，难以己之力实现自身照护。基于此，年老者的日常照护需求与医疗卫生服务需求明显高于其他年龄段人群。但在社会生产中，年老者孱弱的身体无法负担高强度体力劳动，改革变迁产生的时代融入困境又无疑为其转化智力成果设下门槛，其收入不可避免降低甚至中断，难以承受医疗照护经济负担，在财产方面面临巨大风险。为应对恶劣的自然条件和低水平的经济状况，我国出现了诸如利用"养儿防老""招婿上门""过继"等多种维持老年时照料护理和家庭再生产的方法以实现老有所养。①

以"养儿防老"为主要代表的养老模式本质上是自然代际间的利益交换，其运作模式严格遵循着代际关系中的交换模式。以社会代际关系视角看，养老模式下代与代之间相互依赖制约，老年一代以其对年轻一代的养育及社会贡献

---

① 参见贺雪峰：《农村代际关系论：兼论代际关系的价值基础》，载《社会科学研究》2009 年第 5 期。

的"初始给付"和年轻一代对老年一代的"对待给付"共同构成贯穿自然人生命过程的"代际契约",或称"世代合同",①从而实现代际之间的互助与风险分担。而"养儿防老"显然作为我国最典型的均衡社会成员世代间取予的模式,通过将子女生育、抚养成人,将代与代、"老"与"小"紧紧联系在一起实现代际利益平衡,保障家庭成员供给互助和整体性的老年经济安全。②在此思想的横贯下,父母与子女、家庭与社会间互相服务、满足自身需求,以抚养—赡养关系与交换关系的结合分散老年风险,"让个人可以尽到社会共同体成员的责任,本身也可取得来自社会整体的保护"。

尽管中国家庭养老关系本质上是以亲子间利益互动为表现形式的交换型代际关系,其与伦理孝道文化也存在着密不可分的关联。代际传承和亲子间的互动不仅包括物质、经济的有形交换,更包含情感交流③以及精神层面的赡养,即"天伦之乐"。代际关系中血亲联系是维持家庭粘连的牢固基础,④是养老机制的核心。尤其是直系血亲,基于强烈的血缘认同感和朝夕相处的情感羁绊,子女形成回报"养育之恩"的意识从而自觉承担养老责任。这种血亲性的代际关系具有强稳定性与持久性,无论形态如何演变,中国社会对血亲关系的认同都没有发生明显变化。费孝通先生提出的东方家庭代际关系的"反馈模式",⑤实际上就是对这种血亲联系外在特征的概括。

血亲联系所产生的情感不仅止于物质赡养,更及于情感上的"孝顺",并经巩固强化,演变成为儒家文化中的"孝道"而延续千年。《论语》及《孟子》中

---

① 如同社会契约一样,代际契约并非现实之合意,而是一种理论模型。有学者指出,"在德国,借助'世代合同'这一想象去理解年金保险理念与制度,系学术界的共同认知……严格意义上讲,世代合同并不是法律概念,而是社会政策对于一种公众地在人与人之间进行义务再分配时的模式想象"。参见王艺非:《年金保险法》,载郑尚元主编:《社会保障法》,高等教育出版社 2019 年版,第 125—126 页。

② 参见王天玉:《职工基本养老保险"统账结合"的法理困境与制度重构》,载《中外法学》2021 年第 4 期。

③ 参见郑丹丹:《女性家庭权力、夫妻关系与家庭代际资源分配》,载《社会学研究》2017 年第 1 期。

④ 参见刘汶蓉:《转型期的家庭代际情感与团结——基于上海两类"啃老"家庭的比较》,载《社会学研究》2016 年第 4 期。

⑤ 参见费孝通:《家庭结构变动中的老年赡养问题——再论中国家庭结构的变动》,载《北京大学学报(哲学社会科学版)》1983 年第 3 期。

诸多关于孝道的论述，已经不是情感意义上的养老行为，而是道德意义和社会意义上的养老及其规范。"亲亲"融入"老老"，"老老"包容"亲亲"，家庭养老的情感支持与价值观支持有机地融合在一起，共同构建起家庭养老所需要的动力和精神支柱。通过父辈的言传身教、社会的教化、舆论的监督以及国家制度的规定，养老被作为一种责任和人生观灌输给子代，赡养老人的义务已经变成了内在的责任要求和自主意识，成为人格的一部分，子代在潜移默化中成为承担养老责任的自觉者。①与血缘动力相比，后天动力对子代养老行为具有更大的制约力，在社会中也具有更大的规范性。国家文化和民族文化的持续性也决定了家庭养老的持久性，②时至今日，传统文化和责任理论仍然影响着人们的观念和行为，在家庭养老模式中发挥着约束作用。

二、国家养老：生存权利与宪制义务运行的应然图景

公民与国家之间的关系是宪制的核心议题，国家义务属于宪法学上与基本权利相对应的一个基本范畴，体现着公民和国家在宪法上的关系。从国家义务的基本概念视角看，国家义务是全面实现公民权利的逻辑前提，也是有效制约国家权力的锐利武器。国家义务起源于罗马法的复兴，形成于近代公法学的建立，发展于当代宪法学的演进之中。古典的自然权利思想家洛克认为自然法赋予了人们各种权利，"他们在自然法范围内，按他们认为合适的办法，决定他们的行动和处理他们的财产和人身"。③但自然状态的缺陷在于缺乏一个公正权威的裁判者和用以公正裁判的共同标准与尺度，以致自然权利得不到保障。为了安全和保障自然权利，人们互相订立契约，组成国家，并把一部分权利让渡给这个契约组织（国家），这就是国家权力的来源。因此，人们对权利保障的需要是组成国家的原因，国家的义务当然地满足权利的需要，洛克提出了"政治社会和政府的目的是保护财产"的命题。④

---

① 参见陶涛：《长幼有序，男女有别——个体化进程中的中国家庭养老支持分工》，载《社会学研究》2021 年第 5 期。

② 参见姚远：《血亲价值论：对中国家庭养老机制的理论探讨》，载《中国人口科学》2000 年第 6 期。

③ ［英］洛克：《政府论》（下），商务印书馆 1985 年版，第 5 页。

④ 洛克将生命、特权和地产都称之为财产。

分析法学的权利哲学理论则提出，个人把权力和豁免权让与国家，享有自由权，当自由权受到侵害时，个人行使要求权诉诸国家；个人要求权的行使，国家负有义务；为了履行义务，国家又需要权力权与豁免权。由此个人自然权利是国家义务存在的前提、基础与目的，个人要求权引发国家义务，是国家存在的基本理由，也是基本权利国家义务法哲学的基础与依据。随着现代国家福利主义社会权利理论的兴起，基本权利向社会权的扩张使国家义务内容也进一步扩展，要求运用国家权力为公民提供福利，"所谓社会权利，即通过国家对经济社会的积极介入而保障所有人的社会生活或经济生活的权利"。①可见，权利需要的扩张也必然导致基本权利国家义务的扩张。因此，从权利哲学层面上说，是权利需要决定了国家义务，反之，因为有权利需要，权利的国家义务必然存在。

在德国公法权利理论中，基本权利具有主观权利和客观价值规范或客观价值秩序（又称客观法）的二重属性。"客观法或法律规则即指施加于社会中个人的一种行为规则，在某一确定时期，社会认为对这种规则的遵守能保证公正及大众利益"，而"主观权利是指社会中个人的一切权力，个人有权获得社会对其所追求的结果的认可，条件是其追求目标与行为动机符合客观法"，"为了确保所有个人权利，又要限制每个人的权利，这样就从主观权利上升到了客观法，并在主观权利的基础上建立了客观法"。②可见，主观权利基本上是指个人先于国家和宪法的权利，国家宪法和法律不过是对它的承认；而客观法则是指社会共同体通过立法程序确认的一种规范，其内容本质上反映的是社会成员共处所需的一种价值共识。

基本权利不单具有主观的权利属性，同时必然还具有客观的价值秩序属性即客观法属性。当基本权利上升为具有客观价值秩序时，基本权利已经不再只是一种自然的主观权利，而是成为一种人们共存共处社会中的"价值体系"或"价值标准"，此为国家公权力乃至整个人类所共同追求的目标，基本权利就成为"客观的基本规范"，其具有的"客观功能"渗透到所有法律和国家权力领域，成为一切权利行使时应当遵守的基本准则。基本权利的客观价值秩序功能

---

① 韩大元、林来梵、郑贤君：《宪法学专题研究》，中国人民大学出版社 2004 年版，第340 页。

② ［法］莱昂·狄骥：《宪法学教程》，辽海出版社、春风文艺出版社 1999 年版，第 3 页。

要求国家机关必须尽到保障人民基本权利之义务，使人民的权利免遭公权力或第三人的侵害，基本权利的国家义务由此产生。①正如美国公法学家霍尔姆斯所言，"公民社会权利的实现应依赖于政府的实施"，②与国家权力的间接保障相比，国家义务应当是对公民救助权的根本保障。

社会财富的分配应确立一个所有人都能获得与其生存条件相适应的基本份额的一般标准，这种由个人按照生存标准提出而靠国家提供物质条件保障的权利即生存权。③生存权作为明确的法权观念，最早见于奥地利空想社会主义思想倾向的法学家安东·门格尔于1886年写成的《全部劳动权史论》一书，作者认为劳动权、劳动受益权、生存权是新一代人权——经济基本权的基础。生存权被揭示为在人所有的欲望中，生存的欲望具有优先地位。④也有学者定义生存权为一种靠国家的积极干预来实现的"像人那样生存"的权利。⑤历史上，德国《魏玛宪法》首次规定了生存权保障，高扬起福利国家的理念，宣示把实现对生存权的保障当作国家的政治性义务。1948年《世界人权宣言》第22条规定了公民享有社会保障的权利，同时在25条规定了所有的公民都享有保持和保障充分的生活水准之权利，以此保障生存权。1991年《中国人权状况》白皮书更是将生存权列为中国人权体系之首。

生存权的目的在于保障国民能过像人那样的生活以确保尊严，是要求国家有所"作为"的权利，为国家权力划定其应该去做的事情的范围。以生存权为首的各种社会权的权利主体，即生活贫困者和社会经济上的弱者，是存在于现实中的、个别的、具体的人。公民养老权与生存权密切相关，生存权对于老年人更具有特殊的意义。养老保障制度实质上就是对老年人基本生存的保障，当公民由于年老丧失劳动能力而失去稳定的金钱收入和物质来源时，其生活保障就更加成为他们赖以生存的基础。从这个生命发展意义上来说，老年人便属于社会弱势群体，他们的生命权和尊严不容侵犯。

①　参见杜承铭：《基本权利之国家义务：理论基础、结构形式与中国实践》，载《法学评论》2011年第2期。

②　[美]斯蒂芬·霍尔姆斯、凯斯·R.桑斯坦：《权利的成本——为什么自由依赖于税》，毕竞悦译，北京大学出版社2004年版，第68页。

③　参见徐显明：《生存权论》，载《法理学论丛》（第1卷），法律出版社1999年版，第560页。

④　参见徐显明：《生存权论》，载《中国社会科学》1992年第5期。

⑤　参见[日]大须贺明：《生存权论》，林浩译，元照出版公司2001年版，第3页。

宪法关系是基本权利和国家义务的对应关系，国家义务是基本权利的根本保障。①就国家义务的功能而言，宪制的终极目标是尊重及保障人性尊严，保障人权是国家权力的当然义务。从宪法生存权保障内容的内部构造看，其赋予了不同基准上的国家义务：一是以"最低限度生活"为基准的国家义务，二是超过"最低限度生活"水准以上部分国家的义务。前者保障的是作为具体权利的"紧迫性的生存权"，应实行国家性的辅助；后者保障的是纲领性的生存权，国家应采取社会保险、社会扶助津贴、社会福利事业之手段。②保障老年公民的正常养老生活既包括救助低收入农村特困老年人的"紧迫性的生存权"，也涵盖国家所应保障的"纲领性生存权"，以国家的相应立法以及衍生的各项辅助措施构建普惠养老服务网络，促进其生存权之实现。

由此可见，公民养老离不开国家帮助支持，在我国人口老龄化问题亟待解决的态势下尤其需要加以重视和研究。在公法学语境中，以"国家养老义务"为政府养老职责的根源及规范表述似乎更为合适。在我国，宪法中并无国家养老义务的直接规定，国家养老义务在宪法上的规范依据为何？如何界定国家养老义务的履行限度？遵循何种履行路径能使国家养老义务资源利用最大化？诸如此类问题仍有被讨论的价值，并亟待在宪法及社会保障法层面对国家养老义务进行体系化重构。从国家义务角度研究公民养老问题，既是国家战略，又落实宪法基本权利，还丰富社会法学研究的理论与实践内涵，使得公民平等、全面、科学地享有养老保障成为可能。

第二节　国家养老义务的宪法证成

前述可得，国家作为养老权益的保障主体之一具有自身的理论和实践优势，《老年人权益保障法》第3条就明确规定"国家保障老年人依法享有的权益"。③其虽未明示养老权的存在，但由此可侧面推导出国家对老年人的养老权益具有一定的"责任"。目前我国已经进入深度老龄化社会，养老风险高发，如

① 参见龚向和：《国家义务是公民权利的根本保障——国家与公民关系的新视角》，载《法律科学》2010年第4期。
② 参见［日］大须贺明：《生存权论》，林浩译，元照出版公司2001年版，第162页。
③ 北大法宝网：《法律法规检索》，http://www.pkulaw.cn，最后访问日期：2022年4月27日。

何保障公民养老权益的充分实现，不仅是重大民生问题，也是我国法律亟待解决的隐疾。基于此，从国家规制视角探寻国家养老的法理基础，不能将视野局限于规制层面，需要从更高层次的宪法维度寻求答案，将公民养老权益的保护上升至宪法层次，在宪法层面构建养老权益保护的规范体系，对"国家保障"这一表述的限度及范围作出界定，是老年人权益保护的当务之急。然而，建立在"基本权利—国家义务"关系上的国家义务体系，是以公民基本权利为逻辑前提和理论基础，国家义务直接源自明确的公民权利。在此语境下确立国家养老义务，就需要对国家养老义务的权利源头进行识别与辨析。

一、公民养老权——宪法未列明的基本权利

我国宪法及法律中均未明文规定国家具有养老义务，宪法中涉及养老的内容零散地置于多个条文中，而且各条文的表述方式、规范的内容层次并不统一，但仍可通过"未列举基本权利"于解释学层面的学理建构发展出养老权。源于宪法文本与社会变迁之间的内在紧张关系，需要宪法文本保持其解释上的开放性，未列举基本权利理论由此而生，[①]即通过解释进行基本权利的创造。在我国法上，公民养老权可依据《宪法》第14条纳入基本权利范围，《宪法》第44条、第45条可以作为"未列举基本权利"的规范基础，共同为公民养老权的推衍提供宪法上的规范依据。

（一）根本依据：《宪法》第14条第4款的概括性表述

作为纲领性条款，《宪法》第14条第4款规定"国家建立健全同经济发展水平相适应的社会保障制度"，[②]该条以"建立健全"的行动方向指导和"社会保障制度"的目标设定组成，真正体现出宪法保障公民的社会保障权利和其他权益的重要目标，也表明了"公民社会保障权—国家保护义务"框架对于社会保障法规范建构的基础性功能。在这个意义上，国家在社会保障制度建设中居于主体地位，而对老年人的赡养属于社会保障制度的一部分，国家给付具有当然义务。但这一款设计在宪法第一章总纲中包含社会救助、社会保险等多种保障内容，是作为一种制度建设的目标提出，而非在第二章公民的基本权利和义

---

① 参见李忠夏：《数字时代隐私权的宪法建构》，载《华东政法大学学报》2021年第3期。

② 北大法宝网：《法律法规检索》，http://www.pkulaw.cn，最后访问日期：2022年4月27日。

务中进行阐述。因此不同于基本权利条款，该条仅能作为养老权的原则性规范依据。[1]

（二）直接依据：《宪法》第44条、第45条第1款的类推解释

从主体上看，《宪法》第44条规定"退休人员的生活受到国家和社会的保障"，根据《国务院关于安置老弱病残干部的暂行办法》和《国务院关于工人退休、退职的暂行办法》的规定，我国退休人员年龄在45～60岁之间，与我国《老年人权益保障法》第2条规定老年人的年龄起点标准60周岁范围基本重合；而《宪法》第45条第1款规定"中华人民共和国公民在年老、疾病或者丧失劳动能力的情况下，有从国家和社会获得物质帮助的权利"，[2]此处"年老"一词的定义相当模糊，导致社会保障权范围的不确定。根据语词意用法，此处的"、"及"或者"的用词代表了"年老""疾病""丧失劳动能力"三者处于并列关系，在满足某一条件时，即可导出"获得物质帮助"的结果。而根据相关学术解释，本条规定"疾病"意为经医务部门诊断患有某种疾病而部分或完全丧失劳动能力；"丧失劳动能力"意指年老体弱，身体患病或因伤、残、呆、傻等各种情况造成的全部或部分劳动能力丧失。[3]在这些情况下，公民更接近于"弱者"地位，如缺乏国家和社会保障往往会陷入极端贫困以致难以自给的状态，由此产生物质帮助权。故反推前述"年老"概念，"弱者地位"应为三者共性，其所代指之范围应当涵盖通常意义上生理条件界定的老年群体。且按照法律条文用语一致性的基本原则，同年修正的《老年人权益保障法》中针对老年人年龄起点范围的规定可视为下位法对上位法的细化。基于此可推论，第45条的"年老"与广义"老年群体"及本书论述主体范围一致，都代指60周岁以上的老年群体。

第44、45条虽然未明确提出公民养老权的概念，但却从另一个角度体现了这一权利的保障要求。第44条以"国家保障"的用语厘定国家提供制度保障、组织程序保障的地位，在企业事业组织的职工和国家机关工作人员达到法定年龄后对其老年生活提供保障。而作为宪法第二章涉及公民直接向国家请求特定利益的条款，第45条以国家对于基本权利的实现直接负有积极的给予物质、程

---

[1] 参见李燕林：《社会救助权的规范构造》，载《河北法学》2021年第4期。

[2] 北大法宝网：《法律法规检索》，http://www.pkulaw.cn，最后访问日期：2022年4月27日。

[3] 参见蔡定剑：《中国宪法精释》，中国民主法制出版社1996年版，第174—175页。

序和其他服务的义务为依据，廓清了公民在年老的情况下有直接获得物质帮助的权利，符合基本权利的受益权功能特性。根据学界对养老权利的广义界定，"养老权"的权利范围包含生活保障权、健康保障权、参与社会发展权和精神慰藉权。①第 45 条物质帮助权以偏重"物质"的文意表达确定了权利实现的基准，也影响了物质帮助权保障的形式。长期以来，学界和实践中通常将物质帮助权可请求的内容限于生活所必需的"金钱"，对困难群体的识别和认定取"年人均收入"为主要标准，主要对应"养老权"中的"生活保障权"。但从我国宪法制定的立法目的可以得出，国家对社会保障的规定采取相对保守的态度。②随着老龄化问题日益严重与人民生活需求日渐提高，有必要对本条进行扩大解释，将代表更高质量生活水平的健康保障权、参与社会发展权和精神慰藉权三类权利囊括在内，以此实现老年人权利的保障。

二、公民养老权的权利基础

"衰老意味年老体衰，精力减退"，③是生命形态的重要组成部分和生命自然演进的必然走向。公民养老是指公民处于衰老时期时，以自力或外力救济方式保障其最基本的人格尊严，以安稳幸福度过晚年生活。权利是在公民受到宪法和法律保障前提下，可以作为或者不作为的方式实现某种愿望或获得某种利益的可能性。④公民养老权意味着老年公民在处于生理机能退化、身体器官衰微状态时，仍可在宪法和法律允许的范围内，通过多种途径来保障老年生活权益。公民养老权的正当性理论基础源自社会权理念，为了矫正形式平等而对社会弱势群体进行的资源再分配；规范基础源自宪法中有关社会保障的纲领规定与基本权利，以及落实养老的具体法律文件。

（一）从形式平等到矫正平等的法理意涵

从形式平等到矫正平等为自由权到社会权的动态逻辑表达。社会权作为自

---

① 参见刘灵芝：《中国公民养老权研究》，辽宁大学出版社 2010 年版，第 29 页。

② 1954 年，田家英同志在宪法草案座谈会上的一份摘要中就明确提到："社会救济是否只给劳动者呢？当然不只包括劳动者，如遇天灾人祸，国家当然会救济，我们不讲漂亮的话，所以一般公民的社会救济，没有特别写出来。"参见韩大元：《1954 年宪法制定过程》，法律出版社 2014 年版，第 103—104 页。

③ 《现代汉语词典》，商务印书馆 2016 年版，第 1214 页。

④ 参见刘茂林：《宪法学》，中国人民公安大学出版社 2003 年版，第 251 页。

由权的相对概念，诞生于工业革命背景下。囿于公民个人能力不足、生存状况迥异，加之国家实行放任不管政策，在实际契约中呈现显著不平等的经济强者与弱者关系，致使个体之间的贫富差距逐渐拉大，于宪法中设定的自由平等权利无法得到切实保障。①对此，哈耶克提出"赋予人们不同的权利，以不同的方式对待人们"。②这样的简单提法蕴含着社会正义核心理念，"社会正义是一种体现资源再分配的正义，是为了矫正形式平等的缺陷，保障社会成员尤其是弱势群体社会性生存而优先对社会资源的一种再分配"。③为了缓和贫富两极分化，国家改变消极态度，以积极作为方式为权利的行使创造环境和条件，采取税收、转移支付和社会保障等经济干预手段保障社会弱势群体的基本生存，④通过制度设计规定国家给付、优惠照顾等方式来照拂特殊群体。⑤颁布一系列措施，"提供了一种在社会的基本制度中分配权利和义务的办法，确定了社会合作的利益和负担的适当分配"，⑥来不断矫正和弥补形式平等，最终形成对社会弱者实施法律倾斜保护。

从形式平等到矫正平等为平等原则渐近实质的文本逻辑表达。1787 年美国宪法首次将"法律面前人人平等"确立为宪法原则，1789 年在《人权宣言》中写下"在法律面前所有公民都是平等的"，标志着自由资本主义时期推崇的自由平等逐渐冲破封建奴役桎梏。到了垄断资本主义时期，"法律上的平等就是在富人和穷人不平等的前提下的平等"。⑦例如，法律在形式上保护财产不受侵犯，但是私有财产基本掌握在垄断阶级手中，对于多数社会成员不具有实质意义。1919 年德国《魏玛宪法》在自由平等之上，规定社会保障、社会福利以应对等级分化和贫富不均带来的社会问题。⑧社会主义国家的实质平等对于形式平等具

---

① 参见赵宏：《社会国与公民的社会基本权：基本权利在社会国下的拓展与限定》，载《比较法研究》2010 年第 5 期。

② [英] 哈耶克：《自由秩序原理》（上），邓正来译，三联书店 1997 年版，第 18 页。

③ 李炳安：《略论社会法的逻辑起点和基本范畴》，载《法学评论》2014 年第 2 期。

④ 参见范进学：《"共同富裕"的宪法表达：自由平等共享与法治国》，载《交大法学》2022 年第 6 期。

⑤ 参见李傲：《论老龄人口社会保障宪法规范的性质与实施》，载《华南理工大学学报（社会科学版）》2023 年第 1 期。

⑥ [美] 约翰·罗尔斯：《正义论》，何怀宏等译，中国社会科学出版社 1998 年版，第 4 页。

⑦ 《马克思恩格斯全集（第 6 卷）》，人民出版社 2012 年版，第 648 页。

⑧ 参见徐爽：《宪法上社会权的发展传统、改革与未来》，载《政法论坛》2019 年第 5 期。

有纠偏功能。①我国《宪法》第33条第2款规定"中华人民共和国公民在法律面前一律平等"。这里的"平等"秉承社会权的宗旨，不仅包含了法律形式上的平等，还包括实质平等。实质平等属于衡量个体差别的评价标准，目的是使不同情况的个体得到同等条件的对待。②

（二）从纲领规定到基本权利的宪法规范

社会保障的纲领规定为公民养老权提供间接理据。我国《宪法》第14条第4款规定，"国家建立健全同经济发展水平相适应的社会保障制度"。其中"建立健全""同经济发展水平相适应"和"社会保障制度"作为行动指南、现实基础和目标设定共同构成纲领性条款，在整个社会保障基本国策规范体系中发挥着指引作用。③德国宪法学界称纲领条款为"国家目标规定"，与作为"主观权利"的基本权利区别在于，国家目标规定是一种纯粹的客观法规范，不具有法效力，此类条款对国家权力的约束主要在于国家有法律上的义务去追求特定的目标。④因此，国家建立健全社会保障制度的内生动力在于具有保障弱者的生存权义务。徐显明教授指出，多数成员的生存权是通过"劳动—财产—维持生存"定式得到保障的；而少数具有生存障碍的社会弱者把"物质请求—国家帮助—维持生存"定式作为生存权实现的救济方式。⑤成年人的健康状态、劳动能力和自理能力与年龄增长呈反比关系，老年人作为各项指标退减载体，面临的生存障碍显著提升，其生存权保障定式具有从"劳动—财产—维持生存"跨向"物质请求—国家帮助—维持生存"的趋向。为了应对这种趋势，国家应确保老年社会救助、社会保险、医疗保障、住房保障等制度稳步落实。此外，《宪法》第33条第3款人权条款也为公民养老权提供权利源泉，但"人权条款本身不能成为发现和提炼新权利的依据，它提供的主要是一种解释规则或者原则，旨在为权利的发现提供广泛的价值基础"。⑥人权从抽象层面上蕴意保有人性尊严，不

① 参见李海平：《区域协调发展的国家保障义务》，载《中国社会科学》2022年第4期。
② 参见《法理学》，人民出版社2020年版，第95页。
③ 参见周敬敏：《社会保障基本国策的规范体系与实施路径》，载《政法论坛》2021年第3期。
④ 参见王锴、刘犇昊：《宪法总纲条款的性质与效力》，载《法学论坛》2018年第3期。
⑤ 参见徐显明：《生存权论》，载张文显、李步云主编：《法理学论丛》（第1卷），法律出版社1999年版，第572页。
⑥ 韩大元：《宪法文本中"人权条款"的规范分析》，载《人权》2006年第1期。

被剥夺生存下去的资格。对于老年个体而言，人权是在其处于年老状态时仍能够维持晚年生活尊严和体面地终止生命。

《宪法》第44条退休权和第45条物质帮助权作为社会保障纲领规定的具体表现，多被作为公民养老权的直接宪法依据。《宪法》第44条规定的退休权是指丧失劳动能力或达到规定年龄界限的老年职工离开岗位后安度晚年、享有原单位不停发工资的权利，[1]退休权实现前提为已经尽到劳动义务。《宪法》第45条规定的物质帮助权体现一定的层次性，分为以食物、医疗、环境为主的基本生存物质之需和以教育、劳动为主的生活能力培养。[2]值得注意的是，《宪法》第44条和第45条在保障范围上有一定的限定。[3]第44条规定的退休人员生活保障范围限于企事业职工和公务员，第45条物质帮助权保障范围为年老、疾病或者丧失劳动能力情况下的弱势群体。

（三）从倡导政策到具体落实的法律实践

公民养老权的法律实践主要体现在《老年人权益保障法》《社会保险法》《社会救助法》三部法律之中。一方面，《老年人权益保障法》作为公民养老权的倡导政策表达，其历经2009、2015、2018年三次修订，逐步完善机构养老职责、扩大义务主体、强化社会责任、建构多层次养老体制机制，明确老年人享有物质帮助、享受社会服务、社会优待以及参与社会和共享发展成果的权利。但其中倡导、鼓励、支持等政策提法多，具体落实措施较少，且多以地方立法条例和政策性文件推动法律实施。[4]另一方面，《社会保险法》和《社会救助法》作为公民养老权的具体法律落实。《社会保险法》以主体区分养老保险、医疗保险类别，采取个人缴费、单位缴费或者政府补贴等方式建立社会保险制度，不断优化制度设计、统筹账户资金，促进老年人养老金的持续供给；《社会救助法》就社会救助对象、救助内容、救助程序展开详细规定，国家为无劳动能力、无生活来源且无法定赡养人或者其法定赡养人无赡养能力的特困老年群体提供

① 参见夏正林：《论退休权的宪法保障》，载《法学》2006年第12期。
② 参见原新利、龚向和：《我国公民物质帮助权的基本权利功能分析》，载《山东社会科学》2020年第2期。
③ 参见周敬敏：《社会保障基本国策的规范体系与实施路径》，载《政法论坛》2021年第3期。
④ 现行有关养老的行政法规39件，部门规章1447件，规范性文件若干，参见北大法宝：https://www.pkulaw.com，最后访问日期：2023年3月13日。

最低生活保障、救助供养、医疗住房等基本生活条件。三部法律继承宪法中有关建立社会保障制度精神，并以物质帮助权、社会保障权为核心，强调基本生存保障，致力于建设"六个老有"的和谐社会。

三、公民养老权的规范构筑

老年群体所处家庭情况、收入情况、身体状况和居住环境等的不同，决定了个体之间生存困难程度存在显著区别，除了基本生存保障之外，公民养老权应表达更多权利内涵。在正确认识公民养老权的权利性质和明晰其与退休权、物质帮助权和社会保障权区别的基础上，公民养老权以基本生存保障为起点，逐次表达为发展型保障和自我实现型保障。其中体现的层级逻辑是公民养老权规范构造的应有之义。

（一）权利性质：公民养老权的双重面向

基本权利的双重性质理论构建起源于德国，认为基本权利具有"主观权利"和"客观法"双重性质，"主观权利"意指个人得以向国家主张的权利，"客观法"是指公权力要积极创造和维持为权利的实现条件。"主观权利"和"客观法"作为基本权利的一体两面，其要素是相互补充和相互渗透的。[1]公民养老权作为基本权利，权利性质可从基本权利"主观权利—客观法"构成范式着手。

第一，作为主观权利的公民养老权。宪制实践表明，基本权利无截然的积极权利与消极权利之分，兼具防御权（消极权利）与受益权（积极权利）复合面向。[2]公民养老权的主观权利面向同样以防御权和受益权二元结构作为基点。一方面，公民养老权具有防御权功能。防御权能意为基本权利所具有的要求国家不予侵犯的功能，若基本权利受到侵害，有权请求国家排除侵害。[3]国家不得恣意限制和侵害基本权利，基本权利受损时甚至负有积极的保护和救济义务。康德在其著作中谈到人作为独立的理性个体，其自我决定、自我关照和自我负责的能力不受任何约束和剥夺。在不侵害他人或者社会利益的前提下，人可以按照自己的意愿决定各项自我事物，并且自我负责。被划为社会弱势群体的老

---

①　参见张翔：《基本权利的双重性质》，载《法学研究》2005年第3期。

②　参见张翔：《基本权利的受益权功能与国家义务——从基本权利分析框架的革新开始》，载《中国法学》2006年第1期。

③　参见李燕林：《社会救助权的规范构造》，载《河北法学》2021年第4期。

年人社会存在价值不变，独立化的自我表达不因生理心理衰弱而消殒，具有获得生活保障、医疗救助、赡养扶助等措施的自由。另一方面，公民受益权，即"人民为一己之利益，请求国家为某种行为之权利"。①与防御权要求国家不得干预自我追求、自我创造的消极态度相比，受益权对应着国家采取积极的物质、程序或者服务给付，以解决因个人能力、身体状况、身份地位异质性而造成的经济贫富悬殊、社会资源失衡。老年人的身体状况和经济情况随年龄增长而减弱，公民养老权具备的受益功能可以填补经济和身体差异的鸿沟，主要体现为物质、程序和服务上的给付。

第二，作为客观法的公民养老权。作为主观权利的"法"是建立社会的前提，它必须被尊重；只有"法"被作为客观规范或者客观价值秩序，主观权利才能实现。②《德国基本法》就在第1条第3款中明确规定"基本权利拘束立法、行政及司法而为直接有效的权利"，明确基本权利对整个法秩序的形成具有拘束力，国家对公民基本权利具有保护义务，在立法上不得侵害基本权利的价值内涵、在行政上遵循依法行政、在司法上发挥监督功能。养老问题是事关社会和谐稳定的多维度民生问题，公民养老权亦属于社会基本权利范畴之内，所以离开了国家的介入与干预，将无法实践该权利。因此，国家除了具有对防御权能的"不侵犯义务"和针对受益权能的"给付义务"以外，还应当运用一切可能和必要的手段来促成基本权利的实现。德国的宪法实践中，客观价值秩序的功能主要包含制度性保障、组织和程序保障以及保护义务。③

（二）权利效力：公民养老权的非底线性

目前，学界对于公民养老权的研究成果十分稀少，以刘灵芝为代表的观点认为退休权、物质帮助权分别是狭义和广义的公民养老权，其权利内容又与社会保障权内容等同，大有将公民养老权与退休权、物质帮助权和社会保障权混为一谈之势。如此认为，在理论层面上缩小了公民养老权的权利主体，局限地

---

① 林纪东：《比较宪法》，五南图书出版公司1980年版，第247页。
② 参见郑贤君：《作为客观价值秩序的基本权——从德国法看基本权保障义务》，载《法律科学》2006年第2期。
③ 保护义务分为狭义和广义两种，狭义的保护义务仅指国家保护公民免受第三方侵害的义务；广义的保护义务是指基本权利的客观价值秩序功能所针对的国家的所有义务，包括制度性保障义务、组织与程序保障义务以及其他各种排除妨碍的义务。此处采取狭义概念。

认为公民养老权仅作为退休职工或者少数弱势老年群体的权益；在实操层面上淡化了公民养老权的实质内涵，使其在社会保障的巨大网络中难以寻求支撑。

可以肯定的是，公民养老权与其他三种基本权利存在一定程度的交叉与重叠，并非完全等同。我国《宪法》第44条将退休权的权利主体限于国家机关和企事业的退休人员，这部分老年群体养老权益可以通过养老保险和医疗保险得到保障。但是覆盖的范围狭小，仅占当前我国总退休人口的12%左右，[①]与中国"无退休"的庞大农村老年群体、城镇居民呈现出的底层现实迥异。第45条规定年老、疾病和丧失劳动能力情形下可享有物质帮助权。相较于退休权，物质帮助权主体范围有所扩大。但仍存在两个问题：其一，"年老""疾病""丧失劳动能力"三者在词义上相互重合，所起的限定作用是否为程度相当的并列抑或兼而有之的递进难以辨明；其二，物质帮助中"帮助"一词为道义上的表述，国家可以帮，也可以不帮，法律义务淡化。退休权过于狭窄的界定和物质帮助权模糊的扩大表达，使得公民养老权难以在退休权和物质帮助权之间寻得恰如其分的意涵，反而陷入一种意味不明的虚无状态。

此外，有观点认为公民养老权的内容是以生存权为核心理念的一组权利，包括社会保险权、社会福利权、社会救助权、社会优抚权、最低生活保障权、家庭赡养扶助权等。[②]从权利内容的列举上看，此种观点将公民养老权等同于社会保障权。"社会保障权是指一种底线性质的权利"，[③]指的是公民因年老、疾病、伤残、暂时困难而丧失谋生能力时，可以通过国家和社会的帮助摆脱危困状态，维持基本生计，保障人格尊严。现有权利理论要么主体范围狭窄，要么保障范围及于基本生存，不能完备表达公民养老权内涵，以至于公民养老还停留在低层次的生存保障、低质量的服务供给实践中。我国地域辽阔，地区发展水平各异，城乡之间老年人养老保障情况存在较大差距，外部的环境决定公民养老权不能一概而论，需要作出层级划分。

（三）权利构造：公民养老权的层级逻辑

在现有权利理论研究基础上，公民养老权呈现"生存型—发展型—自我实

---

① 《2021年度人力资源和社会保障事业发展统计公报》，http://www.gov.cn/xinwen/2022-06/07/content_5694419.htm，最后访问日期：2023年1月18日。

② 参见刘灵芝：《中国公民养老权论》，吉林大学2007年博士学位论文，第28页。

③ 王广辉等：《中国公民基本权利研究》，湖北人民出版社2015年版，第215页。

现型"层级逻辑，依次表现为重视生存保障、稳固发展需求、强化自我实现。其中，生存型保障处于公民养老权的第一层级，主要包括物质救助、医疗服务、住房保障和养老保险；公民养老权的第二层级表现为发展型保障，包括参与社会、共享发展成果；第三层级为自我实现的精神需求。

层级逻辑的正当性源于资源的有限性。自 20 世纪以来，各国强调提供公共产品和公共服务保障基本人权，有限的社会资源和快速增长的利益诉求之间需要寻求兼顾效率与公平的最佳社会资源配置模式，以实现社会的高速运转。[1]国家与社会之间形成分工，高效协调公共资源流向，以满足不同利益主体基本的生存和发展需要。这决定了公共资源的流向具有一定限度，必须以个人穷尽一切手段仍不能维持最低生活为限。如生存权的实现，"需以尽到劳动义务或必须以已经尽到了劳动的义务或无法实现（或无法完全实现）劳动权为前提"。[2]"免于饥饿的权利只是公民享有的一种可能性权利，只有在个人通过各种食物保障渠道确实无法获得必要的食物时，才享有国家直接提供必要食物的权利。"[3]此时，有限的资源决定了老年个体无法自力保障基本生存时才可诉诸国家进行兜底保障，意即公民养老权层级理论的逻辑起点。发展型保障和自我实现型保障作为高层级的美好目标，其实现仍依赖于资源的盈余和持续性供给。

层级逻辑的合理性在于实质平等的贯彻性。一方面，层级理论的生存型保障作为实质平等的起点。年龄增长与各项身体器官衰退、生理机能退化、丧失劳动能力、缺乏固定收入来源等情形呈正相关，年老者多为生理上的弱者、经济上的贫困者，特别是在失能失智的情况下，难以实现自我照护。实质平等要求充分协调老年群体之间的财富地位、生存环境、身体状态等差异产生的对立与矛盾，着力填补个体之间有关生存资源的差距，避免形式平等加重资源的倾斜。[4]另一方面，层级理论的发展型和自我实现型保障是实质平等的根本体现。生存是基于人类本能自然产生，保障个体生存作为看得见的最低正义基线，其

---

[1] 参见秦小建：《宪法为何列举权利？——中国宪法权利的规范内涵》，载《法制与社会发展》2014 年第 1 期。

[2] 林来梵：《从宪法规范到规范宪法——规范宪法学的一种前言》，法律出版社 2001 年版，第 223 页。

[3] 王广辉等：《中国公民基本权利研究》，湖北人民出版社 2015 年版，第 219 页。

[4] 参见郑贤君：《社会基本权理论》，中国政法大学出版社 2011 年版，第 52 页。

程度远不足以满足个体发展全部之需。在保障个体生存的基础上，实质平等仍追求发展型和自我实现型保障，以期"根据它可获得的资源采取合理的立法和其他措施，争取此项权利的渐进实现"。①

层级逻辑的可行性在于现实养老的差异性。以城乡老年人实际情况为例，"农村—城市"户籍制度将居民与农民分成两个世界，长期的二元割据导致城乡养老存在显著差距。首先，农村老龄人口比重远大于城市。据统计，60 岁以上、65 岁以上的农村老年人口占比 23.8%、17.7%，分别高出城市 8.3、6.9 个百分点。②农村青年大规模流入城市，空巢化问题十分严重。其次，农村老人与城市老人贫困状态不同。数据显示，全国 60 岁以上的城市低保人员 139.5 万人，特困人员 21.6 万人，相较之下，60 岁以上的农村低保人员达到 1284.7 万人，特困人员 353.2 万人。③农村特困、低保老年人口基数庞大，面临的生存型结构困难更为严峻。再次，农村老人与城市老人的收入差距明显。以养老金为例，2014 年"新农保"与城镇居民养老保险进行合并，并没有纾解城乡养老保障差距。多数农村老年人每月只能领取 100 元左右养老金，城市老人养老金数额是农村老年人的 22 倍左右。最后，在养老资源的配给方面，囿于传统家庭养老功能逐步消退，土地保障力度不足，农村获取养老资源的途径、种类、质量远远低于城市，农村失能失智老人的养老问题成为亟待解决的重大难题。城乡之间的巨大差异使得农村弱势群体生存型利益保障成为重中之重。

（四）"基本权利—国家义务"逻辑下的《宪法》第 45 条分析

"任何对基本权利的保障最终都落实或表现在国家义务及其履行上，并且国家义务决定国家权力，国家义务是衔接公民权利和国家权力的桥梁"，④养老权作为公民的一项基本权利，其实现必须仰仗国家义务的充分履行，而国家养老义务源自公民养老权利并以此为目的，成为公民养老权利的根本保障。第 45 条以"从国家和社会"划定了义务范围，且以"国家发展为公民享受这些权利所需要的社

---

① 朱福惠、王建学：《论社会弱势群体的社会权》，载《云南大学学报（法学版）》2012 年第 6 期。

② 参见《中国统计年鉴——2021》，中国统计出版社 2021 年版，第 65 页。

③ 参见《2021 年度国家老龄事业发展公报》，www.gov.cn/xinwen/2022-10/26/content_5721786.htm，最后访问日期：2023 年 3 月 17 日。

④ 龚向和：《国家义务是公民权利的根本保障——国家与公民关系新视角》，载《法律科学》2010 年第 4 期。

会保险、社会救济和医疗卫生事业"规定了义务的实现路径。由此，公民养老权成为国家履行养老义务的宪法依据与价值基础，国家养老义务则成为公民养老权的功能体现与其所导向的规范要求。国家有义务最大化地实现宪法的规范意图——即促进公民养老权的实现。"公民养老权—国家养老义务"的法权结构能够有效促进国家履行其在社会保障中对老年群体的保护义务，最大化实现国家养老目的。

第三节　国家养老义务的构造及其实现限度

一、国家养老义务的基本内涵

"公民养老权—国家养老义务"是一体两面的概念，本质上是"基本权利—国家义务"体系在养老保障领域的运用。公民享有养老权必然要求国家在养老保障中对每一位老年公民进行保护与支援。在此语境下，首先应明确国家养老义务的内涵，即国家为保障公民因年老而陷入无法自力克服生活困境时，依法主动向符合救助条件的公民提供基本需求物质和服务的义务，其次需要对国家养老义务中的私益给付、公益给付和服务给付三种给付模式进行识别与辨析。

其一，国家私益给付。国家对养老权的私益给付是指国家直接以物质性给付保障老年人基本生存的义务，主要是解决老年群体生存中面临的物质性需求不足或短缺问题，采取不定期或一次性给予生活补助、纳入最低生活保障对象范围、就涉及经济困难老年人的诉讼予以诉讼费用减免等形式对需要救助者进行国家给付的行为。其目的就是保障特定老年群体最基本的生存需求，实质是"国家对符合相应资格的特定群体的特别救济，是一种受益行为，给付的成本由国家财政直接负担"。[1]养老权的私益给付是最能体现社会法治国性质的部分，"国家履行私益给付义务很大程度上就是为了保证公民个人能够获得符合人的尊严的最低生存条件，使人们在任何情况下都能维持起码的生活水准"。[2]

其二，国家公益给付。养老权的公益给付与私益给付相对，具有平衡公民养老权的社会功能，较私益给付而言是一种更高层次的国家给付形式。国外将

---

① 张翔：《基本权利的受益权功能与国家的给付义务——基本权利分析框架的革新开始》，载《中国法学》2006 年第 6 期。

② 陈爱娥：《自由—平等—博爱：社会国原则与法治国原则的交互作用》，载《台大法学论丛》第 26 卷第 2 期。

其界定为由政府举办和出资的一切旨在改善人民群众生存条件的社会措施，其目标不仅是维持老年公民的最基本生存，而是要保障他们的"社会性生存"，使得社会所有老年公民都能达到同时期当地居民的基本生活水准，为老年群体精神需求的满足提供机会和创造条件。具体形式主要有设立老年人活动场所及管理机构、为生产老年人使用产品的企业给予特许、成立为老年人提供服务的志愿者组织等。

其三，国家服务给付。养老权的服务给付和上述二者有别，是国家向老年公民提供养老资源过程中采取的一种组织和管理行为，是一种典型的间接给付。养老权的服务给付要求各级政府部门按照"以人为本"的管理理念，更好地服务老年群体的基本生存要求。在实际生活中主要指履行国家给付义务的相关机关和工作人员，为保障公民养老权进行决策、计划、调节以及给付资金的筹措、分配、管理的活动。在养老权的国家给付过程中，服务给付又表现为三种基本形式：一是给付行政行为，即各级政府对给付活动的行政管理；二是给付资金的管理服务，即筹集、运行养老保障基金；三是为给付对象提供一系列的服务，主要是向老年群体提供医疗、住房、文娱和法律等养老保障服务。

二、国家养老义务限度设定的影响因素

当厘清国家公权将以何种方式实现养老义务，进而衍生出的问题则系养老义务就义务履行是否存有履行程度的要求。换言之，针对国家权力如何"有效"履行养老义务，无论是实务还是理论学说均认同因中国地域经济发展存在差别，以及不同老年群体的养老需求各异，国家就如何实现养老义务拥有相当广泛的裁量空间，得视具体情况采取相应作为，而未有具体限制要求国家必须采取何种履行手段。国家所履行的养老保障措施，须具有一定程度的质与量，方能满足养老义务的要求。故此，必须为国家履行养老义务设定适当限度，于履行程度的光谱中剔除敷衍了事、相互抵触与过度倾斜保护之可能。毋庸置疑，无论怎样去明晰权利的规范构造，权利的实现还是有赖于国家能够作出何种安排，国家具有最终的决定权。①国家受到社会发展水平、执政理念、法制状况等影响，

---

① 参见曾坚等：《权利体系中的社会保障制度研究》，哈尔滨工程大学出版社2007年版，第9页。

作出的安排可以是制度性、政策性的，还可以是物质性、观念性的，以此不断赋予权利实践内涵。以公民养老权的层级逻辑为基础，明确公民养老权的保障限度，廓清家庭、个人、社会、国家养老角色担当，可以有效平衡公民养老需求与匮乏资源现状之间的矛盾，并为有关养老法律法规、政策文件的制定、颁布和实施提供中心向力，助力养老体系持续稳健运行。

（一）价值因素：平等对待与人性尊严的双向维度

平等是人类社会追求的基本价值，现代国家均将平等原则确认为宪法的基本原则之一，《德国基本法》第3条第1款即以"法律面前，人人平等"提供原则性保障。"从产生的伦理基础看，社会保障强调人与人之间基本的权利平等，这是社会保障赖以存在的基本根基"，①养老属于社会保障的范畴，国家养老乃全社会为了老年人的基本需求福祉而担负起合法、正式以及明确责任的制度表征，②旨趣在于实现老年国民的生存权，修复因社会弱者能力式微而产生的社会裂痕，通过给付形式弥合差距，③以改变国家生活中的不平等和不公平状态，实现实质上的平等。国家养老义务受到宪法平等原则之限，设计养老规范必须依照相同规范，且不同地域不同标准，以导出老年人口在同阶段得到平等对待，以及在不同地域应有要求差别对待之权利存在。④

人性尊严因一切有理性者的人格固有绝对"善的意志"的基本价值，是最高的客观价值。《德国基本法》第1条第1项以基督教思想与特定哲学理论中视人皆上帝依其图像所创造，拥有上帝所赋予的特质，因此不得被视为客体或当成工具⑤的"人性图像"（Menschenbild），将人性尊严之保障成文化。德国学界一般认为，社会法的功能包括保障合于人性尊严之生存条件、实现自由发展之

---

① 林毓铭：《社会保障与政府职能研究》，人民出版社2008年版，第24页。

② See H. Girvetz, *Welfare State . in：International Encyclopedia of the Social Sciences*，1968，Vol. 16，512.

③ 参见郑贤君：《社会国义务的宪法内涵》，载《中国宪法年刊》，法律出版社2017年版，第4页。

④ 参见陈新民：《德国公法学基础理论（增订新版　下卷）》，法律出版社2021年版。

⑤ See Ch. Starck, Menschenwürde als Verfassungsgarantie im modernen Staat, JZ 1981, S. 457（459 f.）；E. Benda, Menschenwürde und Persönlichkeitsrecht, in：Benda/Maihofer/Vogel（Hrsg.），Handbuch des Verfassungsrechts（HdbVerfR），§ 6 Rn. 2；Maunz/Zippelius, Deutsches Staatsrecht, 30. Aufl., 1998, S. 171.

均等机会、保护及促进家庭、实现个人就业自由以达其生活保障、降低或均衡特别生活负担。①国家尊重和保障人权，这就要求国家通过有效供给保障公民拥有实现人权的基本物质条件。②国家履行养老义务，涉及社会公众的普遍生存照顾，实现个体生命周期运转与家庭建构和谐，就是保障宪法规定的基本人权。

结合我国宪法，价值因素对国家养老义务的限制也可以找到其文本基础。我国《宪法》第33条和第38条为公民的平等权和人格尊严作出保护背书。第33条第3、4款规定"中华人民共和国公民在法律面前一律平等，国家尊重和保障人权"，③以"国家保障"的措辞，宣告国家有必要创造和维持有利于基本权利实现的条件，平等权构成一切国家机关行为的准则；第38条规定"中华人民共和国公民的人格尊严不受侵犯"，④此"人格尊严"，并非像德国一样属于最上位的宪法基本原则，依其条文表述属于一项具体的基本权利。⑤传统的养老救助制度建立在"公民义务—国家权力"的关系之上，认为社会救助是对穷人的一种施舍和恩赐，遵循着"个体归因—施舍恩赐—特殊服务—公民义务"的价值理念。现代社会救助制度是建立在"公民权利—国家义务"的关系之上，认为社会救助是公民的一项基本也是最低层次的权利和人权，其思想基础是国家义务论，应当遵循"社会归因—权利本位—普遍主义—国家义务"的价值理念。⑥第38条规定国家有义务使每个社会主体保有尊严地参与社会生活，这一要求反映在养老权上即国家不仅应提供最低限度的生活物质保障，还需提供符合人性尊严的更高水平的保障，实现老年人"有尊严"地养老。

第33条、第38条、第45条虽然各自独立，但却具有内在的一致性。"公民在法律面前一律平等"必然是权利义务的平等，"所有宪法权利中都包含着平等的含义，都受平等规范的约束，因此平等作为一个宪法条文对所有宪法权利都有指导和规范作用，任何一项宪法权利离开平等原则都是不完整的"，⑦"国家尊重和保障人权"则意味着人权的根本性，而"获得物质帮助权"作为一种具体

① 参见钟秉正：《社会保险法论》，台北三民书局股份有限公司2012年版，第11页。
② 参见邢鸿飞：《论政府购买公共服务的保证责任》，载《法商研究》2022年第1期。
③④ 北大法宝网：《法律法规检索》，http://www.pkulaw.cn，最后访问日期：2022年4月27日。
⑤ 参见李震山：《人性尊严与人格保障》，元照出版公司2001年版，第18页。
⑥ 参见杨立雄：《当代中国社会救助制度回归与展望》，人民出版社2012年版，第66—67页。
⑦ 马岭：《宪法权利解读》，中国人民公安大学出版社2010年版，第136页。

的人权则应该获得平等保护。换言之，"年老、疾病或者丧失劳动能力"是获得物质帮助权的"宪定"条件，除此之外宪法并没有设定其他差别性条件，也没有对该条件内部的范围再作差别性划分。但历史积淀与地域发展不平衡酿成了国家养老资源长期以来分配严重不公，目前我国国家养老制度存在事实上的给付差异，其所遵循的地域差异和城乡差别对待给付造成了城乡、地域间严重的社会隔阂与地域歧视，有限的养老资源在结构配置上处于不均衡状态，显然违背了宪法权利的平等保护原则。

宪法平等保护原则并非要求机械式的平等，国家亦可设定合理的差别性待遇。立法者对于社会给付的受益人范围、给付方式、给付额度等事项，享有自由裁量权。平等的衡量是经过比较之后的一种相对性问题，在每一个具体领域也需要设定差别待遇，"对于平等原则的检验，侧重点系争规范在差别待遇设置的分类是否精准，即必须审查存在差别待遇的两种事物有无本质上的差异"。[①]德国联邦宪法法院以"新公式"为工具审查"本质上的差异"，即除了审查立法者造成之差别待遇是否具有事物本质上差异的理由外，进一步审查两个用来比较的对象在事物本质上的差异，在类型上与影响力上是否足以合理化国家的差别待遇。[②]我国对养老的给付义务可借鉴此法，在综合考量地域经济发展水平与人民基本生活所需的基础上进行综合衡量，以差异原因与给付结果的合理关联为基本范式，使全国范围内老年人能够平等、有尊严地实现养老权。

（二）物质因素：受国家财政能力与给付条件牵连

养老义务不仅是简单地形式上宣誓国家在法律上的政治性与道德性义务，国家义务的履行通常由税费收入形成的财政支出负担，国家养老义务的实现需要国家经济状况及其财政预算保驾护航，以切实履行物质给付。但国家财政在养老义务中支出的界限取决于国家财政整体资源所能达到的高度，在履行义务时确保财政支出与税费收入协调一致，否则将造成财政过度支出导致侵蚀国家财政能力的严重后果。换言之，财政支出化解国家养老支出的需要是有限度的，国家在履行养老义务时的财产支出存在一定基准。国家财产支付养老义务履行

---

① 毛景：《养老保险利益对接规则的规范审查——以法律平等原则为基准》，载《河南财经政法大学学报》2017年第1期。

② 参见陈怡如：《司法院大法官平等原则违宪审查标准之探究》，载《人文社会学报》2006年第1期。

永续的界限，并非聚焦于财政的分配方式或分配结果，而是如何完善附带政治性的协商决策机制。也即，财政支出应确保每一世的代际公平和不同种类预算间的平衡。

既然国家财政在养老义务中支出存在一定基准，那么该基准应受社会保险中的代际正义理论约束，以及预算平衡所确立的国家财政支出限制。首先，最主要的约束因素来自代际正义理论，罗尔斯认为为避免当代人只顾及其自身利益而枉顾下一代人的利益，必须考虑代际正义的问题。对于如何落实代际正义，罗尔斯提出了"正义储存值"，①指每个世代除应维持被建立起的正义机制外，还需在当代累积适当资产，而该项资产的累积便是正义的储存值。如果累积的过程持续，除使得每一代人皆能受益外，还能藉此延续正义社会中处境最不利者的期待可能性，试图解决当代人与后代人之间的分配正义问题。②例如，当国家通过税费优惠、补贴等多种方式来完成给付义务时，应考量当下社会的平均收入与财政赤字情况，避免对社会某一时段老年人口过度给付待遇，防止下一代人养老财政过度负债影响给付义务实现。其次，还须考量社会保险关于预算平衡的法律规范。"权利决不能超出社会的经济结构以及由经济结构制约的社会的文化发展。"③一定的社会经济条件下，人们可以有某种行为自由，并且形成价值观念，价值观念反映为某种正当利益的追求，这种利益最终表现为权利。归根结底，权利的正当性来源于一定的社会经济条件。追求养老权的实践意涵时，不仅要把最低生活限度作为保障起点，还要考虑所处时期社会生产力水平、社会文化发展程度、国民收入水准等对国家财政能力上限起着决定作用的因素。公民养老权的实现应限于最低生活限度与国家财政能力的两条基线之间。具体而言，国家财政在养老义务中支出基准应处于财政可接受的支出区间，受财政支出高、低两方面因素限制：

第一，区间高点受国家财政支出能力限制。国家作为实现保障公民权益的重要组织，有其必须履行的公共任务，需要财政支持，加之国家发展不应偏离

---

① 参见［美］约翰·罗尔斯：《正义论》，何怀宏、何包钢、廖申白译，中国社会科学出版社1988年版，第276—278页。

② 参见钱继磊：《论作为新兴权利的代际权利——从人类基因编辑事件切入》，载《政治与法律》2019年第5期。

③ 《马克思恩格斯选集（第3卷）》，人民出版社2012年版，第305页。

"健全财政主义"要求，故在某种程度上仍需遵循"量入为出"原则。①"法律上的权利总是对一定的事实上的权利的确认，而事实上的权利归根到底决定于一定的社会经济条件。"②"倘若没有国家财政的支撑，国家对最低限度生活的保障无法实现。"③说明国家财政是其提供一切生存照顾职责的根本来源，对权利的保障应当以国家实际经济能力为限。最低生活保障得以为继的前提在于国家不得提供无止境的给付，因为国家财政收入主要来自公民纳税，一旦过度消耗来自人民的资源，不仅造成对人民财产权的限制，还增加私人财产权与国家财政之间的紧张关系，违背了社会福利目的。"增加财政支出几乎必然导致私有财产权承受更多的压力，这使得社会权的实现与私有财产权之间存在天然张力。"④如今，高税收、高福利的发达国家长期面临着经济低增长、高失业率以及公共债务危机，这也印证着过度消耗财政以提升福祉的选择不可取，中国要避免陷入这种高福利的陷阱，以国家实际财政能力为准不断调整养老福利水平。所以，为了确保个人的自由和财产权，国家给付必须有所限制，不应过分逾越国家照顾目的。给付对于个人而言虽然是种福利，但给付资源终究依赖个人的让渡。

现代国家公共政策目标日渐增多，达成目标的手段亦随之复杂多样，为确保国家资源、财政资金的获得，各种政策目标需充分竞争。国家的财政预算恰能提供整合各种公共政策目标、活动、资源的有效机制，几乎将财政管理等同于国家政策管理。⑤由于社会资源的稀缺性，国家财政不应给予某些人"过度明显的照顾"。表面上看固然是基于平等考量，但其背后是着眼于国家不得为提供无止境的财政给付一再消耗有限的社会资源，否则将超越国家养老给付义务目的，构成对人民财政或自由的过度限制。这并非基于宪法的民生福祉保障与法治国家原则的权衡，而是为确保个人的自由，国家给付必须有所限制，不应逾越合于国家存在目的照顾。虽然财政负担养老义务对于人民而言是一种福利，但财政补贴资金来自纳税人缴纳的税费。⑥故，财政负担养老义务应考虑需求原

---

① 参见徐阳光：《论建立事权与支出责任相适应的法律制度——理论基础与立法路径》，载《清华法学》2014年第8期。

② 孙国华：《人权：走向自由的标尺》，载《当代法学》1993年第1期。

③ ［日］大须贺明：《生存权论》，林浩译，法律出版社2001年版，第95页。

④ 刘馨宇：《宪法社会权性质的教义学探析》，载《中外法学》2022年第3期。

⑤ 参见刘剑文：《财税法功能的定位及其当代变迁》，载《中国法学》2015年第4期。

⑥ 参见张富强：《论税收国家的基础》，载《中国法学》2016年第2期。

则与国家财政能力的均衡，财政过度补贴社会保险既损害其他国家任务有效实现，又侵蚀社会成员间的相对公平。

第二，区间低点受"禁止保护不足"原则约束。根据人需求的层次性和差异性，美国人本主义心理学家马斯洛提出需求层次理论模型，从低级到高级依次将需求分为五个层次，分别为生理需求、安全需求、社交需求、尊重需求和自我实现需求。国家养老保障机制设计也应当遵循由低到高的需求层次。在最低的生理需求中，老年个体的基本生存应得到首要保障。若将生理需求进一步进行极限分割，最低生活限度便处于最底端。最低生活限度是指人在肉体上能过像人那样的生活，免受饥饿、疾病和流离失所，这是人在社会生活中为确保自我尊严的最低标准。每一个公民都可以平等地从民主政府中获得基本的生活条件来保障生存权的实现，不仅体现制度规定的义务，还体现国家对于积困老年群体最真挚的关怀。盖若国家不能为身处积困的人负担最低生活照顾义务，为其提供最起码的生活保障，则国家有违保护人民之义务。此外，公民基于人权主权原则应获得宪法的平等保护，国家为老年人提供最低生活保障时应秉持"相同情形相同对待，不同情形不同对待"，即对最低生活限度"度"的把握要依据实际情形处理。

"倘若没有财政的支持，国家对'最低限度生活'的保障就无法实现"，[1]也就无法满足老年群体的最低生活要求，可能危及其生存权。生存权有别于一般社会保障法的救济措施，呈现一种"主观权利"状态，个人应享有接受国家给予生存救济的权利。此时，生存权不仅作为防卫国家随意剥夺生命、自由的防御性人权，同时也具有积极意义的请求国家照顾、维系公民生命的权利，"根据国家的给付义务，国家应积极履行对公民的生存保障"。[2]生存权具备"国家保护"功能，要求国家的保护应具有有效性，不能仅象征性提供保护，保护方案具有实质性内容，防止出现保护不足。[3]为践行"禁止保护不足"[4]原则，国家有义务在私人不及之处，实现规划并以财政支出方式正面实施，尤其是担负弱者

---

① ［日］大须贺明：《生存权论》，林浩译，法律出版社 2001 年版，第 96 页。
② 陈海嵩：《国家环境保护义务的溯源与展开》，载《法学研究》2014 年第 3 期。
③ 参见张翔：《基本权利的受益权功能与国家的给付义务——从基本权利分析框架的革新开始》，载《中国法学》2006 年第 1 期。
④ 参见李惠宗：《宪法要义》，元照出版公司 2006 年版，第 115 页。

保护责任。①因此，当老年公民出现基本生活状况难以为继时，国家理应向其承担高于基本支付基准的财政补贴。换言之，财政补贴方式与额度应当接受比例原则的检验，②为保护老年公民的基本生存权利，国家应基于其生活状况恶化程度提供财政补贴，确保维持最低限度生活支出。

（三）权义因素：受公民养老权的义务限度的约束

工业革命快速发展打破了人们自给自足的生活状态，人们对工业生产成果产生较高的依赖性，又因人口的爆发式增长加剧资源的稀缺性，致使个人寻求自我生存能力短缺和生存空间被挤压。依靠个人能力无法获取生存所需资源，国家由此孕育出生存照顾义务理念。因此，"养老责任主体的变化呈现由个人或家庭向社会或国家转变的趋势，但养老责任并不能由国家来垄断，也不能让个人或家庭借机推脱应该承担的养老义务"。③家庭作为社会基本单位，是维系亲属情感的港湾，具有抚幼养老的本质功能，是养老责任的第一归属地；老年个体也应培养自主意识，转变依赖心态，承担养老义务，积极备老。除家庭和个人之外，社会和国家的养老义务作为补充具有阶段性和层次性。

第一，核心养老义务，家庭照料与自我独立。尊老敬老一直是我国优良传统，赡养老人不仅靠道德作为内驱动力，我国《宪法》《民法典》《老年人权益保障法》以及许多地方性法规中明确了家庭的扶养职责。家庭作为繁衍生息、绵延子嗣的重要载体，凝结着老人奋斗一生的心血，是其最为熟悉和信赖的地方。家庭除基本的生存保障功能之外，更重要的是能够提供相对安全稳固的环境，在家人陪伴和关怀中安享天伦，在代际的交流中找寻精神支柱，满足"落叶归根"心理。家庭承担主要的养老照料功能，将其养老责任放在第一顺位，既是对基本人伦的尊崇，最大程度满足老年群体情感需求，也缓解了养老资源的供应不足。随着工业化的发展，家庭规模急剧缩小，呈现"核心家庭"结构，加上"高龄少子"现象加剧，不断削弱现代家庭养老功能。养老需求不断从家庭中外溢，推动养老机构快速发展，出现养老义务照料者与实际照料提供者分

---

① 参见陶凯元：《法治中国背景下国家责任论纲》，载《中国法学》2016 年第 6 期。

② 给付行政上衍生出了"禁止过度侵害"原则，在国家的保护义务上，比例原则相对地转化为"禁止保护不足"原则。参见李惠宗：《宪法要义》，元照出版公司 2006 年版，第 115 页。

③ 王广辉：《国家养老责任的宪法学分析》，载《暨南学报（哲学社会科学版）》2020 年第 3 期。

离的现象。①要肯定的是，尽管家庭将一部分扶养职责通过合同约定交由养老机构承担，"但是这不意味着扶养人职责的转移，扶养人不能放弃扶养职责"。②

除家庭养老责任之外，老年个体也要具有独立意识。独立既指在经济上有不依靠他人的能力，也指在精神上不依附他人，拥有完整自洽的人格。老年人在竞争市场中常被作为缺乏劳动能力、没有劳动市场、没有收入来源的经济弱势群体，在各项优惠政策、福利救济中处于待救济的位置，加上自古以来的"养儿防老"理念，老年人在心理上也将自己置于依赖者的地位。此处谈老年人的独立并非要与中国自古以来的"孝文化"背离，而是强调老年人作为个体，尽管处于生理机能退化、身体器官衰微的生命进程，但仍具有独立的个体意识、能力和行动，可以自主选择安全且适于个人选择和能力变化的环境，不作为附庸和累赘加以定义。

第二，补充养老义务，社会保障与国家兜底。"养老权的内容也逐渐扩展到社会的多个领域，不仅仅局限于赡养人对父母的赡养义务，国家和社会在养老权的实现过程中扮演越来越重要的角色。"③一方面，社会养老保障呈阶段性变化。改革开放之前，由国家对公务员和企事业职工这部分主体承担养老、医疗、住房方面保障；改革开放以后，随着国有企业改革，养老保障由市场自发调节，呈现供需矛盾突出、政策供给不足问题；进入新世纪，政府出台系列政策，发挥引导作用，鼓励社会积极参加养老，助力"以居家为基础、社区为依托、机构为补充"社会养老服务体系建设。其中，社会养老保险覆盖范围扩大，改变了家庭可支配收入结构，极大减轻家庭和个人的养老负担；社会养老机构以专业的管理模式和服务人才满足社会老年群体的养老需求。

另一方面，国家养老责任具有兜底性。国家介入具有层次性，在尊重不干涉、保护自由、促成机会前提下，若仍然缺乏其他可能性，国家才直接供给诸如食品或可以用于食品的资源之类以满足基本需要。④对于无法以家庭作为养老

---

① 参见王显勇：《论养老服务的法律属性》，载《山西大学学报（哲学社会科学版）》2023年第1期。

② 武萍、付颖光：《责任分担视角下我国机构养老服务困境的法律应对》，载《社会科学家》2021年第4期。

③ 王寒：《从养老权实现角度看我国养老模式的选择》，载《理论月刊》2018年第12期。

④ 参见A.艾德、刘俊海、徐海燕：《人权对社会和经济发展的要求》，载《外国法译评》1997年第4期。

依托的"三无"特困老年群体，国家为了弥合家庭养老功能的缺失或不足，应当承担养老生存保障的兜底义务。按照《老年人权益保障法》第31条的规定，老年人无劳动能力、无生活来源、无赡养人和扶养人，或者其赡养人和扶养人确无赡养能力或者扶养能力的，由地方各级人民政府依照有关规定给予供养或者救助。我国也先后建立起农村五保供养、城市"三无"人员救济和敬老院供养制度，保障特困人员基本生活，同时提供免费或优惠的养老服务。①

---

① 参见《国务院关于进一步健全特困人员救助供养制度的意见》：http://www.gov.cn/gongbao/content/2016/content_5051222.htm，最后访问日期：2023年2月19日。

第四章 公民养老权国家义务的基本内容

"公民养老权—国家养老义务"是一体两面的概念，本质上是"基本权利—国家义务"体系在养老保障领域的运用。公民享有的养老权必然要求国家在养老保障中对每一位老年公民进行保护与支援。在此语境下，就必须首先明确公民养老权的国家义务的内涵，即国家为保障公民在因年老而陷入无法自力克服的生活困境时，依法主动向符合救助条件的公民提供物质和服务的义务。其次需要对国家养老义务内涵的具体内容进行识别与辨析，张翔从基本权利的功能出发，将国家义务划分为消极义务（不侵犯义务）、给付义务[1]和保护义务[2]，公民养老权国家义务也遵从基本权利的逻辑，可以分为公民养老权的国家尊重义务、公民养老权的国家保护义务和公民养老权的国家给付义务。

第一节 公民养老权的国家尊重义务

公民养老权的国家尊重义务与保护、给付义务相比有着自己的独特性，处于整个义务体系中的基础性地位，公民养老权的国家保护与给付义务是尊重义务的更高层次。公民养老权的国家尊重义务由社会保障权的国家尊重义务深化而来，社会保障权国家尊重义务的形成是一个持续演变的过程。同理，公民养老权随着我国现代化、城镇化的发展，其内涵不断丰富、内容不断充实。

---

[1] 即提供各种物质、程序给付和其他相关服务的义务。
[2] 参见张翔：《基本权利的双重性质》，载《法学研究》2005 年第 3 期。

一、公民养老权的国家尊重义务的逻辑起点与内涵

公民养老权以人性为核心，公民养老权的国家尊重义务以人性尊严为逻辑起点，人性尊严的绝对伦理价值浸透公民养老权的始终。人性尊严即人的主体性与人的价值，是人存在的基础，在人年老难以获得社会生产资料且难以自给时，有尊严地满足生存权与发展权即人性尊严得到保障的体现。尊重义务的宗旨是人性尊严，体现在其要求国家权力不得采取行动妨碍人满足自己生存权的相关手段。人性尊严强调人的最终目的性，人是存在的目的而非手段，"任何人均有完全相同之尊严，而且无论在何时皆属平等，无质、量等差之分"。①故老年人与其他主体的价值等同，均有获得国家保障的权利。1949 年第一次以权利形式出现在《德国基本法》第 1 条第 1 款后，人格尊严被各国作为基本、首要权利纳入宪法保护范畴，成为考量人民其他基本权利的核心，瑞典、西班牙、葡萄牙等国家的宪法将人性尊严视作公民的首要基本权利，伊斯兰国家甚至以神的名义来确认和保护人性尊严。人性尊严不仅明确人受国家尊重的基本地位，其还进而确认了国家对人民基本权利应该承担的义务内容。作为公民养老权的逻辑起点与核心，人性尊严以其宪法价值引领公民养老权的方向，确定了公民养老权的国家义务内容，其中就包括处于基础性地位的国家尊重义务。可以说，人性尊严就是公民养老权的国家尊重义务的核心，其贯穿公民养老权的国家尊重义务始终。

养老权与国家尊重义务是公民养老权的国家尊重义务的核心组成部分，二者以层级形式密切联系。国家尊重义务意即防止公民权利被国家公权力非法干预，在立法层面主要通过确立权利内容与明确义务内容和边界的方式达到尊重义务的法律保护。1942 年英国学者贝弗里奇发表《社会保险和相关服务》一文，其指出应当通过社会保障的社会保险、国民救助和自愿保险的不同层级达到退休老年人、家庭妇女、低于工作年龄的子女等不同群体的保障需求，普遍、基本之全面，体现了对人全方位的尊重，是国家尊重义务这一概念的首现。公民养老权的国家尊重义务是在国家尊重义务的基础上进一步从养老场域进行理解，是指应确保国家权力被控制在适当范围内以防止其妨碍公民养老权的合法行使，避免出现国家公权力侵犯公民养老权的行为，也不得对养老权采取倒退的措施。具体而言，公民有养老的自由，包括：是否缴纳养老保险，以及选择养老保险

---

① 邱联恭：《司法之现代化与程序法》，台北三民书局股份有限公司 1992 年版，第 18 页。

的种类、险种等自由；不得剥夺公民既有的养老权，如获得最低物质保障权等；禁止通过法律、法规或其他规范性文件对公民养老权作违宪的限制等。总之，"个人权利起始之处，就是国家权力终止之处，这就是宪法保障消极的自由权利之真谛所在"。①

二、公民养老权的国家尊重义务的内容

我国《宪法》第 33 条所规定的"国家尊重和保障人权"对各项基本权利进行概括式的规定，这也是公民养老权国家尊重义务在宪法中的直接来源。公民养老权的国家尊重义务旨在防止歧视和差别待遇，主要体现在养老保险和养老服务领域的"尊严保障""自由保障""平等保障"三方面。

第一，尊重义务旨在实现公民有尊严地养老。社会保障是老年公民尊严的第一要义，而老年公民必须有尊严地获得社会保障也体现出尊严是社会保障的应有之义。国家要充分履行公民养老权的国家尊重义务，最基础的就是维护和保障老年公民的基本物质生活需求，要实现"弱者需帮、贫者需扶、孤者需助、病者需医、伤者需治、残者需抚、死者需葬、遭灾者需救助、失业者需解困"②全方位的社会保障。且国家必须在最低生存限度之上满足老年公民的衣、食、住、行等基本物质需要，正如学者曼弗瑞德·诺瓦克所指出的："人权的焦点是人的生命和尊严。如果一个人遭受酷刑、被迫受奴役，或者被迫过贫穷的生活，即没有最低标准的食物、衣物或者住房，其尊严就受到了侵犯。其他经济、社会和文化权利，比如获得最低限度的教育、医疗和生活保障，同尊重隐私、家庭生活或者个人自由一样，也对有尊严地活着具有根本性的重要意义。"③在社会物质飞速发展的当下，国家帮助老年公民适应现代化、智能化的社会基础设施环境，尽可能多地、有尊严地享受社会发展带来的优质资源，是养老权的应有之义。

第二，尊重义务旨在实现公民自由选择养老。老年公民在选择养老方式、获得养老救济的途径、数额上应当平等，在相同条件人群的获得手段上不设置

---

① 吴庚：《宪法的解释与适用》，台北三民书局股份有限公司 2004 年版，第 103 页。

② 郑功成：《社会保障学：理念、制度、实践与思辨》，商务印书馆 2002 年版，第 216 页。

③ ［奥］曼弗瑞德·诺瓦克：《国际人权制度导论》，柳华文译，北京大学出版社 2010 年版，第 1 页。

额外限制与固化标准，使之能够自由、灵活选择养老保障。在早期资本主义时代，西方就建立了较为先进的社会保障制度，但当时的制度中就明显掺杂附带着一些苛刻、耻辱的限制性条件。比如开创了"社会保障属于公民合法权利"、认为"社会实行救济是应尽义务"新格局的英国《济贫法》就规定，穷人必须通过在"贫民习艺所""教养院"等专设场所劳动的方式换取接受政府救助，穷人想要享受社会保障就要付出丧失政治自由、人身自由和个人声誉的巨大代价。即使在现代，一些国家的社会保障制度也附带上种族、性别等限制，一些少数民族群体在就业和受教育等方面会受到明显不公平的对待。我国养老保障制度主体较为自由，诸如保险选择、缴费档次等比较灵活，公民可以自由选择适合自身实际情况的养老保障手段实现自身养老权。但不可否认的是在一些领域也存在不尽合理之处，比如农村缴费人员参加社会保险时，缴费标准相对固定，不能自由选择，出现即使不愿购买或难以支付保费的情况下仍被要求购买的情况，参保人员负担较重。

第三，尊重义务要求国家平等地对待公民养老。我国幅员辽阔，各地经济水平和发展程度都不相同，制定统一标准的养老保障制度没有现实可操作性，需要各个地区结合本地实际情况和经济发展水平制定适合财政能力与切合民众需求的养老保障措施。此外，根据我国经济社会的城乡二元结构与国家公务员的特殊体系，我国在缴纳养老保险方面对城乡之间、公职人员与其他社会群体间设置区分，确实存在一些实质上的不平等。根据实际调研数据显示，城镇居民以占较少人口比例的情况下能够享受更多的社会保障经费，挤占了农村人口的养老资源；公职人员在退休后能够获得的养老金也明显高于普通民众，这对于大部分农民群体和社会底层群体而言是非常不公平的，需要国家站在义务视角，平等地履行公民养老权的国家尊重义务。

三、公民养老权的国家尊重义务的现实维度

（一）公民养老权的国家尊重义务的历史演进

随着资本主义工业革命的发展，社会财富所有方式出现垄断，垄断阶级占有社会大部分财富，贫富差距扩大直接导致社会阶层两极分化，与新型资产阶级自由平等的价值追求相背离。在贫穷状况下的人们无力追求自由，与自由法治国相对应的自由权不再能保障人民的生活，反而成为社会动荡的催化剂。源

自自然的对生存的渴望在食不饱腹时远远超过对自由的追求，社会上自由权开始让位于以生存权为代表的社会权，公民要求国家积极行使权力干预，"国家机关的任务不只是自由放任和保护，而是必须在国民生活各个领域中积极发挥并干涉计划、分配和形成成功的境界"①以提高国民的生活水平。一般认为，社会权是指"公民依法享有的，主要是要求国家对其物质和文化生活积极促成以及提供相应服务的权利"，②从表述中不难看出，社会权是相对于国家而言的积极权利，需要国家主动行使义务来实现公民的权利。社会权的发展是社会发展的必然产物，其使得国家义务的主要内容从自由法治国下的消极义务转变为社会法治国下的积极义务。中国历史上即有尊重、赡养老年人的传统，唐朝专门设定了"侍丁"制度，以免除徭役等优惠条件派遣年青人照护老人，清代的"族规""家训"多有明确规定赡养老人的职责，规范宗族中的敬老行为。到21世纪，党的十九大报告提出构建养老、孝老、敬老政策体系和社会环境，让老年人"有尊严地养老"。

（二）公民养老权的国家尊重义务的现实保障

不同国家权力主体因行使权力的性质不同，在履行公民养老权国家尊重义务时要求也不尽相同。第一，立法机关在立法过程中要充分表现对公民养老权的尊重，主要表现为禁止国家在立法上对公民养老权直接的侵害，即立法机关不得随意制定法律限制公民养老权。当然，立法机关不可限制公民养老权并非绝对，在出于社会整体公共利益考虑时，可以适当对养老权作出限制。我国《宪法》第51条规定：中华人民共和国公民在行使自由和权利的时候，不得损害国家的、社会的、集体的利益和其他公民的合法的自由和权利。《日本和平宪法》第13条也作出类似规定："对于生命、自由及幸福追求之国民权利，在不违反公共福利之范围内，须在立法及其他国政上予以最大之尊重。"③第二，行政机关作为公民养老权国家尊重义务的最主要履行主体，在行使职权时不仅应当严格遵循"法律保留"原则，还需要审慎对待自身权力。一方面，在享有特定的"立法权"时，如国务院及其部委制定行政法规、规章的过程中，避免出现

---

① ［日］大木雅夫：《东西方的法观念比较》，华夏、战宪斌译，北京大学出版社2004年版，第75页。

② 龚向和：《社会权的概念》，载《河北法学》2007年第9期。

③ ［日］芦部信喜：《宪法》，李鸿禧译，元照出版公司2011年版，第112页。

行政立法权的滥用。另一方面，法律为便于行政机关执法，在某些领域赋予其一定限度的自由裁量权。行政机关在行使自由裁量权时应当防止权力滥用，避免造成诸如公民养老救助范围窄、救助标准低、救助程序繁琐等现实难题。第三，对司法机关而言，最高人民法院在行使"法律解释权"时也应当严格履行国家尊重义务，保护公民养老权。

第二节　公民养老权的国家保护义务

公民养老权的国家保护义务在理论逻辑与实践诉求方面区别于尊重义务，要求国家在履行义务时从消极的尊重义务转为积极作为义务，以其独特的内涵、性质、架构成为公民养老权的国家义务的一部分。公民养老权的国家保护义务从不足禁止与过度禁止两项原则出发，建立公民养老权的预防、排除、救济保护义务体系，涵摄其独特的基准与实践。

一、公民养老权的国家保护义务的价值基础与主观权利性质

国家保护思想起源于资本主义自由时期，彼时人们尚通过资产阶级革命与宗教改革推翻神权、君权的压迫镣铐，追求自由和权利的同时仍未完全摆脱对剥离神权、君权后权利真空状态的恐惧。在此背景下，英国思想家霍布斯和洛克对保护义务提出集中且具代表性的论述。霍布斯提出每个人都具有无可辩驳且不可被剥夺的自由和基本权利，但为了避免单一个体为自我生存而使整个社会陷入混乱的战争状态，即为了"保障大家能通过自己的辛劳和土地的丰产为生并生活得很满意，那就只有一条道路——把大家所有的权利和力量托付给某一个人或一个能通过多数的意见把大家的意志化为一个意志的由多人组成的集体"。[①]随着资本主义的发展，20 世纪德国基本法以基本权利的"主观权利"与"客观法"属性理论将其予以规范化。其中基本权利的"客观法"属性对应的即国家保护义务，"基本权利的'客观价值秩序功能'所针对的国家的所有保护义务，包括制度性保障义务、组织与程序保障义务以及各种排除妨碍的义务"。[②]由

---

① ［英］霍布斯：《利维坦》，黎思复、黎廷弼译，商务印书馆 1985 年版，第 131 页。
② ［德］施达克：《基本权利之保护义务》，李建良译，载《政大法学评论》1997 年第 3 期。

此观之，"国家负有采取一切可能且必要的手段保护公民免受第三人侵害，确保基本权利实现的义务"。①"基本权保护义务即人民可根据基本权向国家请求保护其基本权所保障的法益，以免受到其他人民的侵害"，②国家在此履行的义务并非使公民免受公权力侵害其基本权利与自由，而是避免基本权利与自由受到私权利的侵害。

基本权利除具有"客观价值"属性外，还具有"主观权利"属性，即"臣民相对于国家的地位，国民据此有权通过法律行为或者根据为保护其个人利益而制定的、可以针对行政机关适用的法律规范、向国家提出要求或者针对国家实施一定的行为"。③养老权作为社会权的下位概念，判断其是否具有"主观权利"属性可以从是否具有可诉性角度判断。我国《宪法》第 45 条第 1 款提纲挈领地对国家立法、行政以及司法提出国家对于老年公民具有救助的义务。《经济、社会及文化权利国际公约》第 11 条第 1 款规定："本公约缔约各国承认人人有权为他自己和家庭获得相当的生活水准，包括足够的食物、衣着和住房，并能不断改进生活条件。各缔约国将采取适当的步骤保证实现这一权利……"即每个国家具有保障公民享有相当的生活水准的义务。无论是从国际条约还是国内宪法看，公民均有权据此要求国家履行有一定限度的养老义务，目前通说认为是最低限度的生存保障，如龚向和提出的"最低生活保障、维持人的尊严的基本教育保障"，④蔡茂寅主张的"最低生活水准"。⑤据此，养老权亦具有"主观权利"属性。

二、公民养老权的国家保护义务的基本类型

公民养老权的国家保护义务针对第三人对权利的侵害，各国虽因国情各异对义务保护的内容有所区别，但基本权利"客观价值"的认识趋同决定了义务

① 周忠学：《失地农民社会保障权的国家义务研究》，中国政法大学出版社 2017 年版，第 77 页。

② 张嘉尹：《基本权理论、基本权功能与基本权客观面向》，载翁岳生教授祝寿论文编辑委员会编：《当代公法新论》（上），元照出版公司 2002 年版，第 51 页。

③ ［日］宫泽俊义：《日本国宪法精解》，董璠舆译，中国民主法制出版社 1990 年版，第 240 页。

④ 龚向和：《理想与现实：基本权利可诉性程度研究》，载《法商研究》2009 年第 4 期。

⑤ 许志雄等：《现代宪法论》，元照出版公司 2000 年版，第 202 页。

范围的大体一致。《德国基本法》第 1 条第 3 款规定，"下列基本权利拘束立法、行政及司法而为直接有效之权利"的表述充分体现了"客观价值"。据此，国家保护义务可以根据履行主体分为立法机关的保护义务、行政机关的保护义务与司法机关的保护义务。

（一）公民养老权的立法保护义务

我国《宪法》第 14 条第 4 款规定："国家建立健全同经济发展水平相适应的社会保障制度。"宪法这一目标性条款确立了国家建立相关的法律法规以确保公民社会保障权实现的义务。公民养老需求随时代更新而不断丰富，要使公民的养老保障加强，满足老年公民对美好生活的向往，就需要建立健全相应法律法规，让法律法规为养老权的行使保驾护航。目前，我国建立了以《宪法》为目标指引，《老年人权益保障法》为主体，《民法典》《社会保险法》《基本医疗卫生与健康促进法》为补充的法律体系。各地区以实际情况分别在实践操作中设立相关《老年人权益保障条例》《养老机构条例》《老年教育条例》《城镇企业职工养老保险条例》《居家养老服务条例》《实施〈中华人民共和国老年人权益保障法〉办法》等地方性法规，全方位保障公民养老权。此外，公民养老国家立法保护义务还应将法律监督工作囊括在内。养老保障制度既有共时性的不同级别的法律法规，也包括历时性的在同时代背景下制定的规章制度。在此背景下，要实现法律法规的一致性，减少司法、执法过程的恣意性，就需要建立运行高效有序的法律监督制度，保障公民养老权的同时使其在受侵害时能够得到及时救济。

（二）公民养老权的行政保护义务

国家保护义务中的重要一环即养老权的行政保护，主要是指国家行政机关对老年人，特别是失能、失智或生活特别贫困的老年人的养老保障事务进行的决策、组织和管理。我国保障公民养老权的行政主体主要包括国务院，民政部、财政部等下属社会保障行政部门，地方各级政府与各级政府的社会保障部门等。国务院、地方各级政府与各级政府的社会保障部门依据宪法、法律在各自的职责范围内制定与发布行政规制、措施，实施具体的管理行为来保障公民的养老权。在行政保护义务内容部分，公民养老权首先要求政府建立诸如养老保险、生活救助、社会福利等各种形式的保障方式和基础设施，在物质方面提供充足的资金和实物支持。其次公民养老权还要求政府公平地分配社会养老资源，主动消除在获得与享受等方面的不平等与歧视，对于失能、失智或生活特别贫困的老年人予以特别照护。具体而言，行政机关的公民养老保障行政行为可依据行政立法措施、行政执法措施、受理行政复议申请、受理行政申诉四个主要社会保障行为类别，分为社会保障行政机关为实施老年人权益保障相关法律制定和发布具有普遍约束力的养老保障行为规则，社会保障行政机关为实施相关法律和行政法规采取的具体行政管理、保护义务等行政措施，行政机关依法受理老年人对侵害其养老权的行为要求复议的申请以及老年人要求处理侵害其养老权的行为的申诉。

（三）公民养老权的司法保护义务

现实中我国尚未出现公民养老权的司法诉讼保护案例，这既有理论上的因素，也有现实的原因，但无论如何，促进公民养老权的司法保护既是我国法治事业的进步，也是社会的发展，更是公民权益保护的表征。公民养老权的司法保护无疑是养老权的最后一道屏障，这道屏障能否或在多大程度上可以保护养老权首先需要在理论上予以明晰，即养老权是否具有可诉性。我国学界对基本权利的可诉性问题已有大量研究，[1]社会权的可诉性依据在于"法律权利的可诉性问题在权利的角度看来是获得司法救济的可能性，而在司法机关的角度而言，则是司法机关是否具有保护权利的宪法义务与职权"。[2]世界各国司法权的地位与权属性质各异，但大部分都对司法机关是社会权纠纷的最终裁判者这一观点予以承认。基本权利的可诉性在我国实践中也已有"齐玉苓案"作为先例。随着社会人口老龄化客观现象的日益严重，国家对养老保障的健全愈发重视以及公民维护自身老年权益的意识不断加深，公民养老权理论及相关制度将越来越充实完善，公民养老权受到侵犯时亦有望通过司法手段维护自身权益。

三、公民养老权的国家保护义务的边界讨论

明确公民养老权国家保护义务基本类型是对其内涵作出解释，要使其履行外延更加明确，在明确内容的同时还需要就公民养老权国家保护义务的边界问

---

[1]　龚向和教授在《社会权的可诉性及其程度研究》一书中，从理论与实践等多重视角对此进行了系统、深入的研究。书中肯定了社会权具有可诉性，并对其程度作了相对明确的说明与论证。

[2]　王建学：《积极人权的司法保护》，载徐显明主编：《人权研究》（第5卷），山东人民出版社2005年版，第373页。

题展开讨论，为公民养老权国家保护义务的实践提供可行性与操作指南。

（一）伦理维度的边界

"任何社会都是一种道德秩序，它扎根于一种共同的价值体系。"①作为基本权利的养老权的产生和内涵也必然受到社会伦理的影响和制约，而根据前述"基本权利—国家义务"的逻辑推衍结构，伦理思想在国家义务的生成阶段就天然具有限制和边界作用。对公民养老权的国家义务而言，以社会契约思想为基石的福利国理论无疑是为其价值边界作了伦理维度的限制。社会契约思想萌芽于古希腊，在资本主义革命时期得到广泛发展。古典的自然权利思想家洛克认为权利来源于自然法，"他们在自然法范围内，按他们认为是合适的办法，决定他们的行动和处理他们的财产和人身"。②但其中不可避免地存在缺陷：自然权利因缺乏公正权威的裁判者和用以公正裁判的共同标准与尺度以致难以保障。所以，人们签订契约组成国家，让渡一部分权利予国家以客观造就一个"裁判者"以保障自然权利的实现。社会契约思想提出国家保障每一个公民利益是其天然义务，福利国理论在此基础上强调国家需要无偿、公平地保障公民生活义务，而这种对公民的赡养费"不具有施舍性质，而是一种权利"。③这种社会福利权被认为是"经济福利和保障的微观权利到完全分享社会成果以及过一种按照社会通常水平的文明生活的权利"，④它提出在福利国家内社会运行所获得经济成果的背后，是经济效率所转化而成的福利效果，建立一种普惠式的福利制度是人类文明的进步，也是现代社会公民权益保障的重要路径。

（二）国家权力的边界

根据上述"基本权利—国家义务—国家权力"的逻辑结构，国家权力在基本权利基础上产生，自然也会受到基本权利的限制与制约，公民养老权对国家保护义务也具有制约作用，而具体制约作用的传导媒介即是国家这个主体。国家通过自己的能力和能力实现所需要的权力组织结构达到义务履行的物化结果，因此公民养老权的国家保护义务边界受到国家权力及实现能力的影响。国家权

---

① ［美］丹尼尔·贝尔：《资本主义文化矛盾》，赵一凡等译，生活·读书·新知三联书店1989年版，第21页。

② ［英］洛克：《政府论》（下），商务印书馆1985年版，第5页。

③ ［英］托马斯·潘恩：《潘恩选集》，马清槐译，商务印书馆1981年版，第309页。

④ 汪行福：《分配正义与社会保障》，上海财经大学出版社2003年版，第225页。

力的内容与属性直接制约了养老权的国家保护义务，具体体现在国家权力结构和国家权力意志上。第一，国家权力结构即国家政治组织及其他组织的产生和架构排列，"任何国家都要首先并主要从社会中抽取资源，利用这些资源来创设和支持强制组织和行政组织"，①国家权利结构的产生有社会必然性，也具有重要意义。和谐的国家权利结构具有双重作用，既可以最大限度实现国家权力目的，也可以实现在合理范围内约束国家权力的滥用。我国国家权力结构分为横向结构和纵向结构，横向结构即依照权力性质划分而成的立法、执法、司法等组织机构，纵向结构即依据权力等级划分的从中央到地方自上而下的组织机构，各横向组织以自身职权为核心独立运作又互相监督、合作，各纵向组织在自己的职权范围内各司其职，实现国家权力的有序运行。第二，国家权力意志即贯穿在国家权力运行全过程中的抽象观念，这些抽象的观念虽然不能够直接影响国家权力的实现效果，但它作为一种为普遍人所不证自明的真理被社会大多数人所接受时，其能够产生的影响力度和持续时间远大于某一具体的行为。在社会主义社会，国家权力意志既要求照顾到社会整体公共利益，也要关注公民个体利益，在行使国家公权力的过程中时刻代表人民意志，把权力关进制度的笼子。

（三）法律规定的边界

伦理边界从观念价值的角度对公民养老权的国家保护义务进行了限制，国家权力在权力行使的宏观角度划定了公民养老权国家保护义务的履行场域，法律法规则是从现实的角度出发，以法律保留和程序正义原则为落脚点对义务履行阶段提出相关具体要求。第一，法律保留原则产生于 19 世纪初，主要是指在特定范围内排除行政自行行为，凡是有关法律保留的事项只能由法律作出规定，行政机关不能代为作出规定。法律保留原则划定了立法权和行政权的界限，在社会权理论提出后，法律保留原则的内涵随之充实，从国家行政应当依法行为扩展到限制基本权利时必须遵守宪法规定，故法律保留是公民养老权国家保护义务履行时必须遵守的原则。法律保留原则要求对公民养老权的具体事务采取具体标准，从实体内容到形式程序对养老权国家保护义务予以限制。第二，公

---

① ［美］西达·斯考切波：《国家与社会革命：对法国、俄国和中国的比较分析》，何俊志、王学东译，上海人民出版社 2007 年版，第 30 页。

民养老权国家保护义务的履行需要遵守程序正义原则。程序正义要求行政、司法程序过程中，不仅要实现结果公正，而且过程需要依照法定程序公开进行，实现过程的公正。目前我国养老权的国家保护义务未进入司法阶段，程序正义更多体现在行政层面，要求政府机关在处理涉及老年人权益保护时避免偏私，以中立的地位进行裁断，严格按照法律规定的程序进行，达到"正义不仅要实现，而且要让人们明确无误地、毫不怀疑地看到是在主持正义"①的效果。

第三节　公民养老权的国家给付义务

公民养老权是典型的社会权，其实现有赖于国家履行相应义务，强调国家在履行时对自身的约束。"给付"一词贴切地展示了国家作为义务的主要特征，公民养老权的国家给付义务的落实为老年公民提供必要的生活保障，体现了公平公正的理念。给付义务作为国家在养老中的主要积极义务，是公民养老权得以实现的关键所在，其内在逻辑以基本生存、相对平等以及国家能力三个维度为基准对给付路径进行规范，是公民养老权的国家义务履行的关键所在。

一、公民养老权国家给付义务的职能与原则

（一）公民养老权国家给付义务的职能

公民养老权的国家给付义务的制度设计，要求国家应当采取积极有效措施帮助老年公民获得感、幸福感提升，构建和谐美好社会，实现社会公平正义的价值目标。第一，公民养老权的国家给付义务的政治性职能为实现社会稳定。从千年前至今，中国在伦理道德与现实状况影响下绝大部分都采用家庭养老的模式解决老人赡养问题，老人与家庭紧紧联系在一起。养老问题自古以来牵动人心，与每一个人息息相关，是国民关注的焦点问题。国家对公民养老权国家给付义务的制度性安排及其履行问题早已不止是经济性和社会性问题，更关乎政治，牵动社会稳定。这种国家给付义务的背后，反映了国家的价值取向，完善的给付制度映射出的是我国社会稳定与长治久安。第二，公民养老权的国家给付义务的社会性职能是解决贫困现状。国家在保障贫困老年公民生活水平上

---

① 〔英〕丹宁勋爵：《法律的训诫》，杨百揆等译，法律出版社1999年版，第98页。

承担着至关重要的作用，在国家养老给付受众群体中，有相当部分的老年人处于失能、失智或者因其他原因处于低水平收入和低水准消费的经济性贫困状态。给付义务的目的不仅在于解决老年公民现实性的贫困，更在于能够让其正常适应改革开放后的新时代，融入飞速变化的社会，免于边缘化，享受时代发展的成果。第三，公民养老权的国家给付义务的秩序性职能是实现公平正义。"正义是人类灵魂中最纯朴之物、社会中最根本之物、观念中最神圣之物、民众中最热烈要求之物"，①正义是法律追求的最高价值之一，在实现公民养老权的给付时构建保障每一位老年公民平等自由的给付结构，执行对所有公民机会均等的政策，才是真正实现整个社会公平正义的最优路径。

（二）公民养老权国家给付义务的适用原则

第一，比例原则是国家为实现公民养老权而履行给付义务时应遵循的基本原则。比例原则是现代法治原则的重要原则之一，宪法意义上的比例原则强调限制人权必须是在公共利益需要的必要情形之下，行政法的比例原则则侧重行政权力。若对人民权利造成侵害，不仅要有成文法律依据，而且必须使用产生最小侵害结果的方式。而国家给付意义上的比例原则主要是指国家在进行给付时，应采取使接受给付者承担最小负担的方式实现对公民基本权利的最大保护。②就公民养老权的给付义务履行而言，国家给付所采取的措施与达成目的之间必须符合比例原则。国家在实施给付行为时，应选择接受给付的老年公民承担最小负担与最少限制的物资接收方式，减少课加的义务和负担。此外，国家履行给付义务时，其给付范围和给付程度既要考虑接受给付的公民的具体情况，也要受到国家经济发展水平的限制，公民养老权的享有直接受制于国家的财政状况，国家承担的给付义务应以必要为限度，立足于国家给付保障老年公民基本生存与维护社会和谐稳定。在履行过程中，国家履行对公民养老权的给付义务时还需要注意禁止不当给付的内容，即不足给付与过剩给付，给付的标准应当与接受给付需求构成适当比例的同时和国家公共财政能力相匹配。不足给付会造成老年公民的生存权和发展权不能得到充足保障，同时也会造成公共利益的损害；过剩给付则会导致国家公共资源被浪费。

---

① 张文显：《二十世纪西方方法哲学思潮研究》，法律出版社1996年版，第580页。

② 参见周忠学：《失地农民社会保障权的国家义务研究》，中国政法大学出版社2017年版，第116页。

第二，公民养老权的国家给付义务在履行过程中还应当遵守给付法治原则。现代宪法国家普遍认同凡涉及人民权利之事项都应当有法律依据，给付法治原则意即国家在履行给付义务时必须依据法律，不得采取违反法律规定的给付措施。"实质上，国家给付理论的目的在于保护国民在国家给付领域中的权利，在该领域中建立法治主义的制约机制"，①国家基于更好履行保护公民义务的目的获得相关权利，则为合乎该目的就必须审慎行使基于此目的而获得的权力。国家对公民养老权的给付义务是国家根据法律规定必须履行的法定义务，不得拒绝履行。因此，国家也应通过法律将给付义务规范化、成文化。一般认为，养老权国家义务遵循的给付法治原则中的"法治"所囊括的法律应作狭义理解，即由我国最高权力机关全国人民代表大会及其常务委员会和国家其他有权机关制定的正式法律。而纵观我国给付法治原则的具体实践，不仅依据狭义的法律，也包括广义上的法规、规章、制度以及国家政策等。需要注意的是，给付法治原则并不意味着所有给付义务的履行都需要有法律依据、在所有情况下皆需要严格硬性按法律规定来履行。对单次具体给付乃至给付的细节予以规定是不合理且没有必要的，基于现实给付的主动性与及时性，需要为国家机关预留灵活处理的空间和尺度，不必事事拘于法律规定，否则将会对公民及时获得救助不利。②

二、公民养老权国家给付义务的内容建构

根据国家履行给付义务的结果是否直接使公民利益得到直接增加的划分标准，可以将国家养老义务内容的基本构造划分成直接给付义务和间接给付义务两个部分进行分析。

（一）直接给付

直接给付是指国家为了维护特定对象的相关利益和尊严，以直接供给、赠与等提供方式满足其需要的给付形式。而在公民养老权领域，直接给付则具体可以表现为国家通过基本实物供给、金钱补贴帮助等物质性手段直接满足老年

---

① 杨建顺：《日本行政法通论》，中国法制出版社 1998 年版，第 328 页。

② 参见［德］哈特穆特·毛雷尔：《行政法学总论》，高家伟译，法律出版社 2000 年版，第 113 页。

公民的生存需要。国家行政机关是直接给付的实施主体，在实践操作中根据其具体职能分工划分承担给付义务的具体职责，通过"给付行政"提供直接的经济利益，主要形式分为以现金、粮油为代表的有形实物和以医疗服务、教育培训等为代表的无形服务。我国目前国家直接给付形式主要以实物给付为主，服务给付为辅，因其在改革开放和脱贫攻坚的时代背景下，在广大农村地区以帮助老年群体脱离生活贫困状态为首要目的，在基本生存都不得保障、生命都难以延续的情形下，国家直接给付能够极大程度提高或改善农村老年人的物质生活品质。而经过时代发展，未来中国养老领域的国家直接服务给付的占比将逐渐提升，通过养老服务，老年公民生活的便利性、舒适性将极大改善，且通过养生知识培训、智能产品使用培训等现代教育培训，老年公民贯彻"活到老、学到老"的终身学习观念，提升自身素质，也方便融入现代社会，实现高质量养老。

直接给付根据给付义务针对的对象是否特定还可以划分为为满足不特定的公共利益的公益性给付和为满足特定对象的专有利益的私益性给付两个类型。第一，私益性给付主要涵盖基本需求中的生存型需要，目的是保障人的基本生存，主要是国家针对一些满足特定条件的主体的实际状况而提供的针对性的物质性给付，用国家补缺职能为不能通过自济满足生活需要的弱势群体提供帮助。私益救济在实践中主要有社会救济、社会补偿以及社会救助等方式。私益性给付是针对特定人群在特定状况下的特别救济，故为保证社会公平，其受益者必须符合法律严格限制的特定主体资格。公民养老权的私益给付主要是国家针对处于危困状态的老年公民实施的特别救助，受益者即难以通过自力生活以及通过家庭供养难以生存并陷入生存困境的60周岁以上的老年人。公民养老权的私益给付有其独特的作用与价值，能够为老年公民中的特殊群体提供最基本、最直接的保障，其理论内核体现了实质公平的价值，是国家给付义务的重要内容，且无法被国家义务的其他内容替代，为老年公民之中的最弱势群体提供了最后一道安全防线。第二，公益性给付实质上就是一种公共利益的给付，是指针对不特定的广泛的社会对象，为满足公民基本需要，满足国民利益的一种给付类型，其特点就在于针对不特定的多数人。就公民养老权而言，国家公益给付有利于满足全体老年人基本生活中必不可少的需求，包括改善养老环境，提高社会适老化程度，便捷医疗、文化等服务业的获取程度等，全面提升老年公民的整体生活水平，确保老年公民的生存发展利益。

（二）间接给付

公民养老权的国家间接给付义务是指国家通过制定完整全面的制度和配套程序性规范，非直接地给付老年公民相关利益，使给付程序更加规范合理，促进国家给付义务公平、公正地履行。间接给付主要有制度性给付和程序性给付两种模式。第一，制度性给付主要体现在国家在公民老年权益的物质给付和服务给付上完善相关国家制度和规范。"国家不仅有义务为保证所有个人充分发展其物质、智力和精神活动而制定必要的法律"，①而且有义务制定并完善相关领域的法律规范。国家通过宪法和法律赋予公民养老权和相关实体性权利，同时为保障实体权利的实现对程序性权利加以规范和完善，保障公民在完备的程序体系框架内享有并实现其养老权，并在权利被侵犯时及时得到救济。第二，程序性给付是指国家在依据法律规范履行给付义务的具体行为时促进公民养老权实现的部分，是公民养老权实现的必要一步。权利涉及的相关利益恰是在给付程序中生成，给付程序的两个末端连接着国家与公民，其在给付义务实现的过渡中承担着重要的桥梁作用。一般认为，国家对公民养老权的程序性给付主要包括给付程序的给付和救济程序的给付。一方面在给付义务的履行过程中国家要以一定行为满足公民需要的养老给付，如医养结合的问诊接待服务，智慧医疗的即时沟通帮助程序等。另一方面救济程序给付作为一种消极给付，要求当公民养老权受到侵害需要救济时，国家要提供必要的行政、司法救济，给予公民合乎正义和公平的救济手段，切实保障老年公民的生存权利。

三、公民养老权国家给付义务的范围与次序

（一）公民养老权国家给付义务的范围

公民养老权国家给付义务的范围主要分为对象范围与给付内容范围。第一，所有公民尤其是老年公民是养老权国家给付义务的对象。公民养老权具有普遍性，对于普通公民而言，养老权具有一种对未来可能获得保障的期待效果，并在缴纳养老保险、个人养老金时可能会涉及养老权的部分范畴；而对于老年公

---

① 〔法〕莱昂·狄骥：《宪法学教程》，王文利等译，辽海出版社、春风文艺出版社 1999 年版，第 242—243 页。

民而言，养老权贯穿其生活发展的方方面面，对其个人生存具有不可替代的重要作用，任何公民都不能因民族身份、社会地位或者其他原因被剥夺养老权。在老年群体中又可以根据其经济状况的不同分为一般老年群体和特殊老年群体，对于生活极其苦难、个人生存状态极差的老年人，应当给予其特殊照护以体现养老权的实质公平价值理念。第二，国家对公民养老权的给付项目的范围界定对于衡量养老权给付范围具有重要意义。国际主流观点对于社会保障的给付项目主要涵盖医疗卫生、科普教育、食品衣物、住房交通等基本项目，例如日本《生活保护法》第 12 条规定："政府有义务向无法维系生存的贫困阶层提供最低生活保障，还应该向被救助对象提供住房、教育、医疗、生育、丧葬等各种社会救助费用。"[1]在我国养老义务给付实践中，目前并未有明确以列举方式划分养老给付的统一范围，综合各地政府出台的具体养老文件不难看出，我国各地区养老权给付项目的确定主要根据本地经济发展情况并结合地方特色，大部分分布在住房、饮食、医疗、丧葬、基础设施几个方面，基本包括公民养老保险的国家给付义务、老年公民社会救助的国家给付义务和老年公民社会福利的国家给付义务。

（二）公民养老权国家给付义务的次序

公民养老权国家给付义务的次序受公民需求的决定而动态变化，依据需求内容和需求迫切程度分为以满足基本生存为需要的第一层次需求、以发展基本生存为需要的第二层次需求以及以提升发展能力为需要的第三层次需求。第一层次的需求是最紧迫、也是必须完成的最底层需求，为保障老年公民的生存状况，国家需要立即履行给付义务为需要帮助的老年公民提供物质帮助和必要服务，如食物、衣物、生活必需品等刚性需求。第二层次的给付需求相较于第一层次并没有特别的紧迫，在摆脱生存艰难问题后国家应当提供相应手段帮助老年公民融入社会环境，通过教育培训、医疗站点、智能辅助等手段在一定周期内实现老年公民生存能力的发展，体现国家义务的尊重价值导向，让老年人"有尊严"地养老。第三层次的国家给付义务是更高层次、更宏观的需求，其在社会舆论环境、公民道德修养、基础设施建设等广泛、深层方面对国家给付提出要求，从社会风尚层面让公民养老权的享有与行使更加全面与通畅，这一层

---

① 韩君玲：《日本最低生活保障法研究》，商务印书馆 2007 年版，第 155 页。

次的需求实现难度较大，完成周期较长，需要根据国家现实经济发展状况、政治情况、社会情况等综合考量后逐步实现。总而言之，第一层次的需求优先于第二层次，第二层次的需求优先于第三层次，在国家后续发展过程中，以人民日益增长的美好需要为发端延伸出的第四、第五乃至更后层次的需求皆应以前一层次给付义务的履行为优先。

四、公民养老权国家给付义务的实践

明晰公民养老权国家给付义务的履行原则和内涵框架，从理论的角度对公民养老权国家给付义务的内涵外延进行界定，但"理论生成之后并不意味着万事大吉，此时面临着一个至关重要的任务，就是如何将其加以保障"。[1]公民养老权国家给付义务的实践可以从给付类型角度划分为制度性给付、物质性给付和服务性给付，制度性给付对公民养老权保障实践进行顶层设计，确保给付履行全面有序；物质性给付以最直接的手段实现物质性给付的基本保障；而服务性给付通过对物质性给付的辅助和深化实现公民养老权全覆盖、深层次的保障，三类给付共同搭建起公民养老权国家给付义务的实践框架。2021年12月30日，国务院发布《关于印发"十四五"国家老龄事业发展和养老服务体系规划的通知》（国发〔2021〕35号），提出要实现积极应对人口老龄化国家战略，推动老龄事业和产业协同发展，需要构建和完善兜底性、普惠型、多样化的养老服务体系，织牢社会保障和兜底性养老服务网。农村养老服务长期存在发展短板，基于中国健康与养老追踪调查（CHARLS）数据研究，相较于城市老人，农村老年群体失能化程度较高，需要家庭供养程度更高，又因农村人口大量外流，使老年人经济、生活照料能力更差，农村传统家庭养老模式难以匹配极速空巢化、老龄化下的养老服务需求，在不久的未来将面临严峻的挑战。我国养老服务业发展城乡失衡严重，农村养老服务照料缺口更大，社会化程度低，医养结合面临诸多实践性困难，而国家在补齐农村养老服务短板中扮演着重要的角色。故此，本章将主要围绕农村养老权的国家给付义务展开研究，以补齐农村养老服务短板的给付为例构建公民养老权国家给付义务的履行路径。

---

[1] 林来梵：《从宪法规范到规范宪法——规范宪法学的一种前言》，法律出版社2001年版，第321页。

（一）制度性给付实践：公民养老权保障的顶层设计

制度性给付要求国家制定和完善公民养老权给付领域的各项法律法规，实现给付义务履行的规范化、长效化。制度性给付首先要做到的就是完善精准识别老年养老需求相关制度，这既是精确化养老服务的要求，也是最大限度提高国家财政使用效率的必要手段。精准识别需求首先要建立老年人能力综合评估，统筹现有的老年人能力、健康、残疾、照护等相关评估因素，统一开展老年人能力综合评估，推动评估结果全国范围内互认、各部门按需使用，作为接受养老服务的依据。不同状况的农村老人对养老服务的需求是不同的，需求强度也存在明显差异。其次要以评估结果为依据，针对健康、失能、经济困难等不同老年人群体分类满足需求。一般来说，老年人的需求包括经济支持、生活照料、精神慰藉三种，留守和独居老年人对生活照料和情感慰藉服务的需求较为强烈，失能和半失能老人明显注重机构照料服务、医疗和养老一体服务，针对不同老人以养老保障、生活照料、康复照护、社会救助等手段供给适宜服务，实行需求满足的分级管理，投放不同养老资源，保障和满足老人的基本需求。再次要通过创新倡导和政策手段，合理地引导老年需求，让老年人真正明晰自身现实需求，以高质量的物质精神需要为标准进行给付。

国家养老义务能够良好运行的重要保证是监督程序的运转，也是国家发挥引导、制度建设等手段的内在要求。完善监督程序是义务履行的最终表现，也是一种致力于静态义务履行的动态义务，缺乏监督程序就意味着履行路径缺乏一种正当程序。就整个社会而言，作为养老义务履行的监督者，国家需要首先明确自身责任，建立养老义务履行监督管理体系，切实履行监督责任，尤其是注重监督的平等，并以保障农村养老体系建设完善为核心目标。具体而言，以行政村为单位，依托村民自治组织建立特殊困难老年人定期巡访制度，督促家庭成员履行赡养扶养义务，帮助解决基本生活安全问题；监督养老服务资金预算的制定，全程监管资金使用情况，推进社会组织参与养老服务预算绩效评价工作，引入第三方评估机构及养老服务对象对社会机构的服务状况与财政资金使用绩效进行独立评价，村委会按照相关考核验收标准对社会组织的供给质量及效率进行不定期监督检查；推行养老服务决策问责制与绩效评估制度。

（二）物质性给付实践：公民养老权实现的基本保障

国家对公民养老权的物质性给付是给付手段中最主要、最基本的给付模式，其最直接也最重要的作用就在于能够解决部分老年人物质性需求短缺或不足的生存问题，主要体现在直接给付物质与物质相关利益和对老年人的社会保障类现金两方面。在农村地区，居家养老是多数农村老人的首选，生活照料是最迫切的需求。但在农村人口外流、进城务工潮涌起的刺激下，农村老年人面临空巢且养老金较低的现实情况，需要国家直接给予物质性的给付来解决其生存问题。实物给付的重点为经济困难的空巢、留守、失能、残疾、高龄老年人以及计划生育特殊家庭老年人（以下统称特殊困难老年人），且要根据年龄、性别、家庭收入、健康状况等因素①动态调节给付量，通过合理差别的手段达到平等维护每一个农村特殊困难老年人的基本生活水平。具体手段主要有对于特殊困难老年人直接予以粮油、米面等食品类供给，或者以村级为单位设置免费爱心餐；对失能、残疾、高龄老年人配备适老化家电、家具、洗浴装置、坐便器、厨房用品等日用产品以及智能轮椅、生物力学拐杖等辅助产品；对于计划生育特殊家庭老年人辅以老年益智类玩具、乐器等休闲陪护产品。需要特别注意的是，在上述手段的行使过程中，需要着重采用老年人易于接受、亲和的方式，让农村老年人有尊严地获得实物供给。此外，实物供给还能带动精神性需求的满足。农村老人子孙不在身边，容易产生孤独感，在志愿者组织及农村干部进行实物交付的过程中，还能做好特殊困难老年人的就医帮助、生活照顾、心理慰藉等服务。

对老年人的社会保障类现金给付是指在直接实物给付之外，通过国家财政补贴，使农村老年人能够定期直接获得资金补贴或者以明显低于市场流通标准的价格获得相关老年产品及服务。现金给付的主要表现形式有：给予基层组织申请，政府调研考察确认为"生活特别困难"的老年人群体不定量，不定期的现金补助，给予因慢性病致穷、突增疾病严重影响正常生活等难以负担高额医疗费的老年人群体一定的大病现金救助、给予无力负担诉讼费用的老年人群体一定的法律援助服务等。此外，还可以在物质水平较为不足的区县范围内设置定时定点的低价助餐，从追求老年人吃饱、吃好，到合理规划老年人营养的膳食结构，保障农村老年人的营养摄入平衡；实施老年健康促进工程，加强老年

---

① 参见张国平：《农村老年人居家养老服务体系研究》，中国社会科学出版社 2015 年版，第 16—33 页。

人群重点慢性病的早期筛查、干预及分类指导，开展老年痴呆防治筛查。需要注意的是，金钱补贴的最低标准必须贴合"禁止保护不足"原则，财政补贴方式与额度以保护老年公民的基本生存权利为目的，严格明确服务对象、服务内容、服务标准和支出责任，基于其生活状况恶化程度提供财政补贴，确保维持最低限度生活支出，并根据当地物质生活标准和家庭收入水平进行动态调整。

（三）服务性给付实践：公民养老权实现的辅助手段

服务型给付是指国家实施相关组织管理行为并辅之配套制度，使得老年人给付利益形式实现。服务型给付首要前提即完善相关给付组织规则，养老保障是农村社会保障发展的兜底之网，其组织规则水平与农村社会保障发展的水平密切相关。如前所述，一切养老保障的组织建设需要国家财政支持，所以组织规则又必须与国家财政能力相匹配。组织规则的搭建是组织网络完善的基础，主要包括建设农村智慧养老模式规则，通过规范发挥移动终端、网络技术平台在整合养老服务资源和信息链接中的作用，构建一个融合居家养老、医疗卫生、生活服务等诸多服务的养老支持网络；鼓励创造性的农村养老服务，推动老年健康领域科研成果转化，提高农村老年健康服务能力，重视中医药在老年病、慢性病防治等方面在运用组织程序规则的作用等。组织规则的搭建大多侧重于农村资源要素优势的利用和整合、主体结构调整和优化以及养老服务网络的搭建，以资源要素、主体结构、组织网络和载体创新为主要考量因素，以农业合作社、老年协会、村委会等基层组织为主要规则制定主体，通过颐养之家、敬老院、农村幸福院、卫生院（所）等规则操作载体，搭建和优化养老服务递送的组织网络，整合政府、市场和社会等多元主体以及来自慈善、扶贫和产业等的多种资源，强化推进资源整合和多元主体之间的协同合作，最大程度利用农村的内外部资源，实现农村养老服务的可持续发展。

国家养老服务型给付义务的展开和落实，需要国家统筹协调不同类型服务机构，吸纳多元主体参与。对于公办养老服务机构，要加大现有公办养老机构改造力度，提升农村失能老年人照护能力，增设失智老年人照护专区，在满足政策保障对象入住需求的基础上优先安排失能老年人入住；充分发挥公办养老机构作用，辐射带动周边各类养老机构完善突发事件预防与应急准备、监测与预警、应急处置与救援等机制；支持乡镇级特困人员供养服务设施（敬老院）增加养老服务指导功能，将专业养老服务延伸至村级邻里互助点、农村幸福院和居家老年人。对于公建民营、民办公助等养老机构，引导其优先接收特殊困难老年人、作出特殊贡献的老年人，支持有条件的医疗卫生机构为失能、慢性病、高龄、残疾等行动不便或确有困难的老年人提供家庭病床、上门巡诊等居家医疗服务。针对农村地区医疗资源相对紧缺的客观现状，全力推进医养结合模式走进乡镇，侧重推动农村乡镇养老院、敬老院向社区综合养老服务中心转型，为老年人提供居家养老、医疗护理、康复保健等医养结合型服务，强调养老机构发展和服务输送过程中的医养护资源一体化发展，基于此建立村级邻里互助点、农村幸福院等为依托的农村互助式养老服务网络。同时针对公共卫生、自然灾害等突发事件，增设隔离功能，改造消防设施，配备必要的物资和设备，加强人员应急知识培训，提升公办养老机构应急保障能力，加强养老机构疫情防控制度和能力建设。

第五章 公民养老权国家义务的履行路径

2020 年 10 月，党的十九届五中全会在北京正式召开，在此次会议上我国正式将积极应对人口老龄化上升到国家战略地位。党和国家之所以如此重视应对老龄化的举措，与我国当下的人口结构现状密不可分。在 2020 年，我国进行了第七次全国人口普查，数据显示我国 65 岁及以上人口数量已达 1.91 亿人，60 岁及以上人口数量为 2.64 亿人，分别占我国人口总量的 13.5% 和 18.7%，按照国际通用的联合国关于老龄化社会的标准来看（该地区 65 岁以上人口占总人口的 7% 以上即视为老龄化社会），①目前我国已经处于程度较高的老龄化社会阶段。

我国正式迈入老龄化社会后，在我国人口结构中老年人口占比无疑会越来越高，我国公民关于养老权的权利意识也开始觉醒，并逐渐认识到养老权与生存权、财产权一样，也是公民必不可缺的天赋权利的一种。国内学者对养老权具体定义为"公民在达到国家规定的解除劳动义务的年龄界限，或者因年老丧失劳动能力的情况下依法享有的生活保障权、医疗保障权和受赡养扶助权"。②其所具有的包括权利主体的普遍性与资格性、权利性质的基础性以及权利内容的社会性与综合性等主要特点，使得养老权成为老年人口享受其他权利的前置性权利，在老年人口越来越多的当下显得尤为重要。

本章主要对当前我国环境中养老权的保障进行检视和反思，系统观察目前

---

① 参见《联合国老年人原则》，1991 年 12 月 16 日通过，载东方老年网，http://www.zj60.com。

② 刘灵芝、马新福：《中国公民养老权的正当性》，载《人民论坛》2010 年第 17 期。

所面临的困境与痛点，并着重探讨应对方略。笔者认为以国家来承担主要义务是保障公民养老权实现的主要进路，国家和公民在养老权的实现方面具有内在的辩证关系。本章通过对国家权力对公民养老权进行保障的合理性、公民养老权救济国家义务的可诉性以及国家不履行公民养老义务的责任及救济等方面的解析，证成通过国家来保障公民养老权具有应然的时代性、合理性与正当性。

第一节　问题缘起：公民养老权实现困境和国家义务履行

"我们的时代是一个迈向权利的时代，是一个权利备受关注和尊重的时代，是一个权利话语越来越彰显和张扬的时代。我们越来越习惯于从权利的角度来理解法律问题，来思考和解决社会问题。"①养老权自 1948 年《世界人权宣言》首倡继而成为社会保障权中的一种基本权利以来，如今已成为社会保障权益研究不可回避的热点，并且随着社会老龄化程度在全球范围内的加深，对养老权的研究热度也越来越高，如今养老权已成为社会保障权益研究中的"显学"。目前，我国 60 岁及以上的老年人口约有 2.64 亿人，根据 2022 年联合国人口署发布的关于我国人口估计和预测显示，到 2032 年我国 60 岁及以上老年人口总数将突破 4 亿人。老年人作为一个国家人口中的重要组成部分，是"连接过去、现在和未来的桥梁，他们的智慧和经验构成了名副其实的社会命脉"。②而养老权既是社会保障权益研究的核心内容之一，是基本人权；又是一项保护老年人合法权利的宪法性权利，其重要性不言而喻。但就客观而言，我国目前公民养老权的实现面临着多种多样的困境，主要包括以下几点：

一、公民养老权实现仍存在制度障碍

"权利是一种观念（idea），也是一种制度（institution）。当我们说某个人享有权利时，是说他享有或拥有某种资格（entitlement）、利益（interest）、能力（power）或主张（claim），别人负有不得侵夺、不得妨碍的义务。若无人承担和

① 张文显、姚建宗：《权利时代的理论景象》，载《法制与社会发展》2005 年第 5 期。
② 前联合国秘书长安南在第二届世界老龄大会上的讲话：《建立一个适合所有年龄人群的社会》，载新华网，http://www.xinhuanet.com。

履行相应的义务，那权力便失去了其应有的意义。所以，一项权利的存在，意味着一种让别人承担和履行相应义务的观念和制度的存在，意味着一种文明秩序的存在。"①

养老权作为公民的基本权利之一，已经为我国法律法规明文承认，但正如谷口安平所说，"实体法上所规定的权利义务如果不经过具体的判决只不过是一种主张或权利的假象，只有在一定程序过程中产生出来的确定性判决，权利义务才得以实现真正意义上的实体化或实定化"。②这就是说法律上所规定的任何权利或义务，如果没有相应的程序进行实现，就不可将其称为真正的权利或义务，公民的养老权也不例外。但就目前我国保障公民养老权实现的相应程序而言，仍存在较大的缺陷。

第一，养老基金投资模式的不足。正如马克思所说，"一切社会问题，归根结底都是经济问题"。目前阻碍我国公民实现养老权的制度困境同样也主要集中在经济方面，比如我国目前养老基金投资模式仍是以正面清单模式为主，这就使得在养老基金的实际投资过程中，以重管轻治为主导的思维与养老基金投资的市场化目标产生了较大的矛盾。正面清单从某种意义上来说，也是"权力清单"的一种，在以正面清单为主的养老基金投资模式运行过程中，有关政府部门将以行政审批权为核心的行政权力牢牢掌握在自己手中，从而使其能够实现对市场主体的高度干预，严格限制了市场主体的意思自治空间。在这个管理模式下，市场主体仅可对清单内的项目作自我决策，清单外的项目就必须报政府审批决策。这就直接导致了养老基金的投资效率大幅降低。层层审批不但造成了市场主体间的同质化竞争，使市场主体较少涉足清单外的项目，还为相关政府部门留下了很大的权力寻租空间，造成了市场主体市场地位的不平等，并扭曲了本该公平的市场竞争。如此一来，养老基金的封闭性与独立性就变得难以实现，其投资的效率也受到了影响，甚至会威胁养老基金投资运行的整体安全。③长此以往，养老基金的投资收益低也就无可厚非，资金上的不充裕难免也

---

① 夏勇：《中国民权哲学》，生活·读书·新知三联书店2004年版，第165页。

② ［日］谷口安平：《程序的正义与诉讼》，王亚新、刘荣军译，中国政法大学出版社1996年版，第6—7页。

③ 参见杨复卫：《从正面清单到负面清单——我国养老资金投资模式的转向》，载《暨南学报（哲学社会科学版）》2018年第6期。

会阻碍公民养老权的实现。

第二，城乡公民养老权的不平等现象十分普遍。我国目前仍处于发展中国家的阶段，城乡之间经济差距十分明显，这点在养老权实现上的直接反映就是城乡公民养老金的不平等。根据国内有关学者统计，我国老年人的收入结构中，养老金占城市老年人收入的 79%，却只占农村老年人收入的 24%；①而在养老金的覆盖率方面，据有关学者调查显示，2015 年城市老年人获得养老金的比例为51.1%，相比之下农村获得养老金的老年人仅仅为 12.3%；②在养老金的具体收入金额上，城乡差异就更为明显，截至 2018 年，城镇老年人的养老金收入水平高达农村老年人的 11.3 倍之多。③城乡养老金差异如此之大的背后，透射出我国远未形成统筹的、综合的、可持续发展的农村养老保障体系，而在农村生活的老年人口占我国老年人总数的 60% 之多。这表明城乡公民之间仍未形成平等的养老权保障体系，这对农村老年人的养老权保障是十分不公的。

第三，当下能为老年人提供的维护其养老权实现的行政救济制度仍有不足。行政救济，指的是当老年人的养老相关权益受到侵害时，请求相应的行政机关运用诸如行政处罚、行政强制措施等行政手段制止侵害，维护老年人的合法权益。当然，这其中也包括养老权利受到行政机关的行政行为侵害时申请行政复议来获得救济的权利。如我国《婚姻法》中规定，当老年人受到家庭成员的暴力或虐待行为的侵害时，有权请求公安部门依照治安管理处罚法的相关规定对侵害人给予相应的行政处罚；《老年人权益保障法》中也规定，当老年人的家庭成员对其实施盗窃、诈骗、抢夺、勒索等行为时，应视情节轻重依照治安管理处罚法或刑法的相关规定对侵害人予以处罚。在受到行政行为的侵害时，老年人可依据《行政复议法》的相关规定，要求行政机关履行其相应的职责。

然而在实践当中，行政救济对老年人权益的保护却不甚理想。首先，公安

---

① 参见孙小雁、左学金：《中国城乡老年人收入结构变化及影响因素分析》，载《上海经济研究》2021 年第 6 期。

② 参见耿晋梅：《中国的社会保障支出政策调节了居民收入差距吗?》，载《经济问题》2020 年第 7 期。

③ 参见夏会珍、王亚柯：《老年人收入结构与收入不平等研究》，载《北京社会科学》2021 年第 7 期。

机关不时会以"家庭内部纠纷"为由对老年人受到的家庭暴力、虐待或盗窃、诈骗等行为处理不得当或处理不及时，导致老年人的合法权益无法得到保护。其次，在我国行政体系中，行政复议机构及其组成人员的独立性尚有不足，在处理老年人权益相关的行政复议案件时，经常会受到部分行政机关的干预，致使行政复议结果的公平性显著丧失，无法保护老年人的合法权益。最后，目前在我国实践当中，大多数情况下行政复议都是以书面审理为主，只有极少情况才会采取调查听取意见的方式。这样一来行政复议的程序就会被过分简化，在程序保障不够充分的情况下，行政复议结果的公正、公开也无法得到相应的保障。

第四，老年人自我维权制度仍有较大不足。随着我国法治化进程的不断加深，公民的权利意识逐步提高，越来越多的老年人也意识到了养老权对于自身权益保障的重要性。但是，在实践当中，老年人无法自我维护养老权的实现，也无法寻求相应的救济，其主要表现为老年人与子女之间的矛盾。有些子女对自家老人存在歧视、漠视等情况，更有甚者还会虐待、遗弃家中的老人，不履行赡养义务，抢占老年人的住房，干涉老年人的婚姻自由等情况屡见不鲜。而很多老年人因为担心与子女关系再继续僵化下去自己的老年生活没有着落，都会采取息事宁人的态度忍受这些行为。这些老年人之所以会这样做正是因为其认识到养老权对自己权益保护的重要性，但在认识到这些的同时，他们并没有采取正确的行动去维护自己的合法权益，反而使自己的养老权保障步入更加岌岌可危的境地。同时，也侧面说明我国目前针对老年人养老权的相关救济制度并未融入广大老年人的权利意识中去，无法使老年人毫无顾忌地进行自我维权活动。

综上所述，目前我国公民养老权的实现仍有重重障碍，相比之下是我国幅员辽阔、老年人口众多的现实，在这种情况下要想保障公民养老权的平等、完整实现，仅靠民众或社会的力量是行不通的，有必要让国家权力以将养老权的实现作为国家义务的方式来介入其中。

二、国家保障公民养老权实现的正当性

所谓正当性，指的是人的行为方式、利益及愿望等与社会生活中的现行规范和政策相契合，或与社会发展的客观需要及人民的利益相一致。其主要

有两种含义，其一是道德正当性，即合理性；其二是合法性。①在现代社会，权利的正当性既是其伦理基础，又是其道德评价，也构成了权利的社会属性。②这是因为当权利具有正当性时，侵犯这些权利的行为就会被认为是"错误的"，是需要进行纠正或救济的。而权利正当性的主要来源之一就是国家的承认。

从法学的视角来看，国家指的是由公民所组成的，国家政权和行使政权的国家机构两部分所构成的体系，即国家是经由受和谐、有效的法律规范秩序管束的公民所建构而成的法律治理共同体。③而义务可以概言为是一种为了保障权利人权利的实现，通过法律规定或当事人约定产生的一种约束义务人进行相应的作为或不作为的法律责任。据此理解，就可以将国家义务定义为国家对公民权利的一种担当，即与公民向其主张的权利所对应的义务。

通过国家义务的形式来有效地保障公民养老权的实现，是公民养老权的国家公权保障之义务维度。在我国当下，《老年人权益保障法》与其他部门法是盘根错节的，环绕在老年人权益保护中心的是我国立法、司法及执法对公民生命健康权、发展权、财产权等基本人权的确认、保障以及救济，这些都离不开国家义务的履行。养老权的实现问题与其他权利的实现存在着千丝万缕的联系，养老权在其中更是起着分担、共享其他权利的实现途径的作用：养老权作为其他基本权利细化后的子裔，在生命健康权等最基本人权与赡养权之间建立起了联系与平衡，对明晰他们之间的关系意义重大。

马克思将制度化、法律化后的权利现象视为保障权利得以实现的基本环节，正如其所说的那样："没有无义务的权利，也没有无权利的义务。"这句话既点明了权利与义务两者之间的辩证关系，也为本章节选题提供了进路：即确有必要拓展养老权义务研究的视角，更加集中在对国家义务的研究上。在法治得以施行的前提下，习惯性的权利一旦上升到法律层面，其就成了某种具有正当性的习惯权利，而这种确认法律的习惯权利的行为就不再拘泥于个人的习惯层面，也一同上升到国家习惯，即法定权利层面。④

① 参见吕世伦、文正邦：《法哲学论》，中国人民大学出版社 1999 年版，第 295 页。
② 参见征汉年：《权利的伦理维度》，载《长白学刊》2009 年第 1 期。
③ 参见［德］齐佩利乌斯：《德国国家学》，赵宏译，法律出版社 2012 年版，第 64—72 页。
④ 参见公丕祥：《权利现象的逻辑》，山东人民出版社 2002 年版，第 25 页。

就事实而言，养老权本身就有很大一部分内容体现的是公民的养老权和国家的赡养职责。早在 1991 年，我国就有学者将国家机关的职权视为义务的一种，①到 21 世纪后，越来越多的学者将研究视野聚焦在"国家义务论"上，希冀以此来重新检视"权力—权利—义务"之间的关系，也逐渐推动了国家与公民之间地位的转变：从公民义务本位逐步转向为公民权利本位，②这也表明"国家义务与公民权利已经成为现代国家与公民之间关系的主轴，我们必须正确认识并认真对待当前国家与公民之间义务权利关系发生深刻变化这一事实，深究国家义务与公民权利之间的密切联系，突出国家义务对公民权利保障的价值和意义"。③因此，本章也将从养老权实现的视角出发，扎根于新时期特别是老龄化加剧的社会背景下的公民养老权实现的国家义务，希冀该研究有助于丰富我国公民养老权实现制度的内涵，进而弥补公民养老权研究领域较为薄弱之处。

（一）我国立法对公民养老权的确认与保护

从定义上来讲，立法是特定国家机关依照法定职权、法定程序，制定、修改、废除和认可规范性法律文件的活动。在我国法律体系中对养老权的确认与保护以《宪法》为主，分散于其他部门法当中。

首先，是在《宪法》方面。《宪法》作为我国根本大法，对包括养老权在内的公民社会权利作了较为全面的规定。如我国《宪法》第 14 条第 4 款规定："国家建立健全同经济发展水平相适应的社会保障制度。"第 44 条规定："国家依照法律规定实行企业事业组织的职工和国家机关工作人员的退休制度。退休人员的生活受到国家和社会的保障。"第 45 条规定："中华人民共和国公民在年老、疾病或者丧失劳动能力的情况下，有从国家和社会获得物质帮助的权利。国家发展为公民享受这些权利所需要的社会保险、社会救济和医疗卫生事业。"第 49 条第 3 款规定："父母有抚养教育成年子女的义务，成年子女有赡养扶助父母的义务。"第 49 条第 4 款规定："禁止虐待老人。"

我国《宪法》通过层层递进的方式，将这些确保老年人生存与发展的基本权利规则以法律的形式明文规定下来，使老年人权益的保障以纲领性规定的方

---

① 参见吴家如：《职权义务论》，载《现代法学》1991 年第 3 期。

② 参见陈真亮：《环境保护的国家义务研究》，法律出版社 2015 年版，第 38 页。

③ 龚向和：《国家义务是公民权利的根本保障：国家与公民关系新视角》，载《法律科学》2010 年第 4 期。

式作为养老权纳入我国法律体系当中。相对的，这类与老年人存续基本权利规则直接对应的义务就属于"宪法内在义务"，①由于宪法具有尊重与维护社会共同体下的每个个体生存和发展的价值，并以此来组织社会共同体的存在形式的根本价值，②宪法对老年人这些基本权利的保障本身就构成了其老年生活的一部分，是对老年人生存及发展状态的根本关切的一种形式。且从政治哲学的角度来看，宪法是国家与公民之间签署的、双方互为权利义务主体的政治契约，公民权利的存在创设了国家义务，基本权利国家义务的存在正是权利需要被满足的必然逻辑，③由此可以推导出，《宪法》作为我国根本大法，通过将老年人的合法权益囊括于社会保障权益的规定之内，对老年人的养老权的合法性予以确认，并对其他下位法规定更为周到详密、具有可操作性的养老权保障法规作出方向指引。

其次，在其他部门法中也多见对老年人权益的保障。比如《民法典》第1041条第3款规定："保护妇女、未成年人、老年人、残疾人的合法权益。"《劳动法》第70条规定："国家发展社会保险事业，建立社会保险制度，设立社会保险基金，使劳动者在年老、患病、工伤、失业、生育等情况下获得帮助和补偿。"《老年人权益保障法》第3条规定："国家保障老年人依法享有的权益。老年人有从国家和社会获得物质帮助的权利，有享受社会服务和社会优待的权利，有参与社会发展和共享发展成果的权利。禁止歧视、侮辱、虐待或者遗弃老年人。"这些部门法中都对公民的养老权作出了明确且较为全面的规定，对我国养老权的立法、理论、实践的进阶发展具有重大意义。

由此可见，我国法律在确立公民的实质性养老权方面已经渡过了履行国家立法义务阶段，已建构了通过行使相关法定权利保护公民养老权的一般机制。截至目前，我国已形成了老年人权益保障法规体系的基本框架，在不同层面贯彻了敬老爱老的原则，使得法律以一种明确干预的姿态防止老年人的合法权益受到侵害。实质上，老年人权益的法益的存在，正是国家通过立法来确认自身

---

① 刘茂林、秦小建：《人权的共同体观念与宪法内在义务的征程——宪法如何回应社会道德困境》，载《法学》2012年第11期。

② 参见刘茂林、王丛峰：《论宪法的正当性》，载《法学评论》2010年第5期。

③ 参见杜承铭：《论基本权利之国家义务：理论基础、结构形式与中国实践》，载《法学评论》2011年第2期。

义务的法益基础。如果从宪法和行政法上的国家义务角度来审视公民养老权权益问题的话，那么自然而然地就能推导出"养老权保障的国家义务"这一命题，从而以此为准绳来构建保障公民养老权的立法体系。"这个体系的中心点，乃是在社会团体中自由地发展人格，每个人得到的尊严，是对一切法律范围皆有效力的宪法基本决定，凡立法、行政、司法均应把这一价值体系作为指标及原动力。"①毫无疑问，国家对公民权利的保护即是国家得以组成、存续的目的，这也是国家义务的内涵所在。

（二）国家义务和公民养老权益的同质性解释

国家通过立法活动，将处于公民基本权利地位的养老权置于国家义务的高度，意味着向所有权力机关下达了命令，要求所有国家权力机关在各自的职权范围内通力协作，从而将保障公民养老权的实现这一宪法价值贯彻到司法与执法工作当中。从理论上来讲，国家作为由人民让渡权利而组成的巨大的组织体，有义务基于"人民主权"理念，忠于自己的义务，去满足人们各种各样的委托。在上文中对国家如何通过法律法规来将公民养老权上升到国家义务的高度作了阐释，本节将就为什么国家要将对公民养老权的保障纳入国家义务的范畴内进行论证，核心就在于国家养老义务在多个方面与公民养老权益的同质性，详述如下。

首先，国家本就该负有保障公民养老权的公共信托义务。英国学者洛克认为，国家本身就是信托的产物，其以保证公民的人身和财产安全为目标，当国家失去信用，偏离这个目标时，公民有权撤销对它的信任，收回自己在组成国家时让渡出的个人权利。②具体到养老权中，公民在壮年时期通过自己的辛勤劳动，将自身劳动成果的一部分托付给了国家，为国家、社会的发展提供了助力。因此在公民年老、劳动能力降低时，国家应当将其代为管理的公民劳动成果的一部分返还给公民，以信托理论为基础构筑国家承担养老义务的合理性，从而回答国家承担养老义务的缘由问题。

国家信托义务在某种意义上即是对国家公权力的限制，具体到养老权的实现而言，国家必须充分运用其从公民那里收集而来的公权力，忠实地去履行保

---

① 萧淑芬：《基本权利基础理论之继受与展望》，元照出版公司 2005 年版，第 26 页。

② 参见［英］约翰·洛克：《政府论两篇》，赵伯英译，载丁一凡编：《大家西学：权力二十讲》，天津人民出版社 2008 年版，第 39 页。

障老年人合法权益的义务。究其本质而言，公共信托义务通过抽象的法律拟制，以信托契约的形式，在公民与国家之间就如何行使国家权力架起了一座桥梁。就养老权而言，确立该契约的作用在于公民本该享有的养老权益具有了实现的保障，而国家则相对地负有按契约要求行事，为了公民的利益行使公权力，促成公民养老权的实现的受托义务。依据近代公共信托理论，公民养老权实现之终局责任落在了国家肩上。"现代国家中国家与公民的关系是义务—权利的关系，而不再是权力—权利的关系，现代公法中的国家义务与公民权利关系中，国家义务直接源自公民权利，公民权利直接决定国家义务，而国家权力只有通过国家义务的中介才能与公民权利发生关系。"①

其次，由于养老问题所具有的天然的公共性，国家应负有妥善处理的责任。国家本就是由公民自愿让渡权利来组成的，公民之所以愿意让渡自身权利，是因为其想要达成仅凭自身的能力无法达成的目的，所以目的相同的人们聚集在一起，分别让渡一部分权利，组成拥有庞大权力的国家系统，去达成他们共同的目的。因此，基于此种宪制逻辑，国家存在的目的与社会公民个人的目的本就是一致的，即为了实现建立某种"理想国"的理念追求，而对公民公共领域的权利的完善是建构这个"理想国"的前提与基础。现代公共性理论就成为宪制民主理论的关键部分，为国家义务的建构提供了理论渊源，国家利益与公民个人利益也就具有了同一性。

"人们相互之间有连带关系，即他们有共同需要，只能共同地加以满足；他们有不同的才能和需要，只有通过相互服务才能使自己得到满足。因而，人们如果想要生存，就必须遵循连带的社会法则。连带关系并不是行为规则，它是一个事实，一切人类社会的基本事实。"②这种关于社会连带关系的论证，是公共性理论发展的必然成果，也是进一步推动社会保障政策建立的理论渊源之一。在社会连带关系指引下，照顾整个社会的人不单是个人的义务，更是整个国家、社会的义务。③我国的老龄化程度越来越严重，且随着工业化和现代化进程的加快，老年人的社会地位、家庭地位也不断降低，对其合法权益的侵害也逐渐蔓延到生存保障领域。在社会公共性理论的观点中，公民养老权的确认与实

---

① 龚向和：《国家义务是公民权利的根本保障》，载《法律科学》2010 年第 4 期。
② 马新福：《法社会学原理》，吉林大学出版社 1999 年版，第 31 页。
③ 参见林嘉：《社会保障法的理念、实践与创新》，中国人民大学出版社 2002 年版，第 142 页。

现不单单涉及公民个人利益，同样也涉及整个国家、社会的利益，二者具有同质性。

最后，国家养老义务具有深厚的中国孝文化传统，这也成为国家承担养老义务的理论渊源之一。就历史文化传统来看，我国各个朝代都将养老看作是关系整个国家民生的大事。儒家文化贯穿中国几千年的历史发展，为历朝历代统治者所采纳，且成为指导国政的重要思想之一。大儒孔子就是孝文化的坚定推行者之一，他曾提出"孝悌也者，其为仁之本欤"的孝德思想，为以后的儒家学者们所继承发展，成为社会性的道德准则，并逐渐上升到法律层面，孝文化也成为中国文化传统的一条主脉。曾有一位西方学者说过："一个民族的文明质量可以从这个民族照顾其老人的态度和方法中得到反映，而一个民族的未来则可以从这个民族照顾儿童的态度和方法中预测。"[1]在中国源远流长的历史脉络中，孝文化已深深渗透进入了社会的各个方面，在经过现代文明的冲刷洗礼后，孝文化中的糟粕，如"愚孝"等内容被逐渐剔除，取而代之的是以老年人合法权益保障为核心的现代养老观。如此一来，传统孝文化与现代养老观就达成了一种辩证统一的关系，孝文化的倡导会加强国家对老年人权利保护的重视，而国家对老年人权利的保障也同时在强调孝文化的传承。由此，国家承担我国公民养老权实现的义务就具有了厚重的历史与道德基础。

三、通过国家义务实现公民养老权的现实与理论意义

要想实现公民的养老权，就必须把存在于法律当中的法定养老权通过法律的实施转化为公民在现实生活中能够拥有的养老权。在人们越来越重视自身权益的当下，国家也应该意识到之所以有公民养老保障的基本需求存在，是基于其具有公民资格而享有的一种基本权利，就像对公民其他基本权利的保障一样，国家应积极满足公民该项基本需求。在社会老年人口越来越多，老龄化程度愈发加深的我国当下，老年人口的基本权利保障问题也迫在眉睫，而"基本权利在司法中的适用需要以明确的义务作为前提和基础"，[2]因此迫切需要国家承担

---

① 熊必俊：《人口老龄化与可持续发展》，中国大百科全书出版社 2002 年版，第 192 页。
② 参见徐钢：《论宪法上国家义务的序列与范围——以劳动权为例的规范分析》，载《浙江社会科学》2009 年第 3 期。

更多的公民养老权益保护义务和责任。公民养老权益的实现和保障的国家义务命题是一个很注重实践的民生课题，对养老权益实现的国家义务的研究具有重要的理论意义与现实意义。毕竟，"在任何特定时期，各世代人既是来世代地球的管理者和受托人，同时也是地球所有成果的受益人"。①

首先，在理论意义方面，对公民养老权实现的国家义务的研究，可以弥补公民养老权益保障研究视角和方法的不足。公民对年老时自身权益保障的呼唤，推动我们思考以下问题：国家对公民养老权的实现是否应当承担义务？为什么需要国家来承担公民养老权实现的义务？国家承担这个义务的价值基础在哪里？国家保障公民养老权的实现具有天然的合理性与正当性，采用国家义务来实现和保障公民养老权益，是一种"由外到内"的义务论视角下另一种有效的研究视角和进阶方略。将研究视角转变到通过国家义务来实施和保障公民养老权益上来，有利于促进社会保障法学权利研究理论观念的更新，并为其开拓新的研究领域和路径，从而弥补公民养老权的研究在方法和视角上单一化、狭隘化等不足。

其次，在实践意义方面，对公民养老权实现的国家义务的研究，可以构建公权力制约机制，规范公权力运行，实现养老公平与养老正义。目前，我国正处于高速转型期，国家养老义务扩张的同时，也必然伴随着国家干涉养老的公权力的过分扩张。在这个过程中，公权力一旦失控、失范，就必然会出现腐败或者异化。因此，研究公民养老权实现的国家义务，就是研究如何以义务和责任去制约国家权力，对解决现有的养老难题大有裨益。同时，对公民养老权益与国家养老义务之间关系的关注，研究公权力配置与养老权益保障的平衡点，从而加强国家立法权、司法权及行政权的规范行使。其作为公民控制公权力的保障性机制，有助于防止出现"养老利维坦"和"养老政治正确"等现象，并防止公权力走向腐化。如此一来，通过国家义务防止国家在养老方面的不作为、乱作为，以达到保障公民养老权益之目的。

第二节　公民养老权救济的国家义务履行

按照目前国内通行的观点，可诉性指的是一种可司法裁决性，即针对某项

---

① 张新民：《养老金法律制度研究》，人民出版社 2007 年版，第 174 页。

义务，能够从法律层面加以考虑，并运用法律原则与法律技术对其进行定性的一种保证法律权利实现的必不可少的属性。①可诉性绝不等同于可诉讼性，这种将可诉性过分简化的司法注意是对可诉性的极大误解，会大幅度折损养老权等社会权的救济渠道，使得权利的救济面临重重困境。②可诉性本身强调的不止通过司法途径来保障权利的实现，更包括一系列准司法途径，如诉诸公民自治组织、行政复议等，本质上是一种含义较广、将准司法途径也纳入的权利救济方式和纠纷解决机制。

前文有述，养老权作为公民的一项基本权利，已为我国的《宪法》及其他法律法规所承认，并与国际社会的主流看法一致，对养老权的保障已上升到基本人权的高度。"人权的承诺意味着人们不能再把经济和社会权利看作永远不能得到实现的道德理想或者政治家玩弄的华而不实的辞藻，因为承诺人权就意味着这些权利和利益是保障人的尊严所必不可少的，不仅不能轻易予以剥夺，而且还必须予以切实的保障；这种人权承诺也是一种法律权利的承诺，法律权利的承诺就意味着所承诺之利益的可要求性，承诺承载利益之义务的具体性以及这种义务的可强制保护性；也就是说法律权利承诺意味着权利最终要往完善的权利方向发展。"③具体到本书而言，公民的养老权益作为一种主体公法权利，是公民根据公法所取得的、可以要求国家权力进行某种作为或不作为活动的法律力量。"公民养老权实现的国家义务"的可诉性主要是指法律法规上所规定的公民养老权受到侵害时，权利主体得以通过特定的公权力机构及特定的救济机制获得对养老权的保护的一种可能性。保障公民养老权益的实现，是建设法治国家和服务型政府的基本条件，不论是行政决定，还是司法判决都要履行其相应的义务。

在国家义务的履行过程中，要想判断该义务是否具有可诉性，必须同时具备两个条件：其一，该义务必须是法律义务；其二，该法律义务必须是具体的，不能是抽象的。概括而言，某种国家义务是否可诉，可诉的限度在哪，主要决定于该义务本身的构造及性质。在二元视角的审视下，"权利的可诉性亦表明了

---

① 参见王建学：《论社会保障权的司法保护》，载《华侨大学学报》2006年第1期。
② 参见袁立：《论社会权可诉性的几个基本理论问题》，载《宁夏大学学报》2010年第6期。
③ 黄金荣：《权利理论中的经济和社会权利》，载郑永流主编：《法哲学与法社会学论丛》，北京大学出版社2005年版，第258页。

对应义务的可诉性"，①如果认为公民养老权不具有可诉性，那么等于公民的养老权本身就不存在；如果公民养老权的实现得不到任何保障，那么宪法和法律中对公民养老权的规定也将沦为口号或宣言；如果不承认国家的养老义务具有可诉性，实际上就是否定了养老权本身。基于最彻底、最根本、最高阶的路径来看，公民养老权实现的国家义务的履行必须通过其具有可诉性这一特点来加以诠释、落实，这是在发展的视野下保护权利所必不可少的步骤。我国的司法实践也证明，包括养老权在内的社会权的司法保护相比于自由权等权利的保护来说更具有可行性。②

本章将从国家义务的三层次出发，按照履行的难易程度，依次从国家尊重义务的可诉性、国家保护义务的可诉性及国家给付义务的可诉性三个层级来论述保障公民养老权实现的国家义务具有可诉性，并对国家的养老义务可诉性的限度问题进行探讨。

一、国家尊重义务中的公民养老权救济

所谓公民基本权利的国家尊重义务，指的是权利主体在其合法行使其基本权利时，国家所负有的不得干涉权利主体正常行使其权利的消极义务，其对应的是基本权利中的防御权功能。③具体到公民养老权的实现方面，国家对公民养老权的尊重义务要求国家在公民合理行使养老权时，控制好自身的公权力，不得进行侵犯公民养老权的任何行为，以防公民养老权的行使受到妨碍。在具体的尊重义务的履行过程中，行使公权力的各个国家机构也应以此为纲，切实保障对公民养老权的尊重。

首先，立法机关对公民养老权的尊重义务表现在以下两个方面。第一，立法机关应明确在法律中承认公民的养老权。我国《宪法》中虽未明确列举公民的养老权，但正如前文所述，并不影响《宪法》中的诸多条款都实质性地承认养老权是我国公民的基本权利。同时，在我国立法机关制定的其他普通法律中，也将养老权精细化为具有可操作性的普通法律权利，以示立法机关对公民养老

---

① 刘耀辉：《国家义务的可诉性》，载《法学论坛》2010 年第 5 期。
② 参见龚向和：《理想与现实：基本权利可诉性程度研究》，载《法商研究》2009 年第 4 期。
③ 参见陈真亮：《环境保护的国家义务研究》，法律出版社 2015 年版，第 224 页。

权的尊重。第二，立法机关不得侵犯公民的养老权。立法机关对公民养老权的侵害，主要表现在其制定的法律不合理地限制或否认了公民的养老权。一旦立法机关所制定的法律对公民的养老权作了不合理的限制或否认，如采取歧视性做法，对享受养老权的权利主体作不当筛选，使权利主体无法平等地享有相同的养老权。同时，立法机关也不得随意删除保障公民养老权的条款，若有充足的理由说明解释的情况除外。

其次，行政机关对公民养老权的实现同样负有尊重义务。虽然立法机关是国家承担对养老权的尊重义务的首要主体，[1]没有通过立法活动确认的权利国家自然不负有与其相对应的义务；但行政机关诸如滥用自由裁量权之类的行政违法行为更有可能侵害公民的养老权。[2]行政机关对公民养老权的尊重义务，主要表现在以下两个方面。第一，行政机关不得妨碍公民享受应有的养老服务。例如，过去在我国部分城市发生多起财政转移养老专用资金的情况，将本该用于建设服务老年人的福利设施的资金转移到其他用途，使老年人无法享受到原应享有的合法权益。第二，行政机关不得直接侵犯公民的养老权。在现实生活中，行政机关及其工作人员直接侵犯公民养老权的现象已屡见不鲜，如在早些年间，我国地方财政状况较差的城市经常会有少发、迟发公民养老金的行为，使得部分老年人陷入生活困苦的境地，甚者还有行政机关工作人员侵吞养老金等违法行为。不同于立法机关的立法行为，行政机关的行政行为对权利主体发生作用的方式更为直接，因此，以上这些行为一旦发生，就必须立即采取相应补救措施，否则会对权利人的权利造成更为严重的侵害。

最后，司法机关对公民养老权的尊重义务，要求司法机关不得滥用司法裁量权造成枉法裁判来侵犯公民的养老权。司法机关对保障公民养老权实现所负的义务，主要表现在积极义务和消极义务两方面。第一，在积极义务方面，司法机关在审理涉及行政机关的具体行政行为是否侵害公民养老权的行政诉讼案件时，必须依法审理此类案件，不得包庇涉案行政机关，以免对公民的养老权作出更进一步的侵害。第二，在消极义务方面，坚决禁止司法机关采取违法的司法行为，如枉法裁判、滥用司法裁判权或采取违反法律规定的司法强制行为

---

① 参见邹艳晖：《国家对公民健康权的尊重义务》，载《济南大学学报》2016 年第 2 期。

② 参见张翔：《基本权利的规范建构》，高等教育出版社 2008 年版，第 71 页。

来对公民的养老权造成侵害。如英国哲学家培根所说的那样："一次不公正的审判，其所造成的恶果甚至超过十次犯罪，因为犯罪虽是无视法律，但好比只污染了水流；而不公正的审判则是毁坏了法律，好比污染了水源。"因此，司法机关对养老权的尊重义务，主要体现在其恪守底线，切实为养老权受到侵害的公民提供救济这一点。

通过对国家机构如何履行对公民养老权的尊重义务进行分析后发现，在国家机构不履行或不正确履行尊重义务时，其给公民养老权所带来的侵害都具有直接性，这与可诉性理论中的国家尊重义务的瞬发性是相符合的。按照法学理论的通说，与国家义务中的尊重义务相对应的基本权利在受到侵害时是可交由司法机构进行审查或裁决的，这是因为尊重义务是非常典型的一种可诉性义务，其本身具有瞬发性，在与其对应的基本权利中的防御权功能受到干扰时，就会自发、直接且立即生效，自动执行，不需要国家采取积极措施进行应对。因此，当国家公权力不履行其尊重公民基本权利的义务，侵犯公民权利时，公民便可以通过司法机构来阻止或者矫正公权力的不当侵权行为，以此来保障自身权利的实现，完成救济。总的来说，不论是从司法审查的基本价值角度来看，还是从司法机关的审查能力角度来看，国家不履行或错误履行对公民养老权的尊重义务这一行为都完全具有可诉性。

二、国家保护义务中的公民养老权救济

国家义务中的保护义务，主要指的是国家的立法义务，即国家通过立法来保护公民，使其合法权利免于受到第三人侵害的义务，具体可分为预防、排除和救济三个层次。①国家保护义务具体到养老权的实现方面，也是通过预防、排除和救济这三个层次递进展开。

首先，国家保护义务在公民养老权实现方面的预防功能，主要通过在老年人的合法权利受到第三人侵害之前，国家机构就有义务运用公权力采取相应的保护措施，避免侵害发生的可能。由于预防功能的强积极性的特点，国家并非只在养老权有受到第三人侵害可能的公民提出请求时才行使公权力进行介入，还会积极、主动地行使公权力，提前阻止对老年人养老权的侵害行为。预防功

---

① 参见龚向和、刘耀辉：《论国家对基本权利的保护义务》，载《政治与法律》2009 年第 5 期。

能虽能有效保护老年人口的养老权，但保护义务在发挥预防功能的过程中，也极易成为公权力发生滥用和腐败的温床。这是因为行使预防功能的前提是并未造成实质的损害，国家只能通过对客观情势的判断来作出一定的积极行为。因此，在实现履行公民养老权的国家义务时，要想正确发挥预防功能，国家仅能够对公民具有明显受益性质的行为进行积极主动的干预，除此之外的情形国家公权力的行使都应该受到严格限制。实践中多有老年人出于爱护子女的原因，当子女不履行赡养义务时，自愿放弃自身的养老权益，这种放弃在满足以下三个条件时应是合法有效的，此时国家就应以不干预为必要：第一，该放弃行为符合权利人内心的真正意愿；第二，该放弃行为不涉及人权的核心内涵，即人性尊严；第三，该放弃行为未侵犯到他人及公共的利益。①

其次，国家保护义务在公民养老权实现方面的排除功能，主要针对的是第三人正在侵害公民养老权的行为，此时国家负有运用公权力排除该侵害的义务。但在实践过程中，由于公民养老基本权利覆盖范围的交叉性，②难免会发生第三人正常行使权利时侵犯权利人养老权的正常行使，在这种情况下，国家在行使公权力排除妨害时，必须遵循"价值位阶原则"和"比例原则"的指引来处理：如若第三人正常行使的权利在价值位阶中低于基本权利之一的养老权，那么国家公权力就应首先考虑限制第三人的权利，反之亦然；至于对权利限制的限度，应在不妨碍较高位阶的权利行使前提下，在最小限度内限制他人权利。据此，可以推论出相比于国家尊重义务，国家在履行保护义务时具有显著的积极性，因而其理所当然地具有可诉性。"国家与公民关系的历史发展及趋势表明，国家义务与公民权利已经成为现代国家与公民关系的主轴，国家义务的目的就是对公民权利的根本保障。"③

最后，在国家对公民养老权的保护义务的救济层面中，国家的保护义务在该层次中所表现出来的行动就是要在权利人认为其养老权益遭到第三人的侵害，并以此为由请求国家运用公权力、采取相应行动时使其养老权从受损状态恢复为圆满，即是一个国家依法律规定采取正当程序对养老权受到侵害的权利人的

---

① 参见陈征：《基本权利的国家保护义务功能》，载《法学研究》2008 年第 1 期。

② 参见董宏伟：《民生保障的国家保护义务》，载《北京理工大学学报》2012 年第 4 期。

③ 龚向和：《国家义务是公民权利的根本保障——国家与公民关系新视角》，载《法律科学》2010 年第 4 期。

请求作出回应的过程。在这个过程中，司法机关充当着维系公民养老权实现的最后屏障的角色，是承担国家关于公民养老权实现的、在救济层次的保护义务的主要机关。在以国家义务的形式使公民养老权实现的过程中，尊重义务要求国家对公民养老权的合理合法性予以充分的认同，给付义务为国家向公民养老权实现问题的解决提供了资源供给，而保护义务则要求国家为提供资源供给确立具体的秩序，并化解其中的矛盾。因此，保护义务起到承上启下的关键效果，其履行的状况直接决定了国家尊重与给付义务履行的效果，当然具有可诉性。

三、国家给付义务中的公民养老权救济

国家对公民养老权实现的保护义务中的给付层面，指的是国家运用公权力积极履行能体现依法治国性质的，旨在实现对公民生存保障的义务的行为。[①]国家义务作为产生国家权力的直接依据，公民权利也即确定国家权力的根本依据。[②]在公民养老权的实现方面，就表现为国家采取各种措施让每个老年人采取必要行动来满足自身需求的条件，并在老年人无法通过自身行动来满足基本生存所需时，直接向其提供诸如食品、医疗等资源。

虽然国家给付行为的实现程度以可使用的现实资源为限，不可能让老年人的所有基本权利都得到实现，但这并不能成为否定给付行为的可诉性的理由。最起码，在给付行为中，用以维持老年人最基本的尊严及生存保障的部分是绝对具有可诉性的，因为这部分国家义务具有满足社会共同性需要的合理性和适度性，[③]在该部分内国家负有的义务不应当受到现实资源的限制，必须实施。

总的来说，论证国家义务具有可诉性，是开拓我国公民养老权实现司法救济途径的中国之道。作为公民基本权利之一的养老权，在某些情形下与国家义务之间具有明确且具体的对应关系，当事人可以通过提起私益诉讼的方式请求国家履行相应的义务，以此来保障个人权利的救济；就算在并非一一对应的情形下，当事人也可通过公益诉讼获得救济。[④]在这个通过诉讼获得救济的过程

---

① 参见龚向和、刘耀辉：《基本权利给付义务内涵界定》，载《理论与改革》2010 年第 2 期。

② 参见陈醇：《论国家的义务》，载《法学》2002 年第 8 期。

③ 参见北岳：《法律义务的合理性依据》，载《法学研究》1996 年第 5 期。

④ 参见王明远：《卷首语二》，载《清华法治论衡：生态、法治、文明》（第 22 辑），清华大学出版社 2014 年版，第 55 页。

中，国家履行义务的次序依照尊重、保护和给付来递进展开，从而将对公民养老权实现的保障从私法领域蔓延至公法领域。

第三节　公民养老权国家义务不履行的责任承担

如前文所述，要想将对公民养老权的保障从"书面上的权利"转变为"行动中的权利"，养老权和国家义务的司法救济、准司法救济途径的开拓是必不可少的。针对公民养老权益保障的司法救济不但是当代公民养老权益理论研究的重心，更是在全球老龄化浪潮越发汹涌的时代里国家理所应当承担的使命。人口老龄化较严重的国家，应当将公民的养老权确认为具体性的、宪法性的基本权利，从而肇因于基本权利两个主导功能的并列地位，国家若在履行对公民养老权的实现义务中存有懈怠，应当认定为其违反了宪法的相关基本权利条款，就如同其侵犯公民基本权利的行为一样。一言以蔽之，要想实现对公民养老权的救济，加强对公民养老权的保护，应当通过对公权力进行审查、国家义务不作为诉讼等方式来进行。

一、公民养老权国家义务不履行的责任

从社会契约论来看，国家与政府的合法性基础就在于恪守承诺，履行人民的委托，这不但是国家责任，也是国家合法性的实质性基础。因此，全部国家权力必须服从于公民的基本权利，保证公民基本权利对国家权力的优越与制约，是实行法治的根本政治基础。[①]从而可以推断出，国家承担不履行公民养老权实现义务所产生的责任也是国家正当性基础。

决定国家养老义务的模式与选择的应该是以下三个要素：国家行为、国家义务和国家责任。目前学界对国家责任的分类有以下几种主流观点：第一，从引起国家责任的公权力的性质来看，可以分为立法责任、行政责任和司法责任三种；第二，从导致国家责任产生的公权力的行为方式来看，可以分为作为的国家责任和不作为的国家责任两大类；第三，从被引起的国家责任的性质来看，又可划分为国家义务的公法责任和国家义务的私法责任；第四，国家责任根据

---

① 参见于安：《德国行政法》，清华大学出版社 1999 年版，第 46 页。

其是否具有合法性，可以分为国家赔偿与国家补偿两种。国家赔偿指的是国家权力在运行过程中，因对法定义务的违反，即属违反其为公共利益存在即合法形式的本质义务，而对个别人民权益所造成的损害。其本质上属于一种国家对人民权利的侵害，所以应当由国家承担赔偿责任，对人民所受到的损害进行填补。国家补偿指的是国家在增进公共利益、加强对人民权益保护的过程中，因人民权利覆盖范围的交叉性而不得已牺牲少数特定人的权利或利益，但整个过程并不违法。因此，虽然客观上也造成了一定的损害事实，但该损害并非国家权力实现的本质目的。①

由此可见，国家责任具有多种多样的分类，具体到国家养老责任中也是一样的，不论是在表现形式上，还是在责任形态上，国家违反养老义务所产生的国家责任具有复合性及复杂性，多种责任形态之间难免有重叠交叉之处。在我国，公民养老权的国家责任主要以公法赔偿的形式为主，而公法赔偿又以针对国家违法活动的赔偿和以实现更上阶的利益给予权利受损者的补偿为内容。公法赔偿所涉领域也较宽泛，除了典型的职务赔偿责任、征收补偿责任、牺牲补偿责任之外，内容相近且存在部分重叠的基本权利保护上的不作为请求权、后果清除请求权等也被囊括在内。

国家在履行其养老义务的过程中，如果导致人民的权利受到侵害，则应承担赔偿责任与损失补偿责任。二者除了在是否具有合法性上有差别以外，在功能方面也不同：赔偿责任因国家的无效活动，即违法行为为前提而产生，补偿责任的实质在于因国家的合法活动而对公民权利造成的损害承担责任，表现为哪些部分由公民承担，哪些部分公民可以要求补偿。由此可得，就构成要件来说，赔偿侧重于法律制度的违反，而补偿侧重于责任的分担。当然，这二者之间也存在着重叠的可能，主要是征收性侵害和准征收侵害之间的划分。②

特别是立法机关应受制于保护义务，在法律中预先拟定好必要的保护性规范，并同时授权行政机关为维护老年人的合法权益采取防止或管理危险的措施，以更好地维护老年人的合法权益。在此类保护性规范中，立法机关通过法律的制定授予了行政机关一定的裁量权，此时人们就具有了要求行政机关作出的裁

① 参见李惠宗：《行政法要义》，元照出版公司 2011 年版，第 606 页。
② 参见［德］沃尔夫等：《行政法》（第 2 卷），高家伟译，商务印书馆 2002 年版，第 343—344 页。

量是"无瑕疵裁量"的权利。再进一步说明，如果某项法律规范的目的是保障老年人的生命健康及财产等基本权利，且对负有保障老年人该项权利的国家机构应运用公权力执行该义务的事项作了明确的规定，则该国家机构依照该法律规定，在老年人的权利遭受侵害时，必须采取一定的措施，并没有可裁量作为与否的余地。此时，老年人除了拥有请求国家机关必须采取一定措施进行干预的公法上的权利以外，如果具体的职务执行人员的作为或不作为导致了老年人的养老权益遭到了损害的话，就赋予了权利人请求国家损害赔偿的权利。通常而言，在国家不履行养老义务时，因国家公权力不当地作为或不作为受到损害的老年人，根据"第一次权利保障优先原则"，①在第一次进行权利保障时，理应先行使防御权利，即提起排除公权力的不法行为的行政诉讼；在第一次权利保障无果之时，再通过提起国家赔偿之诉进行第二次权利保障。在法律明确规定老年人享有某项权利，或对符合取得某项权利法定要件的老年人授予一定的请求行政机关作出一定行为的权利的情形时，这些法律规范的目的毫无疑问是从保障老年人合法权益的角度设定的。而在相关法律规范虽为保障公共利益而设定，但就该法律规范的整体结构、适用对象等进行综合判断后，可推断出其也有保障老年人权益的旨意时，当权利受到侵害的老年人主张其权益因国家机构的作为或不作为受到侵害时，国家也应该承担赔偿责任。比如社会保障部门不依法按时发放养老金的，应属于国家行政机关养老不作为行为，权利受到损害的老年人理应有权提起行政复议或行政诉讼来保障自身权益。

　　国家权力即是对各国家机关的职权进行综合的产物，而权力本身就与义务存在辩证统一的关系，权力越大就意味着义务越大。而对义务的违反必定会产生责任，国家机关负有的义务越大，其理应负担的责任也越大。②与义务和责任相对应的，公民要求国家作出一定的行为使其能够享受特定利益的就是受益权，受益权在司法上即表现为公民请求法院在其合法权利受到侵害时排除侵害或赔偿损失，以期维护其权利完整性的"司法人权"。在服务型政府的建构过程中，以"权力即义务，义务即责任"的观点来形塑国家机关的职能配置是至关重要的。

---

　　① 参见林明锵：《欧盟行政法——德国行政法总论之变革》，新学林出版股份有限公司 2009 年版，第 268—269 页。

　　② 参见李惠宗：《行政法要义》，元照出版公司 2011 年版，第 606 页。

二、公民养老权国家义务不履行的司法救济：不作为诉讼

通说认为，国家对公民养老权实现的保障不足是一种怠于履行职责的表现，即国家机关本应依其职责而负有特定的作为义务，且在有能力履行的情况下不履行、迟延履行或不完全履行的情况，①本质上构成了对公民养老权的侵害。所以国家不履行其相应的保障公民养老权实现的义务实际上是一种违法行为，是对与公民订立的社会契约的背弃。

在老年人口不断增多、公民养老权保障不力的老龄化社会背景下，运用司法手段参与公民养老权的保障是必然趋势。根据社会契约论，正因为公民有需要，司法才得以存在，公民拥有诉权的本意就是为了强制国家参与到审批当中，不曳行法外。

（一）国家立法机关养老不作为诉讼及其救济

立法不作为，主要是责任主体，即国家立法机关对法律规范应制定而不制定、应修改而不修改、应废止而不废止的情形。养老立法不作为意指国家立法机关未履行公民养老权实现的保障义务，没有对养老权提起保障或者所规定之保障程度未达到应有的标准而引起的公民对立法机关的诉讼，即立法机关应履行养老立法义务而不履行的行为。②从该定义来看，养老立法不作为是以立法机关依据宪法负有养老立法义务且立法机关没有履行养老立法义务为核心构成要件，对于填补公民养老权有效保障的漏洞具有显著意义。

不同于韩国、日本、德国等发达国家已经建立起了相对成熟的、完备的司法审查体系，将立法行为也纳入审判当中，我国立法机关即全国人大及其常委会的立法不作为行为尚未受到司法系统的规制。因此，由于没有一个相对独立的机构对立法行为进行审查，从某种意义上讲我国立法机关行使立法权的权力范围是不受限的。而且由于在我国理论与实践中，对"权利"和"利益"未作明确的区分，社会、公共、集体利益就经常被立法机关当作制定限制性立法的托词。③而宪法委托作为一个有强制力的、法拘束性的义务，④因此赋予了立法者责无旁贷的积极立法义务，立法不作为就会构成对公民权利的侵害。国家立法

---

① 参见沈岿：《国家赔偿法：原理与案例》，北京大学出版社 2011 年版，第 264 页。
② 参见杨忠福：《立法不作为问题研究》，知识产权出版社 2008 年版，第 26 页。
③ 参见郑贤君：《基本权利的宪法构成及其实证化》，载《法学研究》2002 年第 2 期。
④ 参见陈新民：《德国公法学基础理论》，山东人民出版社 2001 年版，第 164—165 页。

机关的立法行为本就属于法律行为的一种，所以立法不作为必然会引起一定的法律责任。若想真正保障公民养老权的实现，对立法机关的立法不作为行为进行规制是必不可少的。

就当前来说，对国家立法机关的立法不作为的规制主要有通过法院来进行控制的司法机关对立法机关的规制，和通过立法与解释法律来弥补的立法机关本身的自我规制两种。然而遗憾的是，当下我国还没有建立相应的违宪审查制度，所以对立法不作为及立法不作为诉讼方面的研究就目前来看对司法审查实务并无多大影响，但仍会对法律的制定、修改和解释等立法行为潜移默化地产生积极作用，从而加强立法机关本身的义务意识和责任意识，逐渐强化其自我规制功能。

（二）国家行政机关养老不作为诉讼及其救济

行政法作为具体化的人性尊严的表现，①公民养老权实现的国家义务在本质上所强调的无非作出抽象行政行为和具体行政行为的行政机关的可诉责任。在现实生活中，有着大量的行政不作为与行政乱作为等现象的存在，使得行政机关的公信力受到了严重的损害。近年来，国内因政府不履行保障公民养老权实现的养老义务所引起的群众抗议事件屡见不鲜，极大侵害了人们的合法权益。

1. 国家行政机关养老不作为的概念及其构成要件

从实践角度来看，要想真正改善公民养老权实现所面临的困境，必须要加强有关法律的实施制度的建设。然而遗憾的是，在现实当中，以行政不作为的方式侵害公民养老权的救济难题长期处于无人问津的境地。从定义上讲，行政不作为是指行政主体并未履行其法定作为义务的同时，在法定程序上也没有明确意思表示的一种违法状态。具体到养老方面，我们可以将国家行政机关养老不作为定义为：在养老行政主体对公民养老权的实现负有积极的作为义务时，有相应的能力去履行该义务，却不履行、迟延履行、不完全履行的情况。

将定义拆解后，我们可将国家行政机关养老不作为的构成要件分为四层：其一，该行政机关必须附有某种特定的义务；其二，该义务必须是法定的作为

---

① 参见蔡志方：《行政救济与行政法学（一）》，台北三民书局股份有限公司1993年版，第413页。

义务；其三，该行政机关必须具有履行此义务的能力与现实可能性；其四，在满足以上三点条件时，行政机关存在应当为而不为的情况。同时，所规定的行政作为义务必须是具有法定性的具体行政义务。总的来讲，国家行政机关养老不作为不仅会损害相对权利人的合法权利，更会对养老行政主体的公信力和权威性造成破坏，导致地方保护主义和部门保护主义大量滋生，在养老工作中形成"守法成本高于违法成本"的被动局面。值得庆幸的是，关于行政机关的行政不作为行为，我国的相关法律已经设置了一套相应的责任以及救济机制。但同时，仍存在政府养老不作为、行政法律责任虚置的情况，这也是我国国家行政机关养老不作为屡禁不止的原因之一。

2. 国家行政机关养老不作为的司法救济

如前所述，完善行政不作为的规制与救济途径是不可或缺的。从目前国际上通行的做法来看，将行政不作为置于司法机关的审查监督下的诉讼规制是最为有效的做法。这是因为司法机关在干涉行政不作为行为时通常采用的是"课予义务之诉"，即要求行政机关按照司法机关的判令作出特定行为。这样一来司法机关要求行政机关作出相应行为的依据是某个特定的判决，构成了对行政机关第一次判断权的尊重，契合权力分立的原则，其本质上也属于司法权对行政权的合理干预，保持了司法与行政之间的平衡。①

采用"课予义务之诉"时，如果侵害到行政相对人利益的是行政机关的不作为行政行为，行政相对人也享有行政介入权，有权向法院提起要求行政机关作出一定行为的课予义务之诉。通过课予义务之诉，法院所作出的判决会指明行政机关应履行的具体内容是什么，②只要行政机关依据判令完成行政相对人所申请的行政行为，就属于一种对行政相对人"给付特定行政行为的作成"的给予，因此其本质上是一种较为特殊的给付之诉。如此一来，既能够保障公民对国家的公法给付请求权的实现，又能够鞭策行政机关积极履行其法定义务，实现现代给付行政的目的。③

在"课予义务之诉"当中，法院主要以履行判决和驳回诉讼请求判决为主要的判决形式。从总体角度来讲，仍存在过度限制行政相对人的起诉主体资格

① 参见吴庚：《行政争讼法论》，台北三民书局股份有限公司 1999 年版，第 192 页。
② 参见杨伟东：《履行判决变更判决分析》，载《政法论坛》2001 年第 3 期。
③ 参见熊菁华：《论行政不作为的救济》，中国政法大学 2001 年博士学位论文，第 89 页。

从而影响诉权的行使，或行政不作为诉讼的判决结果无法明显使行政相对人的权利得到救济等问题。针对此类问题，可从以下三个方面进行考量：其一，通过立法来建立长效机制，对国家行政机关养老不作为进行充分的事前防范；其二，通过加强养老行政执法与管理体制建设来提高养老行政主体履行法定义务的积极主动性；其三，健全国家行政机关养老不作为的监督与事后救济机制。细致来讲，逐步建立国家行政机关养老不作为公益诉讼制度，扩大受案范围；推动国家行政机关针对养老不作为国家赔偿制度，同时探索对具体行政人员追缴赔偿制度的建设来保障救济效果的实现；最重要的是，要完善行政不作为赔偿制度与行政诉讼制度的衔接，使二者不至于各行其道，充分保障行政相对人的合法权益。

（三）国家司法机关养老不作为诉讼及其救济

1. 国家司法机关养老不作为的基本内涵及其国家责任

法谚有云："一次不公正的审判，比十次犯罪所造成的危害还要严重。因为犯罪不过弄脏了水流，而不公正的审判则败坏了水的源头。"然而在我国当前的法制环境中，社会群众的关注点较多集中在行政不作为上，忽略了实质危害更大的司法不作为。国家所负有的通过法院的审判活动对公民受到侵害的合法权利予以补足的司法救济义务是国家最古老、最重要的义务之一。英国法学家洛克认为，国家惩罚侵权行为人的权力是由人们让渡出自身权利所构成的，因此国家负有担任公正的裁判者这一义务。①

通常来说，在出现国家司法机关养老不作为时，即司法机关及其工作人员在有法律规定的情况下，不履行、不完全履行或错误履行法定养老司法职责，未做依法应该做的事时，②司法主体就会成为"司法渎职的灭迹者、公民权利的活埋者"，③因此国家理应承担司法不作为所产生的责任。

具体到国家司法机关养老不作为，导致这一现象的成因是多种多样的，包括但不限于立法、司法体制的缺陷，部门保护主义、徇私枉法、徇情枉法、司法从业人员法治素养较低等现象。国家司法机关养老不作为的构成要件可拆解

① 参见［英］约翰·洛克：《政府论》（下篇），叶启芳等译，商务印书馆1964年版，第78页。
② 参见钟雪梅：《我国的司法不作为初探》，载《云南行政学院学报》2004年第5期。
③ 韦群林、谭世贵：《司法不作为现象及司法管理对策初探》，载《甘肃政法学院学报》2005年第11期。

为以下三个部分：其一，国家司法机关养老不作为的主体必须是司法机关及其工作人员；其二，法律法规必须对司法机关及其工作人员规定有具体的积极保障公民养老权实现的职权和职责；其三，负有该职责的司法机关工作人员未履行、未完全履行或错误履行该职责。总而言之，在我国当前的国家司法机关养老不作为环境中，国家司法机关养老不作为的本质都是司法机关及其工作人员采用消极的方式来滥用其职权，相比于司法积极侵权来说，毫无疑问是一种隐匿性更高的权力腐败。如果对国家司法机关养老不作为现象视而不见，放任自流，那么公民养老权的实现在受到严重侵害的同时也无法得到相应的救济，更有破坏我国法治国家建设进程的危险性。

2. 国家司法机关养老不作为的规制

纵观全世界范围内，司法不作为的现象自古存在。因此，各国也通过立法活动对司法不作为进行了规制，我国当然也不例外。如我国在 2013 年 1 月 9 日起施行的《最高人民法院、最高人民检察院关于办理渎职刑事案件适用法律若干问题的解释（一）》第 5 条规定："国家机关负责人员违法决定，或者指使、授意、强令其他国家机关工作人员违法履行职务或者不履行职务，或者以集体研究形式实施渎职犯罪，应依法追究负有责任人员的刑事责任；而对于具体执行人员，可视具体情节决定是否追究刑事责任或者从轻处罚。"在党的十八大报告中，也对该问题作出了进一步的强调："要更加注重法治在国家治理和社会管理中的重要作用。"司法不作为的危害性之大，从这些文件中就可见一斑。因此，要想填补司法不作为这一法治缺口，需要综合运用包括提高司法从业人员专业素养、进一步探索国家赔偿机制、加强司法程序建设、加大社会对司法的监督力度等司法管理手段，才能够确保司法不作为能够得到遏制、预防和救济，从而提高我国司法公信力，维护我国司法的公平公正。

目前就我国而言，国家司法机关养老不作为给公民养老权的实现所带来的种种困境，并非单靠《老年人权益保障法》就可以解决，而是要从俯瞰的角度来思考，从顶层法治的立场来对出现的问题予以规制。具体来讲，可以从以下几个方面入手：

第一，进一步深化我国司法体制改革进程，从而建构起成熟、管辖合理、运行独立且高效的司法制度，使司法审判的独立性得到强化，从制度层面根治"司法难作为"的问题。追根溯源，目前国家司法机关养老不作为问题的频发，与我国独立监察、独立审判制度没有切实得到贯彻执行有很大关系，因此，必须从制度层面来保障司法机关检察权和审判权的独立行使。通过对司法机关的工作机制及人财物管理体制进行改革，逐步推动司法机关检察与审判工作与行政工作的分割，以便从根本上避免国家司法机关养老不作为问题的产生。

第二，完善相关立法，提高立法的质量，使相应法律空白得到填补，从而使实践当中过多的养老司法不确定问题得到解决。就近年来看，我国立法工作不可谓成绩不显著，目前"有法可依"的阶段任务业已基本完成，但考量到接下来的时期内我国立法工作的重心将逐步转移至法律的修改上，因此立法工作的任务仍然很重，尤其是在解决国家司法机关养老不作为的难题中，立法工作必须刻不容缓地进行。

第三，强化内外部司法监督机制的构建与连接，大力加强监督的力度，使司法腐败切实受到严惩，从而保障司法公正。就我国现状而言，与其从多点出发，不如集中在关键的几点上来强化监督机制，将精力与工作重心倾斜到核心之处。要想完成这一点，既要强化各级人民代表大会的监督权，又要使检察机关的职能得到切实有效的发挥，还要从内部上加强司法机关的自律性。在通过上文所说的种种手段强化审判独立性的同时，也要预防独立审判所滋生的新的司法腐败。贯彻终身责任制，就算是业已发生的司法不作为行为也要具体到机关和个人，追究其相应责任。

总的来说，在我国国家司法机关养老不作为问题屡见不鲜的情况下，向公民提供相应的司法补救措施在实现公民养老权方面发挥着举足轻重的作用，本节所提到的措施在公民养老权受到侵害时，能够为其提供切实可行的救济途径，从而间接地保障其从生存权到经济、社会与文化等方面的权利。未来一段时间内，我国根治养老不作为的工作重点应该立足在通过司法机关来遏制行政权的滥用上。尽管通过司法渠道实现公民养老权利的救济能够弥补立法保护的不足，并在一定程度上防止行政机关在工作中的不作为、乱作为现象。但这不意味着立法机关和行政机关懈怠于履行自己的本职工作，将全部保险压在司法机关上，司法救济作为"最后的屏障"，不应在尚未穷尽其他保护、救济渠道时就动用，否则会大大增加公民维权的成本，国家的公信力也会受到质疑。

第四节　财政补贴养老保险基金内涵国家养老义务履行

自 1997 年社会保险制度在我国全面实施以来，《全国一般公共预算支出决算表》在"社会保障和就业支出"栏中均列明财政补贴社会保险基金，支持社会保险事业发展。面对每年巨额的财政补贴，势必需要厘清社会保险财务与国家财政间的关系，以及财政补贴的规范依据。明确国家财政补贴背后的动因，是解决养老基金的支付问题还是履行其义务应对人民的养老风险？也即，国家财政补贴是为解决养老保险基金的支付需求，还是另有深意，如履行社会保险养老中的国家义务。

一、财政补贴直接目的是补偿养老保险基金的政策负担

我国自建立社会保险制度以后，立法均强调推进养老保险费征缴的规范化。如，1999 年颁行的《社会保险费征缴暂行条例》第 13 条、第 23 条和《社会保险费申报缴纳管理规定》，规定了社会保险费征缴机构的职权，推动社会保险费规范化筹集。2010 年颁行的《社会保险法》第 63 条和第 86 条也规定了用人单位未缴纳社会保险费时，保费征收机构可强制征缴。2018 年中共中央印发的《深化党和国家机构改革方案》，以及中共中央、国务院出台的《国税地税征管体制改革方案》，明确了社会保险费征收机构为税务机关。前述立法和改革方案的目的在于通过强化征收机构的权限范围与征缴手段，从而提高保费征收机构的征缴能力。然而，审视历年《中国企业社保白皮书》，我国企业社会保险缴费基数的合规比例始终徘徊在低位，其中，2015 年合规比例为 38.34%，2016 年低至 25.11%，2017 年继续跌为 24.1%，2018 年增加至 27%。究其原因，在于我国养老保险基金需承担部分公共政策职能，既定规定通常会被特定形势下的公共政策改变。例如，2019 年，"国办发〔2019〕13 号"规定养老保险单位缴费可由 20% 降至 16%。2020 年中央出台了《关于阶段性减免企业社会保险费的通知》（人社部发〔2020〕11 号），降低企业的养老保险费缴纳支出，推动企业有序复工复产，支持稳定和扩大就业。《关于阶段性减免企业社会保险费的通知》出台后，各地紧跟出台细化方案，减免养老保险单位缴费部分，为企业纾困。湖北省养老保险费减免效果明显，自 2020 年 3 月底为各类企业减轻社会保险费

缴费负担 121 亿元。

实践中的养老保险费征缴政策更为灵活，地方上甚至以政策代行法律。究其原因系养老保险费支出直接影响企业收益，导致部分地区将养老保险费征缴当做政府的公共政策工具。以保费征缴比例为例，根据《国务院关于建立统一的企业职工养老保险制度的决定》（以下简称"26 号"文）和《国务院关于完善企业职工养老保险制度的决定》（以下简称"38 号"文）规定，原则上企业缴纳的基本养老保险为工资总额的 20%，例外情形则是缴费比例低于 20% 由省级人民政府确定，高于 20% 的还需报原劳动部、财政部审批。但该政策因预留有"缴费比例低于 20% 由省级人民政府确定"的例外规定，导致中央规定落实到地方时，地方政府往往有自己的判断标准，通过地方性法规和地方政府规章的方式重新落实中央立法。加之，对养老保险缴费方式的规定大多是以政策或发文形式，客观上提供了缴费比例修改的空间。地方政府在养老保险费合规征收与地方招商引资、部分企业生存之间纠结徘徊，导致独具特色的地方政策变通执行法律规定。特别是在《国务院办公厅关于印发降低社会保险费率综合方案的通知》（国办发〔2019〕13 号）出台后，明确"各省、自治区、直辖市及新疆生产建设兵团（以下统称省）养老保险单位缴费比例高于 16% 的，可降至 16%；目前低于 16% 的，要研究提出过渡办法"。随后，重庆市出台了《降低社会保险费率综合方案》，将企业职工基本养老保险和机关事业单位基本养老保险单位缴费比例降至 16%，小微企业单位缴费费率执行 12% 的标准，困难行业企业社保单位缴费基数下限从 2019 年 5 月 1 日起调整到 1800 元/月。显然，此种做法带有明确的公共政策导向，目的在于缓解小微、困难企业社保费缴纳负担，也有利于吸引投资。然而，这种做法实则将养老保险缴费作为政府社会治理的工具，无形中降低了养老保险基金的支付能力。为此，需通过财政补贴以补偿养老保险基金的损失。

二、财政补贴客观上可以缓解养老保险基金的支付压力

养老保险创设初衷在于以"团体性""互助性"的形式来防范和化解社会大规模风险。然而，解决社会风险的社会保险本身也面临诸多风险，源于养老保险的良性运转与作为集体资源的保险技术具有普遍联系。保险技术通过财务控制达到对风险的管理，通过风险的自我承担和转嫁实现对风险的抑制，进而通过事先的财务安排解除参保人对损失的担忧，保障其经济利益。如若忽视对保

险技术的运用，短期内将影响养老保险制度的运行质量，体现为保险费缴纳不足额乃至逃避缴费，难以达成财务的事先安排，直接影响养老基金运行的可持续性；长期来看，导致养老保险应对人口老龄化的内生机制将逐渐弱化并致使财务面临潜在风险。养老保险财务运转受内部的"缴费—待遇"间财务负担的技术行为影响，以及外部受国家所欲达成的社会和谐、稳定目的束缚。这种外部的束缚源于社会保险自身所承载的社会预防功能与国家所欲实现的社会和谐、稳定理想具有趋同性，实则是国家的一种政策性目的。即国家希望通过养老保险运转解决部分社会问题，从而将养老保险与国家义务紧密相连。正如前文所言，我国养老保险缴费承担了部分政府的公共政策。此时，产生的结果便是养老保险缴费降低而保险待遇支付金额增长，"现收现付制"的财务系统将难以为继，"缴费—待遇"间和谐的收支平衡状态将被打破，养老保险财务风险增加。

世界上并无完全相同的养老保险制度模式，各国养老保险模式选择与本国政治、经济制度以及保险技术运用路径等国情不无关联。因此，美国学者德沃金认为养老保险是一种"政策性"的社会安定解决方案。我国养老保险制度脱胎于劳动保险制度，经历了从单位保险到社会保险的整体变迁，政策性因素的影响在其中留下了深深的烙印。当养老保险基金充当政府的社会政策工具时，政策因素的过量介入势必冲淡养老保险运转所具备的保险机理，保险技术的效用发挥受到限制。此时，如若没有外部财力支持，养老保险财务难以靠自身运转持续维系，养老保险财务可能运转失灵。正如市场失灵需要国家干预经济关系一样，养老保险财务运转失灵也需要政府财政干预，这正是"有为"政府义不容辞的责任，何况该负担的产生乃是为代替履行政府的公共职能。一个重要例证便是我国"东三省"国企较多，养老保险基金将承担部分政府的社会职能，对养老保险基金的持续支付形成压力。仅靠养老保险"缴费—待遇"的自身运转难以为继，需要国家财政持续进行补贴。正如有媒体针对养老金支付的评论提到，弥补养老保险基金缺口不是数学题，而是政策问题。可见，财政补贴可缓解养老保险基金的支付压力。

三、财政补贴最终目的是履行养老保险基金中的国家义务

我国历来存在着"养儿防老"和"多子多福"的观念，家庭养老依然是主要的养老方式。计划生育政策的实施导致家庭结构小型化、少子化现象加速，

照护年老一代人的中间世代人数锐减，家庭养老面临挑战。在人口"少子化"和"老龄化"的趋势下，传统的家庭养老功能日渐式微，社会保险养老渐成重要补充。在社会保险养老模式构筑中，面临诸多内外部挑战，时刻危及养老保险财务的运转和永续发展。如人口老龄化对养老保险的财务平衡的冲击，在缴费率降低、赡养率升高的情况下，需财政大量补贴以平衡"缴费率＝替代率×赡养率"公式。当下，我国人口老龄化程度越发严重，表现在 65 岁及以上深度老年人口占比持续增加，预计到 2050 年，65 岁及以上人口比例将超过 20%。这直接导致赡养率从 2000 年的 0.30 持续上涨到 2017 年的 0.38。此外，我国人口预期平均寿命在过去十几年里提高了 5.1 岁，有学者通过建立高、中、低三种方案的人口预测模型，测算出即使退休年龄不改变，养老基金支付年限也会相应增加。对于财政补贴养老保险基金而言，不能简单套用数学公式测算，还应观测基金运转中的其他财务问题。从法律角度审视，国家补贴养老保险基金并不该仅仅理解为扶持和帮助，还须考虑是否存在国家养老义务命题。毕竟社会保险养老隶属民生问题，法治视野下亦属于生存权问题，以法治和生存权的意识处理社会保险养老时，应将其作为基本宪法权利问题对待，财政补贴养老保险基金并非仁慈或恩惠，而是国家履行的宪法义务。

　　当养老保险基金支付面临危机时，危及个人基本生存权，国家为照顾人民之生存责无旁贷地主动接管，体现的是有为政府为人民的担当精神，而非简单地履行某种具体职权。国家给付行政理论认为国家应对社会中危及公民基本生存权利的事件进行干预，寻求国家的积极作为以保障公民的基本生活，特别是保护社会弱者达成实质平等。家庭养老模式中，主要体现公民对自由权利的行使，在道德和法律约束下子女履行照顾长辈的义务；与之相对应的养老保险则建立在大数法则基础之上，个人力量履行社会照顾义务显得杯水车薪，需要国家的加入。换言之，国家与公民关系的主轴应是国家义务与公民权利的关系，而非国家权力与公民权利。公民养老保险权利保障不能寄希望于国家权力，而应仰仗于国家义务。此时，当个人或较低层级的团体均无法满足公民基本生存需求时，国家不得再消极地不作为，应责无旁贷地负起积极支援、协助乃至承接的义务。我国养老保险由国家开办，养老保险基金的管理、运行和支出均由国家负责，这也从侧面论证了国家在实践运作中已经设计了承担必要义务的规则。另外，养老保险制度牵涉社会资源重新分配，财政补贴还关系对国家财政的限制，故应具备必要的宪法规范。《宪法》第 45 条对此论证进行了有力回应，提出我国公民在年老等情形下，有从国家和社会获得物质帮助的权利，国家发展为公民享受这些权利所需要的社会保险。可见，财政补贴养老保险基金是践行现代法治国家在社会保险养老中对人民生存照顾的国家责任。

由此，不难看出：第一，养老保险经办部门在养老义务的履行方面，往往会发生"销声匿迹"的现象。比如，当出现公民养老金发放不及时，公民养老保险缴纳不及时，养老配套设施缺乏等情况，其背后的本质在于养老保险经办部门怠于行使职能，导致漠视对公民养老权益保护。肇因于国家义务的界限是由公民的基本权利所构成的，因此必须运用"将权力关在制度的笼子里""运用社会权利来制衡公共权力"等理论来确保养老保险经办部门的有效合法运行，确保通过义务的形式来给予公权力一定的制约，为其构造出特定的自我约束机制，从而保障公民养老权的实现。

第二，"养老义务实现的国家义务"的可诉性问题是论证公民养老权益受到侵害时是否能为公民提供救济的司法性问题。因此，"养老义务实现的国家义务"可诉性在本质上是一种可能性，一种在公民的合法养老权益受到侵害时，权利主体能够通过公权力机关的特定争议解决机制，来寻求因其权利遭受侵害获得救济的可能性。

第三，政府部门怠于履行公民养老权实现的国家义务的行为，本质上同国家采取积极行动侵犯公民养老权的行为一样，都是对宪法中所规定的公民基本权利条款的违背。换句话说，当政府部门不履行实现公民养老权的国家义务时，将会导致国家赔偿和国家补偿等责任的产生，与此同时公民也就拥有了相应的请求救济的权利基础。在我国目前的养老服务改革体系中，政府逐渐加大在诸如养老服务购买等市场经济行为中的参与度，在政府提供的养老服务水平逐渐提升的过程中，由于权力寻租空间的扩大，失控的政府权力可能沦为养老服务供给的"污染者"。因此，要想扬长避短，必须加大政企、政资、政社的分离程度，建设奉行"权力即义务"理念的服务型政府。

第四，总的来说，国家不履行其相应的公民养老权实现义务实际上是违法行为的一种，在国家不履行该义务时，就会产生立法不作为诉讼、行政不作为诉讼及司法不作为诉讼等问题，诉讼作为救济手段一般而言都具有终局性，因此必须保障这些诉讼渠道的通畅。

128

第六章　公民养老权国家尊重义务：个人养老金的制度实践

第一节　个人养老金中的国家尊重义务缘起

个人养老金制度的构建体现了公民养老权的国家尊重义务。根据国家统计局发布的《第七次全国人口普查公报（第五号）》显示，我国60岁及以上的老人已超过2.6亿人，其中65岁及以上人口超过1亿人，与2010年第六次全国人口普查相比，60岁及以上的人口比重上升5.44个百分点，65岁及以上人口的比重上升4.63个百分点。与此同时，15—59岁人口的比重下降6.79个百分点，[1]意味着我国已经进入老龄化社会，[2]并且十年间老龄化社会程度在逐渐加重。完备的养老保险制度将会成为制约我国经济发展的关键因素。在党的十九大报告中明确指出，"积极应对人口老龄化，构建养老、孝老、敬老政策体系和社会环境"[3]是改善民生水平的重中之重。

我国养老保险制度经过多年发展已经形成了以基本养老保险为第一支柱、企业年金为第二支柱、商业养老保险为第三支柱的养老保险体系，其中尤以第

---

[1]　《第七次全国人口普查公报（第五号）》，参见国家统计局，http://www.stats.gov.cn/ztjc/zdtjgz/zgrkpc/dqcrkpc/ggl/202105/t20210519_1817698.html，最后访问日期：2021年12月10日。

[2]　根据联合国常用的人口老龄化划分标准：一个国家或者地区的60岁以上人口占总人口的比例达到10%或者65岁人口占总人口的比例达到7%，即标志着该地区进入了老龄化社会。

[3]　《决胜全面建成小康社会　夺取新时代中国特色社会主义伟大胜利》，共产党员网，https://www.12371.cn/2017/10/18/ARTI1508330185050793.shtml，最后访问日期：2022年3月21日。

三支柱个人储蓄型养老保险和商业养老保险发展最为薄弱。第一支柱的基本养老保险制度以政府强制性的缴纳为公民提供基础的养老保障，故而基本养老保险是三大支柱中基础的存在；第二支柱企业年金是雇主针对员工建立的另一类型的养老金，体现了对基本养老保险的补充作用，提升以基本养老保险作为基础的公民养老保险待遇；第三支柱商业养老保险、个人养老金是在第二支柱的基础上更深层次的养老待遇的提升，以个人为主导，是针对人民日益增长的美好生活需要和不平衡不充分的发展之间的矛盾对养老保险待遇作出的提升改革。相比而言，我国个人养老金制度的发展起步较晚，然其作用不可小觑，是国家、企业等主体主导的养老保险制度的延伸和补充，是以个人为主要定位、以市场化运营为特色、以政府政策支持为保障的养老保险制度。但从我国目前养老保险制度发展来看，第三支柱养老保险制度发展严重失衡，有关个人养老金的商业养老保险尚处于试点状态，并未起到应有的"支柱"作用。个人养老金覆盖面不广、配套制度不完善。

为激励个人养老金制度的发展，健全多层次、多支柱养老保险体系，2022 年 4 月，国务院办公厅发布《国务院办公厅关于推动个人养老金发展的意见》（以下简称《意见》），《意见》提出"推动发展适合中国国情、政府政策支持、个人自愿参加、市场化运营的个人养老金，与基本养老保险、企业年金相衔接，实现养老保险补充功能"。《意见》明确了个人养老金与以往商业养老保险的区别，亦提出通过政府政策支持协调其他养老保险的发展路径。个人养老金制度是我国养老保险制度中首个公民个人参与、市场化运营与国家制度背书的养老保险制度，但对于个人养老金的法律规定少之甚少，个人养老金的运行、激励机制、监督机制等都缺乏具体的制度落实，国家应履行何种义务、应通过何种路径履行亦缺乏相关规定。

本章对个人养老金制度中国家应履行的义务进行研究，旨在构建一个完善的个人养老金制度框架，以制度指导实践，健全养老保险体系。本章首先探讨个人养老金制度的背景和历史沿革，以此为基础论证国家在个人养老金制度运行过程中需要履行的义务，通过现实图景、理论支撑、规范证成对国家尊重义务予以深层次的剖析。最后探寻个人养老金制度中国家尊重义务的内容包括哪些？国家应该通过何种路径来履行国家尊重义务？

第二节　个人养老金的制度背景和历史沿革

一、个人养老金的制度背景

个人养老金制度属于我国养老保险三大支柱体系中的第三支柱，而"三支柱模式"最早追溯至 1994 年 10 月世界银行发布的《防止老龄危机——保护老年人及促进增长的政策》一文中，该报告首次提出了三支柱模式，旨在通过三个支柱模式结合来应对单一体制内老龄化带来的问题，[①]三支柱模式主要包括以下三个支柱：其一，法律强制的公共养老金，即国家政府强制要求公民参与的公共养老，旨在给退休的老人提供最基础的保障，于我国体现为基本养老保险制度；其二，企业和个人共同缴费的企业年金，即由个人和企业共同缴费累积成为公民退休后的养老金，体现职业养老对基本养老压力的分担，于我国体现为职工养老保险；其三，个人养老储蓄金，个人为防范老年风险基于个人意愿而积累储蓄的个人养老金，于我国体现为商业养老保险以及个人养老金制度。三支柱模式下的养老金涵盖了国家、企业和个人对养老风险的承担，其中第三支柱个人养老金制度也由此而来，是在第一支柱和第二支柱之后开启的个人养老金储蓄计划。

个人养老金制度相比较于第一支柱和第二支柱更为独立和自主，其运行模式和运行宗旨与其他两个支柱的养老保险模式有所区别。以欧美国家为例，近年来，其大力推行个人养老金制度以预防和提前预防第一支柱对于公民养老带来的风险，英国素以典型福利国家闻名，其第一支柱养老金制度发展完善。但在新一轮养老金制度改革中，国家开始引导高收入群体退出第一支柱养老金并投入第三支柱个人养老金制度。[②]比起英国有关第三支柱个人养老金制度的改革，美国于 1974 年建立起了以个人退休账户为主要模式的第三支柱个人养老金制度，美国的养老保险体系更偏向于支持第三支柱个人养老金制度的发展，其在 50 年的时间里扭转了早期养老保险体系过度依赖第一支柱的非均衡态势。[③]世

---

①　参见世界银行：《防止老龄危机——保护老年人及促进增长的政策》，中国财政经济出版社 1995 年版，第 10 页。

②　参见袁妙彧：《养老保障"三支柱"制度的平衡与衔接——以英国养老金协议退出制度为例》，载《郑州大学学报（哲学社会科学版）》2010 年第 6 期。

③　参见刘同洲：《促进个人养老金发展的税收政策研究——基于美国个人养老金（IRA）的经验与启示》，载《环球税收》2022 年第 9 期。

界各国都在积极地探索第三支柱个人养老金制度于养老保险体系之中的可行模式，第三支柱养老金制度正在成为养老保险发展中的一个新趋势。任何一个制度的产生和发展都是基于社会生活发展的需求。个人养老金制度的产生和发展源于老龄化日趋严重的时代背景之下，国家继续寻求新的制度缓解日趋严重的养老压力。

随着人口老龄化对国家和社会的影响不断扩大，个人养老金制度应运而生。首先，养老保险体系发展不均衡。目前世界范围内的人口老龄化程度在普遍加深，并且伴随着人均生活水平的普遍提高，医疗水平逐渐发达，人均寿命也不断延长，这意味着第一支柱国家养老金需要承担的人口比例越来越高，承担的养老期限越来越长；同时，作为第二支柱的企业职工年金也会因职工的养老退休导致所占比例逐年递减，而养老保险作为典型的世代合同[1]保险模式，意味着越来越少的劳动人口供养越来越多的老年人口，第一支柱与第二支柱所面对的扶养压力与日递增，亟需新的制度模式分担扶养压力。其次，个性化的养老需求无法得到满足。养老作为人生的头等大事，古话有"养儿防老"，可见养老是作为奋斗一辈子的公民对于人生最后的期许，若能享受优渥的晚年生活对于社会平稳、社会幸福度都会有一个明显的提升，但是按照第一支柱和第二支柱的养老金模式来看，其所保障的是公民的基本养老生存需要，并未满足公民老年深层次的需求。最后，由于第一支柱基本养老保险替代率较高，[2]公民对于个人养老金的依赖程度较高，缺乏参与个人养老金制度的直接动力。实际而言，若要实现公民深层次的需要，必须立足于足够优渥的物质条件基础之上，方能得以实现。个人养老金制度作为个人参与的养老金制度，有望为公民提供深层次的养老服务。

二、个人养老金的制度历史

追溯个人养老金的制度历史，需要追溯三支柱在我国的发展历史，作为世界公认的三大支柱养老保险体系，在我国的法律文件中适用的是多层式而非多支柱。1991年6月，国务院颁布《国务院关于企业职工养老保险制度改革的决

---

① 参见郑尚元：《社会保障法》，高等教育出版社2019年版，第125页。
② 参见吴祥佑：《个税递延型养老保险的累退效应及克服》，载《税务与经济》2014年第1期。

定》，在该决定中提出"随着经济的发展，逐步建立起基本养老保险与企业补充养老保险和职工个人储蓄性养老保险相结合的制度，改变养老保险完全由国家、企业包下来的办法，实行国家、企业、个人三方共同负担，职工个人也要缴纳一定的费用"。其中提出的职工个人储蓄性养老保险制度具有现今个人养老金制度的雏形，更为重要的是国家首次提出了国家、企业、个人共同负担的三支柱模式，其中基本养老保险与企业补充养老保险和职工个人储蓄性养老保险相结合从直观上体现出国家对个人储蓄型养老保险的倾向，亦体现出个人养老金在我国养老保险发展阶段已经开始布局，国家已经将个人养老金纳入养老保险体系的发展范畴，只是当时并未确定个人养老金的发展形态，个人养老金制度的确定是对早期个人储蓄型养老保险制度的落实。2014年8月10日，国务院发布《国务院关于发展现代保险服务业的若干意见》，意见提出"研究完善加快现代保险服务业发展的税收政策。完善健康保险有关税收政策。适时开展个人税收递延型商业养老保险试点"。国家明确提出个人税收递延型商业养老保险制度，标志着国家对于建立三支柱模式的养老保险体系迈出重大的一步，对于第三支柱的个人储蓄型商业养老保险开始进行有益的探索。随后在2018年4月财政部等相关部门发布《关于开展个人税收递延型商业养老保险试点的通知》，国家开始在上海市、江苏省、福建省和厦门市四个省市开展试点工作，标志着我国养老保险体系第三支柱正式开始，为实现制度的保驾护航，同年5月，中国银行保险监督管理委员会制定发布了《个人税收递延型商业养老保险业务管理办法》作为配套制度。个人税收递延型商业养老保险制度是第三支柱的试点与创新，标志着国家开始完善三支柱模式养老体系。

2019年11月，中共中央、国务院于《国家积极应对人口老龄化中长期规划》中将"夯实应对人口老龄化的社会财富储备"作为一项重要任务，提出"通过扩大总量、优化结构、提高效益，实现经济发展与人口老龄化相适应"的建议。通过上述内容可见，国家对于第三支柱个人储蓄制度的发展历时三十年之久，个人储蓄养老是养老保险体系中不可缺少的一个环节。2022年4月，国家首次颁布了《国务院办公厅关于个人养老金发展的意见》（以下简称《意见》），《意见》中指出"推动发展适合中国国情、政府政策支持、个人自愿参加、市场化运营的个人养老金，与基本养老保险、企业年金相衔接，实现养老保险补充功能"。《意见》明确了个人养老金制度的概念、参加范围、制度模式、缴费水平、税收政策、个人养老金投资、个人养老金领取、信息平台和运营监管等内容，对个人养老金制度作出了基础的内容规定。

三十年来，我国第一支柱基本养老保险覆盖人口逐年递增，在老年保障方面取得显著成效，第二支柱相比第一支柱发展缓慢，但整体稳步前进。我国养老金制度从公共养老金账户到私人化的个人账户①到个人养老金，逐渐厘定国家、企业以及参保人之间的养老责任，控制国家和政府的责任，明确企业和用人单位的责任，强化参保人个人的责任。②第三支柱个人储蓄商业保险目前正处于起步阶段，个人税收递延型养老保险还处于试点阶段，而个人养老金制度刚刚开始发展施行，我国个人养老金制度落地较迟，尚处于萌芽阶段，从发展的角度来看，个人养老金制度缺乏一套完善的运行机制，缺乏系统的法律制度保驾护航，个人养老金制度可以吸取个人税收递延型养老保险制度发展中的一些经验和教训，但是亦应明确两者之间的区别，各有侧重地进一步完善。

第三节　个人养老金国家尊重义务的现实图景及法律支撑

一、个人养老金国家尊重义务的现实图景

其一，个人养老金是基本养老保险制度的重要补充。个人养老金属于典型的第三支柱养老保险，按照我国目前的养老发展局面，发展个人养老金制度是我国养老保险体系突破困局的优中之解。目前，我国人口数量基数庞大，按照比例计算，老年人口基数亦十分庞大，同时人口老龄化速度在逐渐加快。对于第一支柱而言，人口老龄化的压力直接转化为带来的基金的负担，基于第一支柱基本养老保险制度的价值普及，第一支柱还需不断扩张规模以实现全覆盖的基本养老保险制度，同时需考虑转制成本偿还的问题，③还存在基于全国统筹与个人账户结合导致员工个人账户亏空的风险问题。第二支柱企业年金由于我国目前经济发展导致工种种类复杂，纵然有国家强制力保障企业养老保险的缴纳，

---

① 参见华颖：《中国社会保障 70 年的国际借鉴》，载《中国人民大学学报》2019 年第 5 期。

② 参见郑功成：《中国养老金：制度变革、问题清单与高质量发展》，载《社会保障评论》2020 年第 1 期。

③ 参见杨复卫：《基本养老保险财物的"外部负担"及其法律化解》，载《保险研究》2020 年第 10 期。

但参保所占人口比例不容乐观。鉴于此，个人养老金制度的推行从时代的角度被赋予巨大的使命，是对我国养老保险体系的一种补充。

其二，个人养老金制度作为新生事物，[①]需要政府和国家的背书。《意见》中指出，个人养老金实行个人账户制度，参保人通过个人养老金信息管理服务平台建立个人养老金账户，并可以使用个人养老金账户的资金在规定的销售渠道购买金融产品，并自行承担风险。个人养老金制度区别于传统的养老保险制度，充分体现了参保人员的个人自由意志，自愿选择参加，自愿选择参保数额（仅对最高额度限制），自愿购买金融产品，自行承担风险，等等。但上述自主选择的背后需要国家的介入，主要体现在以下几个方面：首先，个人养老金制度的发展是根植于公开公平公正的市场竞争环境之中，意味着必然存在一定的市场主体参与市场运营，如何在复杂的市场环境之下保证《意见》中提到的公平市场环境，必然需要国家承担一定的责任。其次，个人养老金信息管理服务平台的搭建是个人养老金制度能否顺利运行的关键。若个人养老金信息管理服务平台交由市场主体搭建和运行，参保人员积累的庞大的个人养老基金池会带来巨大的风险，因而需由国家监管的机构代为运行，方可既保持个人养老金制度的市场化运营特色，又可避免市场化运营带来的巨大风险。再次，个人养老金制度与养老金融存在链接关系。养老金融是参保人员利用个人养老金积累的资金购买资产管理产品从而实现个人养老金增值的金融方式。但我国关于养老金融的法律制度尚不健全，养老金融制度亦需要国家方面予以完善。最后，从激励个人养老金发展的角度出发，《意见》中规定通过采用税收优惠的方式激励公民参与个人养老金的缴纳，但是税收优惠如何具体落实，以及税收优惠力度如何确认亦需国家予以规定。

其三，个人养老金制度覆盖范围广，涉及大多数群众的基本利益。个人养老金制度不同于其他支柱养老保险制度的运行模式，基本养老保险制度需要国家基础保障运行，国家行政机关的工作能力决定了基本养老保险的覆盖范围。职工企业年金仅仅限于有正式工作且企业愿意为职工缴纳保险费用的公民，而我国存在大量的自由职业人员，其养老保险处于相对缺乏保障的状态。个人养

---

① 参见房连泉：《个人养老金公共管理平台的国家经验与政策启示》，载《华中科技大学学报（社会科学版）》2020 年第 2 期。

老金是公民自愿参与、自行投资的养老金储蓄模式。灵活就业人员可以通过参与个人养老金信息平台提高其抵抗养老风险的能力。①按照《意见》中对于参加范围的规定，"在中国境内参加城镇职工基本养老保险或者城乡居民基本养老保险的劳动者，可以参加个人养老金制度"。个人养老金的制度参加者仅仅限定在基本养老保险的参保范围内，意味着只要参加了基本养老保险制度，就可以参与个人养老金制度，亦可以享受个人养老金制度模式里的所有优惠和福利。国家对于个人养老金制度的参保人范围给予了最大限度的可能，若激励手段得当，个人养老金制度的覆盖范围将有可能会超过目前职业年金的覆盖人口。庞大的运行体量必然会带来相应的问题，由于是公民自愿参保，纵然国家对参保金额作出了限制，但其产生的资金池数额依旧会很庞大，加之允许投资交易，综合产生的交易总量都值得行政机关特别注意，故而国家需要履行运营和监管义务，对个人养老金制度的整体发展提供明确的指引。

二、个人养老金国家尊重义务的理论基础

国家尊重义务体现的是公民和国家之间的关系，其为宪法中尤为重要的关系。②故而探讨个人养老金与国家尊重义务之间的归属关系，必然需要探讨公民在个人养老金制度中与国家之间的关系，其所体现的公民权利是否符合传统法哲学理论中的国家尊重义务所彰显的关系。"权利是作为社会福利的政治基础而与社会福利问题发生联系的，人类的权利本质是福利权利，而福利权利的现代理论形式就是公民权利。"③作为与公民权利相对应的国家尊重义务，"现代宪法权利理论认为，国家尊重人权的义务并不仅仅局限于国际人权公约中的公民权利和政治权利，在经济、社会和文化权利方面，国家也负有义务"。④公民将一部分权利让渡给国家形成国家权力，国家享有一定的权力则需负担为公民提供服务的义务，因而可以说公民权利产生国家权力，国家权力为公民权利服务，⑤从

---

① 参见孙守纪：《构建第三支柱养老保险总个性管理平台》，载《中国保险》2021 年第 4 期。
② 参见许崇德主编：《中国宪法》，中国人民大学出版社 1996 年版，第 34 页。
③ 叶响裙：《中国社会养老保障：困境与抉择》，中国社会科学文献出版社 2004 年版，第229 页。
④ 张震：《社会权国家尊重义务的实践维度——以公租房制度为例》，载《当代法学》2014 年第 3 期。
⑤ 参见周叶中主编：《宪法》，高等教育出版社、北京大学出版社 2000 年版，第 256 页。

而产生国家尊重义务，故而探讨国家尊重义务必须从公民权利的角度出发，尤其是从公民的基本权利出发，主要从公民的人格尊严、生存权以及物质帮助权等三个角度详细阐述，以期明晰个人养老金和国家尊重义务之间的关系。

（一）人格尊严需求

何为人格尊严？以日本宪法所规定之人性尊严是为"个人尊重"，即一个人对另一个人在人格上的尊重，但尊重的概念涵义过于宽广，人格尊严与人性尊严的界定不应单单从道德的角度而应从法的角度去考虑两者的区别。"法只适用于人，国家也是为人而存在。"[①]任何一个人格都应具有其独特的意志，其独特的意志能够获得其他个体的尊重，有德国学者认为"人性尊严属于每个个人自己以及自己所想要的价值，构成个人本质上不可放弃的要素，基于该尊严，人类方能具有自我发展的源泉动力"。[②]由此可见，人格尊严是一个人发展过程中的固有属性，人性尊严"作为一个人都具有的共同普遍的人格特性，故而成为有尊严的存在，但并非被抽象化的存在，而是精神与肉体不可分的结合中，在现实社会的严酷状况下，常常必须带着痛苦与挫折，而仍能坚持过着自律生活的具体的人的存在"。故而法律必须对人性尊严的尊重作出表现，任何一项基础的权利都需要以人性尊严作为基础的考量因素，从而实现基本的权利价值观。

人性尊严作为基础的价值理念，是公民永恒追求的目标，也是国家尊重义务的理论基础之一，人性尊严可以通过实践与程序在法律的国度里实现，人性尊严在法律国度里的体现以基本权利的实现作为表现方式，基本权利是体现人们个性尊严的诠释，基本权利要求"人们在自然法范围内，按他们认为是合适的办法，决定他们的行动和处理他们的财产和人身"。[③]个人的人性尊严体现在个人对于基本权利的行使，上述提到的财产和人身都在一定程度上反映了自由的权利，个人将基本权利诉诸国家，希冀国家能够在其让渡的部分权利之内基于对以上基本权利的回应。由此引发了国家尊重义务和基本权利之间的关系，亦即国家尊重义务和人性尊严的关系，国家尊重义务是人性尊严要求所产生的国家的表示结果。因而，从个人养老金制度的角度出发，个人养老金制度是为了保护养老公民在老年之时所追求的上述的人性尊严，以更为实际的经济利益

---

①　蒋银华：《论国家尊重义务的价值基础》，载《行政法学研究》2012 年第 1 期。

②　李震山：《人性尊严之宪法意义》，载《中国比较法学会报》第 13 期。

③　［英］洛克：《政府论》，商务印书馆 1985 年版，第 5 页。

促成对基本人性尊严的保护，其中所涉的是保留老年人在人生黄昏时光所追求的人性尊严，国家自应提供一定的帮助来实现。由此可见，个人养老金中公民的个人人性尊严是国家尊重义务的存在前提、基础与目的，①国家有履行个人养老金制度的义务。

（二）生存权保障

生存权的权利概念和属性在学界一直存在各种争议，日本的著名学者大须贺明认为，生存权是一项具体的权利，立法机关有义务制定法律以确认和形成生存权保障的具体内容、方法和程序，行政机关有义务采取措施促使公民生存权的实现，当公民的生存权受到侵害并诉请司法审查时，司法机关有义务依据宪法的相关规定给予司法救济。②生存权所主张的是人对生命的权利，人从出生开始便具有追求生活在社会之中的权利，相比而言，比自由权更为高贵。生存权自氏族社会开始便受到重视，如果没有了生存，人类无法进行任何社会活动，氏族社会的捕猎、种植、繁衍都需要生存的基础存在，封建社会王权的建立以及王权的更迭，其背后皆是人类对于生存的追求，若不是统治者让普通百姓难以生存，谁又须冒着如此风险反抗起义呢？现代社会各项权利在法律制度的保障下得以进一步迈向更为文明的阶段，但是生存无疑还是各项基本权利之首，无论是"天赋人权"还是"君权神授"，生存权都是其基本权利的重要组成部分。在自然法学派中，生存权被称为自然权利，乃至国际的各种人权公约和人权宣言中无一不确定了生存权作为人类的基本权利，因为生存权是人类各种活动的起源。但是生存权应该涵盖哪些内容在学界存在一定的争议。

广义的生存权包含与生命有关的所有权利，狭义的生存权则是指社会上的弱者或贫困者向其他人请求帮助的权利。然而生存权的本源性内容指的是最低生活水准权，具体包括生命的维护、有尊严的生活和安全的生活。③由此可见生存权既作为一项具体的权利存在又不可避免地与其他权利存在很强的联系，诸如财产权、自由权、社会保障权等，财产权、自由权与社会保障权的实现奠定了生存权的更高标准，而生存权的实现是其他权利落实的基石。为了实现对生

① 参见杜承铭：《论基本权利之国家尊重义务：理论基础、结构形式与中国实践》，载《法学评论》2011 年第 2 期。

② 参见〔日〕大须贺明：《生存权论》，林浩译，元照出版公司 2001 年版，第 91 页。

③ 参见汪进元：《论生存权的保护领域和实现路径》，载《法学评论》2010 年第 5 期。

存权的保护，有学者认为其保障体系应该包括法律、制度和物质，学者认为应该在宪法和法律上加以明确规定，在制度上予以体现和保障，在物质上对生存权的实现提供条件和保障。①无论是法律还是制度以及物质，都是国家对于公民基本权利实现所需履行的义务，对生存权的保护离不开国家尊重义务的身影。个人养老金制度是对公民年老之时的基本生存提供保障，在此基础之上提供更加丰富的服务，是在维护老年人基本生命的基础之上提供有尊严的生命以及安全的生活，是对生存权的真实写照，从生存权角度来看，国家对于个人养老金制度需要履行国家尊重义务。

（三）物质帮助权实现

"物质帮助权作为公民基本权利的重要组成部分，是对社会贫弱群体给予国家照顾的直接依据。"②物质帮助权作为公民的一项基本权利，"是指因特殊原因，公民通过正当途径难以获得生存所必要的物质条件时，可以向国家或者社会请求获得帮助的一种权利"，③而导致公民贫困生活难以为继的原因包括自然原因和社会原因，国家基于公民的基本权利与国家尊重义务之间的关系，对公民予以实际的物质救助。物质帮助权对于公民的法律地位体现在以下几个方面，首先，物质帮助权作为公民基本生存保障的最后一道防线，赋予了公民享有的一项基本权利；其次，物质帮助权满足了公民获得救济的需要，公民具备了司法救济的权利基础，得以司法手段保护受侵犯的权利；再次，物质帮助权满足了上述提到的公民的人性尊严，以国家和社会的角度维护了公民最基本的人性尊严；最后，物质帮助权不仅从本质上满足公民获得救助的需要，还从实体权利的角度对任意侵犯公民物质帮助权的国家和社会组织予以排斥。④基本权利的内容体现了国家对于公民贫困之时的基本帮助。

物质帮助权作为公民的一项基本权利，必然具备基本权利的国家尊重义务，"基本权利的国家尊重义务有其宪法哲学基础，是权利需要决定了国家尊重义务，作为客观规范或客观价值秩序的基本权利理论为宪法权利国家尊重义务的

---

① 参见李龙：《论生存权》，载《法学评论》1992 年第 2 期。

② 原新利、龚向和：《我国公民物质帮助权的基本权利功能分析》，载《山东社会科学》2020 年第 2 期。

③ 周敬敏：《社会保障基本国策的规范体系与实施路径》，载《政法论坛》2021 年第 3 期。

④ 参见雷磊：《法律权利的逻辑分析：结构与类型》，载《法制与社会发展》2014 年第 3 期。

存在提供了宪法哲学基础"。①由于公民具备物质帮助权，故而国家负有相对于物质帮助权的国家尊重义务，个人将权利让与国家，国家则需履行义务保护公民的基本权利，国家尊重义务与公民权利如此——对应。回溯到个人养老金制度，是公民年老之时基本生存保障的需要，个人养老金制度为公民养老提供了更多样化的选择，以基本生存需要为基础提供更为有尊严的养老服务，国家理应提供一定的物质帮助，以带动个人养老金制度的推行。目前基本养老保险制度已经基本实现公民在老年时获得基本的生存保障，但如何实现更高层次的生活水平并未得到有效解决。个人养老金制度从公民年富力强之时开始的储蓄型养老制度是作为公民年老之时提升生活水平的制度，物质帮助权在实现公民基本生存保障的问题之后，不应再局限于帮助公民解决贫困的救助问题，而是在提升公民的生活水平上提供保障的基本权利，国家亦应该为之提供相应的国家尊重义务。

三、个人养老金国家尊重义务的规范证成

个人养老金制度作为社会保障制度中的重要组成部分，其运行离不开国家的法律规范体系。在我国的法律体系中，从最高位阶的宪法到基本法律以及行政法规等其中具体的条款都有个人养老金制度的身影，从原则到具体实施决定了国家尊重义务在个人养老金制度中的体现。

（一）个人养老金国家尊重义务的宪法依据

"我国七五宪法、七八宪法都以根本法的形式规定了劳动者在年老时有获得国家物质帮助的权利并逐步建立和发展了为公民享受这些权利所需要的社会保险、社会救济和医疗卫生事业。"②《宪法》第 14 条第 4 款即"国家建立健全与经济发展水平相适应的社会保障制度"。从基本国策的角度考虑，社会保障制度开始作为我国的一项基本国策，该条款在 2004 年修订宪法时加入。"根据基本国策的宪法委托效力，国家机关的职权行使不得与社会保障基本国策的精神相悖，并负有实现该目标的义务。"③该条款从制度层面提出国家需要建立健全与社会

---

① 杜承铭：《论基本权利之国家尊重义务：理论基础、结构形式与中国实践》，载《法学评论》2011 年第 2 期。

② 马新福、刘灵芝：《公民养老权涵义论析》，载《河北法学》2007 年第 9 期。

③ 周敬敏：《社会保障基本国策的规范体系与实施路径》，载《政法论坛》2021 年第 3 期。

保障制度相关的法律制度，社会保障则是包含社会保险、社会救助、社会优抚等诸多保障民生的制度。国家以建立表明弥补社会保障制度的空白，以健全表明完善社会保障已有制度的缺陷。

《宪法》第 33 条规定"国家尊重和保障人权"。上文所述人格尊严和生存权属于人权中的基本权利，宪法从基本权利的角度为社会保障的权利提供了明确的宪法依据。《宪法》第 44 条规定"退休人员的生活受到国家和社会的保障"，该条款是对我国退休权制度的规定，在企业事业单位的职工和国家工作人员退休后，国家保障退休人员享有相应生活待遇的权利。①《宪法》第 45 条规定"中华人民共和国公民在年老、疾病或者丧失劳动能力的情况下，有从国家和社会获得物质帮助的权利。国家发展为公民享受这些权利所需的社会保险、社会救济和医疗卫生事业"。在第 45 条规定中，宪法首先明确了物质帮助权的性质和特点，物质帮助权作为公民养老保险的源权利之一，在公民因为年老、疾病和丧失劳动能力而生存难以为继时，国家负有物质帮助的义务，相比而言，物质帮助权属于较低水平的保障，而个人养老金制度属于较高水平保障，是为满足公民养老差异化需求而设立的养老保险制度。宪法提出国家尊重并保障人权，而人权是个人养老金制度追求的价值之一。《宪法》第 45 条对社会保险作出了明确的规定，国家负有提供养老保险以确保公民老年生活得到足够照顾的义务，以保障公民老年生活的生存和生活需求，个人养老金作为养老保险制度之一，国家理应提供满足公民更高水平养老需求的制度保障。

（二）个人养老金国家尊重义务的法律依据

《社会保险法》第 3 条规定"社会保险制度坚持广覆盖、保基本、多层级、可持续的方针，社会保险水平应当与经济社会发展水平相适应"。社会保险制度的发展要求中明确规定了从范围到远景。"广覆盖"要求社会保险覆盖的人群足够广泛，尽可能地覆盖社会的绝大多数人口。"保基本"要求社会保险必须保障公民的基本生存和生活需求。"多层次"则是确立了社会保险制度建构的法定方针，即由托底层、补充层和主干层共同组成整个的社会保障体系架构。②其中托底层是以最低的生活保障作为其实现的价值依据，而补充层则是在保障最低的

---

① 参见许崇德主编：《宪法学》，高等教育出版社 2005 年版，第 378 页。

② 参见冯祥武：《实施〈社会保险法〉应解决的十四个问题》，载《中国劳动》2011 年第 8 期。

生活基准基础之上提供了更高层次的社会保障。主干层则是提供了整个社会保险的主体框架，使整个社会保险得以正常运行。"可持续"体现在社会保险必须具备长久的生命力，一旦开始，便可以持续长久地运行下去。国家建立以基本养老保险为主体，雇主建立的企业年金和机关事业单位建立的职业年金、个人投资购买的商业养老保险为补充的三层次养老保障网络。[①]以养老保险为例，基本养老保险属于托底层，而企业年金、商业养老保险则属于补充层，个人养老金制度属于商业养老保险制度中的一种新尝试，是作为社会保险多层次中的补充层次而出现。现行基本养老保险制度是以世代合同作为运行的基础逻辑，年轻人缴纳养老保险费用提供给老年人养老金，制度得以运行的前提是存在足够的年轻一代提供充足的养老金供养老年一代，故而国家制定鼓励生育的政策目的在于防止老年化过于严重，防止养老保险制度不能维持。个人养老金制度以公民个人缴纳资金投资运行作为核心基础，资金的稳定持续性决定了个人养老金的生命力。从防范化解风险角度考虑，需要保证个人养老金资金的风险尽可能地降到最低，仅仅依靠市场的作用难以实现，必须依靠国家的帮助。

第四节　个人养老金国家尊重义务的履行内容

个人养老金的核心特征是个人享受财税政策支持。[②]个人养老金作为我国养老金制度的补充制度之一，其本质为公民提供了一个新的养老金选择，为国家丰富了养老金制度的种类，提高了国家和社会应对养老风险的能力，然而国家对于个人养老金的履行义务内容并不明晰，需要从制度模式、待遇给付以及投资收益等方面对国家尊重义务进行分析，探讨国家尊重义务的履行内容。

一、个人养老金制度模式构建

根据《意见》的规定，我国个人养老金采用个人账户制度，缴费完全由个

---

① 参见房连泉：《全面建成多层次养老保障体系的路径探讨：基于公共、私人养老金混合发展的国际经验借鉴》，载《经济纵横》2018年第3期。
② 参见董克用、施文凯：《加快建设中国特色第三支柱个人养老金制度：理论探讨与政策选择》，载《社会保障研究》2020年第2期。

人承担，实行完全积累。①个人养老金制度目前的制度模式主要是参加人个人向个人养老金账户定期缴纳一定金额的资金，该项资金可以用来向金融机构购买金融产品，实现养老金的增值保值，其中购买金融产品的风险由参加人个人承担。从现行制度模式中可以看出，制度模式基本包括两个部分，即个人养老金参加制度、个人养老金收益制度。

（一）公民参加个人养老金制度

个人养老金制度是养老保险制度的一种，同时也是自愿性个人储蓄制度，②个人养老金制度以个人作为申请的主要形式，其内容不同于其他养老保险制度，个人养老金是"政府依据相关法律法规，通过财税激励支持、引导全体经济活动人口的，以个人养老为目的，个人自愿参加并主导的积累型养老金制度"。③以个人为基本单位的养老金制度不再考虑工作、社会等诸多方面的因素，公民个人具备更宽广的自由选择性，制度赋予了个人自由的权利，但为保障制度的顺利进行、实现制度的目的价值，制度亦应在自由的基础之上作出一定的限制。对于赋予公民自由参加权的养老金制度，国家的初始限制是个人养老金的参加门槛问题，即哪些公民可以参加个人养老金，享受到个人养老金制度带来的便利和保障。以我国养老金制度的基础探讨个人养老金制度的参加门槛问题，首先，需要考虑个人养老金制度的受众问题，是仅仅局限于目前参加基本养老保险制度的公民，还是在此基础之上予以扩充。个人养老金制度的目的是为其他养老保险制度提供一个补充作用，将其作为养老金补充备用金，以基本养老金制度受众作为主体范围有其合理性所在。除此之外还应考虑我国现行养老金制度的真正问题即是否存在未覆盖人群，能否以个人养老金制度实现养老金制度的全部覆盖，从整个养老保险体系的意义上实现真正的补充作用。因此，个人养老金的受众群体范围的确定是制度参加门槛的首要问题。其次是个人养老金制度的资金门槛问题，是否应该设立以及如何确定参加个人养老金制度资金门槛。因为资金门槛进一步决定了个人养老金制度的覆盖范围。对于个人养

---

① 参见《国务院办公厅推动个人养老金发展的意见》第 3 条。

② 参见郑秉文：《养老金三支柱理论嬗变与第三支柱模式选择》，载《华中科技大学学报（社会科学版）》2022 年第 2 期。

③ 董克用：《建立和发展中国特色第三支柱个人养老金制度》，载《中国社会保障》2019 年第 3 期。

老金制度的指导意义而言，个人养老金制度的资金门槛设立会影响个人养老金制度的最终实现。

（二）个人养老金收益制度

个人养老金制度是不同于以往的养老金制度，其除了参加主体存在特殊性之外，其收益制度亦存在特殊之处。个人养老金制度不仅赋予了个人自主的参与权、参与缴费程度，以及个人对于养老金投资的选择权。在制度模式下，个人养老金将存储于个人的专有账户，个人可以选择养老金的投资收益使用方式，可以单纯通过积累高额的养老金来享受比同期银行利率稍高的利息，获得养老金的投资收益，也可以选择购买由与个人养老金平台合作的金融机构推荐的金融产品，通过个人养老金购买金融产品的方式实现个人养老金的稳定增值。个人养老金参与人通过养老金金融投资实现个人养老金的收益，拓宽养老金融的营业范围。然而从制度层面看，个人养老金是作为公民对抗未来养老风险的一笔老年财富，若将这笔对于未来养老重要的资金投入金融理财中，必须具备完备的养老金融制度，从金融产品的选择到金融工具的使用以及金融政策工具的落实都需要一套制度作为背后的保障。个人养老金的养老金融不同于其他金融运行制度，个人养老金的养老金融从重要性角度考量安全性要大于高收益，在保证低风险投资的情况下尽可能获得较高的收益。实言，任意一项投资或者金融产品都希冀具备上述的投资待遇，但介于个人养老金的特殊性，其必须具备上述的特点方能保障个人养老金对公民参与的积极性鼓励。为达成上述个人养老金投资金融的安全性，个人养老金投资平台亦必须具备一套防备金融风险的制度，从如何筛选金融产品到提供金融产品、金融产品交割、金融产品风险防控等，虽不能完全避免金融风险，但至少应保证个人养老金的金融风险在可预估的范围之内，让公民在参与个人养老金制度后拥有参与个人养老金金融的后续，提升个人养老金的收益才是个人养老金制度的终极目的，更有利于形成正向激励，鼓励更多的公民参与个人养老金制度。

二、个人养老金的税收优惠激励

我国目前养老保险体系中，第一支柱养老保险是国家强制缴纳的基本养老保险，第二支柱和第三支柱则是由工作单位主导，实现基金积累的企业年金和职业年金，第三支柱商业储蓄型养老保险则是以自主选择为主，完全依靠个人的自愿实现的，尤其以个人养老金为例，个人养老金制度对于我国社会主义市场经济的发展提供了基础条件，对我国经济发展、国有企业改革、民生保障起到了重要作用。[①]与此同时，个人养老金制度离不开国家政策对其的支持，以我国商业养老保险的发展历程来看，商业养老保险依靠国家提供税收优惠政策来对养老保险金积累进行正向激励，并通过对税收政策的变化调整公众对商业养老保险的鼓励程度，同理，个人养老金制度亦需要通过税收优惠的政策手段实现个人养老金制度的发展。

（一）税收优惠的正向激励

个人养老金制度的目的是降低养老风险，若要实现对个人养老金参与的激励，需要从个人养老金的参与源头提供激励措施。按照目前基本养老保险和企业职工年金的运行逻辑，公民个人工作所得工资中按照比例部分用以基本养老保险的强制缴纳或作为职业年金的缴纳，通过减少公民实际到手工资用以增加未来的老年保障。两者之和并未导致公民收入减少甚或由于政策或其他原因有所增长，公民并未存在利益损失。但其养老金领取条件受到严格限制，必须等到工作退休或者不具备劳动能力时方能领取养老金。若公民将部分工资存储于个人养老金账户，其本身所具有的工资价值并未减少，甚或因为投资收益而增加未来的养老金的收益，并且其领取条件更为灵活。两者相比，个人养老金的制度优势大于基本养老保险，但个人养老金存在的风险性很大程度决定了公民选择基本养老保险而非选择个人养老金，由于其背后缺乏国家和政府的强制力背书，导致公民由于风险性而缺乏对其的信赖。从制度模式的缺点来考量，个人养老金缺少一项不同于其他养老保险的制度创新，该制度创新可以激励公民个人参加个人养老金，而税收优惠是成为个人养老金正向激励的优选手段之一。

税收优惠是指允许参保人在工作期间向个人养老金账户缴纳一定额度的个人养老金从而免去其应缴纳税收金额的部分或者全部，以此实现个人养老金的正向激励作用。除了直接免去个人养老金的税收之外，还可采取个人养老金参保人享受延期缴纳个人所得税，即个人养老金参保人在工作期间税前限额列支缴费金额，免于缴纳个人所得税，而到符合领取条件领取养老金时再缴纳个人

---

① 参见胡怡建、刘崇珲：《完善税收政策，加快推进第三支柱养老保险发展》，载《税务研究》2021 年第 12 期。

所得税。税收优惠一方面对个人养老金的制度优势作出了提升，另一方面对个人养老金的发展提供了保障。税收优惠在极大程度上鼓励了公民个人参加个人养老金的积极性，税收优惠帮助个人养老金制度在一定程度上实现了从无到有的进步。

（二）税收优惠激励的制度逻辑

税收优惠实际就是利用税收延迟效应来刺激个人养老金发展的制度模式，[1]公民个人处于生命中的不同阶段其义务是有所区别的，但公民个人在处于劳动工作的生命阶段其纳税的义务是无法避免的。公民个人需要承担纳税的义务，通过税收优惠可以减轻公民的税收负担，提高公民的可支配收入，加速公民养老金的积累和增值。[2]一方面，公民个人税收实际减少等同于从另一个角度增加财富，提升公民的生活幸福度。另一方面，公民以参加个人养老金的方式实现另一种财富的积累，并且是对未来生活财富的保值对冲，虽然存在风险，但相比于纯粹的金融投资，税收优惠带来的个人养老金积累更为可观，个人养老金无疑从财富积累的角度对公民参与个人养老金提供一项政策上的制度支持。

税收优惠亦存在其限度和方式问题。按照《意见》中对个人养老金缴纳金额的规定，个人允许最高缴纳 12000 元，国家已经限制了个人养老金的缴纳幅度，势必对税收优惠的幅度予以相应的限制。从个人养老金制度规定来看，个人养老金制度的目标群体绝非低收入群体，对于低收入群体而言，参与基本养老保险制度是对于自身经济情况最为合适的选择，并不会选择存在一定投资风险的个人养老金，甚或并非有一定的资金参与个人养老金制度。因此个人养老金制度是针对中高收入群体的养老保险制度，尤其是针对中等收入群体的公民，高收入群体对于未来养老的抗风险能力已经足够强大，其参与个人养老金制度的意义并非很大，并且个人养老金对其所带来的税收优惠相比于每月必要支出的税收费用并未起到明显的作用，但却带来复杂程序的困扰。因此个人养老金制度是针对中等收入群体所设计的一项养老保险制度，中等收入群体有一定的资金实力参与个人养老金制度，并可以通过个人养老金制度对未来的养老风险

---

① 参见徐卫周、张文政：《个税递延型商业养老保险的国外经验及我国借鉴研究》，载《北京交通大学学报（社会科学版）》2017 年第 1 期。

② 参见胡怡建、刘崇珲：《完善税收政策，加快推进第三支柱养老保险发展》，载《税务研究》2021 年第 12 期。

增加一份保障，也可通过个人养老金制度减免自己的一部分税收，故个人养老金制度更为适合中等收入群体参加。

三、个人养老金投资收益监管

个人养老金的投资收益作为公民个人养老风险的直接保障所在，公民参与个人养老金以获得投资收益为最终的目的，参与金融投资过程中面临诸多不慎的风险，完备的个人养老金投资收益监管制度有助于降低公民个人养老金的投资风险。因此本部分主要从个人养老金投资收益中的风险角度探讨国家对个人养老金的监管义务。

（一）个人养老金投资收益中的道德风险

个人养老金制度中的投资收益不同于传统的金融投资，基于主体的特殊性和用途的特殊性，须配备不同的金融投资监管制度。个人养老金运行是公民将资金存入个人养老金账户，通过向个人养老金平台指定的金融机构购买金融产品实现个人养老金的投资和收益，个人养老金在金融投资过程中存在违反谨慎投资义务、关联交易以及信息披露的风险，公民的储蓄养老金向金融机构购买金融产品，由金融机构的投资人代为在金融市场上发生金融交易，在此过程中，由于个人养老金参与人对于金融知识不够专业，往往不具备挑选高收益金融产品的能力，若金融机构的金融产品产生足够的迷惑性，很可能因为两方的信息不对称性导致个人养老金参与人产生金钱上的损失，甚或产生个人养老金参与者与金融机构之间的矛盾，以及可能出现的欺诈、滥用职权等违法行为。

（二）个人养老金投资收益中的金融风险

金融市场风云诡谲，金融风险是个人养老金实现金融交易无法避免的现实壁垒。对于个人养老金参与人如何从金融市场获取收益必须具备一套完整的投资收益监管制度。金融交易涉及各种金融产品，比如信托、基金、股票等，不同的金融产品代表不同的风险，尤其以金融机构为代表的交易主体，承担了个人养老金的交易功能，却也是站在金融风险的中心。由于个人养老金的交易金融产品存在多种门类，不同门类的复杂交易使得个人养老金的交易风险大大提高。如何选择一项合适的个人养老金的投资模式是个人养老金金融的最大难题，选择合适的金融产品、合适的金融机构以及严格的监管制度和机构是影响个人养老金金融良好运行的重要因素。国家应该选出一批合格的金融机构以此控制个人养老金投资的风险。个人养老金金融机构的选择标准以及可供个人养老金参与人选择的范围均需适合我国个人养老金制度现阶段的发展，严防设计超过发展阶段产生不适配的矛盾。

（三）个人养老金投资收益的社会风险

社会风险是个人养老金信托的一般风险，且其风险要高于一般养老金计划。个人养老金计划不同于第一支柱与第二支柱的养老金计划，第一支柱养老金计划是由承担养老责任的国家作为计划发起人设立的养老基金进行金融投资的计划，国家作为发起人对计划有着严格的审控和监管标准；第二支柱的养老金计划主要是以企业雇主为发起人设立的金融投资计划，并由企业或者雇主进行监管，有能力设立个人养老金计划的企业往往为中大型企业，有专业的部门或者人员对计划进行管理和监管，对计划具有一定的把控和监管能力。个人养老金的风险承担主体不同于基本养老金和职业养老金，个人养老金的参与人多为社会中的普通公民，基本养老金的主要风险由国家承担，职业养老金的风险主要由雇主承担，而个人养老金的风险则由雇员、个体经营者或者有养老需求的无业者个人承担，金融风险的耐受能力比较差，伴随着老年人劳动能力下降导致的经济能力下降使得老年人金融风险承受能力也低于一般的社会群体，且由于老年人的信息获取受到限制，加剧了金融市场的信息不对称，当养老资金安全性难以保障时，极易引发老年社会的群体风险，社会影响更加剧烈。

第五节　个人养老金国家尊重义务的履行路径

个人养老金制度是给公民老年时提供优越生活条件的养老保险制度，公民参与个人养老金制度的最终价值是获得养老金待遇给付，即公民能够从个人养老金账户中按时取得多年的养老金储蓄和收益，国家必须保障公民的个人养老金账户的安全以及公民个人养老金给付的及时性，确保公民个人养老金能够获得足额的待遇给付。为实现公民个人养老金的最终履行，国家应从以下几个方面推动个人养老金制度的发展。

一、构建个人养老金制度模式

鉴于目前个人养老金制度尚未定型，缺乏系统的个人养老金制度模式，公民个人参与、投资、收益、领取都存在一定的争议和问题，尚需逐项明确规定，以下主要从制度框架上对个人养老金制度提出一些构想，以期能够得以解决。

（一）搭建个人养老金信息平台

《意见》中提出"信息平台由人力资源社会保障部组织建设，与符合规定的商业银行以及相关金融行业平台对接，归集相关信息，与财政、税务等部门共享相关信息，为参加人提供个人养老金账户管理、缴费管理、信息查询等服务，支持参加人享受税收优惠政策，为个人养老金运行提供信息核验和综合监管支撑，为相关金融监管部门、参与个人养老金运行的金融机构提供相关信息服务"。信息平台作为公民个人直接参与到个人养老金的第一渠道，必须具备综合强大的功能。由于个人养老金制度涉及的主体众多，因此个人养老金信息平台首先必须连接个人养老金涉及的一众主体，实现公民个人养老金的基础服务。其次，应建立个人养老金账户制度，即每位个人养老金参与人都应享有的个人账户，用来实现个人信息查询，实现与税务信息的连接，实现投保人纳税抵扣、税务稽查以及直接补贴发放等功能。个人账户还应该连接各金融机构在其内部为其设定的金融账户，公民个人仅需具备一个账户即可实现向多个金融机构投资和收益，而非向各个金融机构分别设置金融账户，以此实现个人养老金操作的便捷性。各个金融机构可以在同一个信息平台上同台竞争，给予公民更多的金融产品选择，实现保障和收益的双重目的，使得信息平台和金融机构便于确保信息的准确性和唯一性。最后统一化的信息平台既可以提升平台的威信，也可以提升效率和控制风险，由平台对其上的金融产品作初步的调研和审核可控制金融风险，同时公民可以通过信息平台实现缴费、投资、查询、领取等功能，实现无纸化投保。

（二）完善个人养老金投资制度

个人养老金制度是公民将个人资产缴纳到个人账户上，公民可以选择金融产品从而实现个人养老金的保值和增值。国家在采用了税收优惠激励政策之后，引导公民参与个人养老金制度，除此之外还需提供合适的金融产品，充分调动银行、基金、保险行业以及机构等参与到个人养老金制度的建设中来，鼓励不同金融产品之间公平竞争和合作。对于个人养老金的投资制度发展，首先要根据个人养老金的特点设计和发展个人养老金金融产品。[1]个人养老金制度的持续

---

[1] 参见董克用、施文凯：《加快建设中国特色第三支柱个人养老金制度：理论探讨与政策选择》，载《社会保障研究》2020 年第 2 期。

发展须以金融产品的稳定性和收益性为前提，即个人养老金的金融产品足够安全，可以保障个人养老金的投资不会损害公民原本的利益。除此之外，个人养老金金融产品需要让个人养老金参与人能够盈利，由于公民让渡了相当一段时间的资金使用权给个人养老金信息平台，因此对于个人养老金的保值增值要求很高，个人养老金的产品必须具备一定的回报率。其次，提供多种类的金融产品供个人养老金参与人选择，若仅仅提供同一类金融产品，其所带来的金融风险相对较大，可以提供多种类的金融产品分担金融风险。再次，从吸引个人养老金参与人的角度考虑，多种类的金融产品能更好地满足投资者的需求，有利于提高个人养老金投资的主动性。最后，个人养老金投资须做好金融服务的基础保障工作。金融机构作为个人养老金的重要参与者，必须履行其作为金融机构的各项义务，比如信息披露工作、提供真实信息工作等，保障个人养老金参与者的基础权利，并对其提供的金融产品作出合理的评估，帮助个人养老金参保人实现资金合理配置和理性化投资。

二、优化税收优惠激励方案

如何在一个自愿参与的制度中激励更多的个体参与，是第三支柱个人养老保险制度发展的关键问题之一。[1]税收优惠作为激励个人养老金制度发展模式的关键手段之一，其重要性不言而喻，如何优化税收优惠中的各项因素是需要考虑的重要问题。

（一）税收优惠的金额设计

对个人养老金的税收优惠作金额设计时，须确保税收优惠政策的公平性。[2]个人养老金制度依靠税收优惠激励增加参与人数，但税收优惠的具体限额需要谨慎确定。按照我国目前个人所得税的制度，公民参与个人养老金制度的动力在于减免现阶段个人税收，从而实现整体程度上的个人财富的增长，但以何种优惠力度来刺激个人养老金的参与程度，参考何种因素设计个人养老金的标准？根据个人养老金制度的特殊性，个人养老金制度针对的主要群体为中等

---

[1] 参见朱小玉、施文凯：《人口老龄化背景下完善我国第三支柱养老保险税收政策的建议》，载《国际税收》2022年第6期。

[2] 参见杨宜勇、吴香雪：《养老保险制度改革与税收扶持制度研究》，载《税务研究》2018年第1期。

收入人群，参与人群已经参与基本养老保险和企业职工年金，从整体上已经基本解决个人养老风险的基本保障问题。如何激励个人参与到个人养老金制度之中，除了具备明晰的个人养老金的保值和增值的正向激励之外，大额的税收优惠是最直接的吸引因素，所以个人养老金的税收优惠金额必须足以吸引高收入人群参与到其中来。但是个人养老金的税收优惠不宜过大，过高的税收优惠可能导致贫富差距越来越大，低收入群体本就无力缴纳个人养老金，故而税收优惠已经无法惠及低收入群体，其所享受到的只有基本养老保险带来的福利，若税收优惠金额过大，将会导致中等收入群体的财富积累更快，变相使得公共财富偏向中等收入群体而拉开贫富差距。再言之，税收优惠是国家财政的重要来源，国家财政过于补贴个人养老金制度将会导致其他养老保险制度的补助相应减少，在发展个人养老金制度的进程中，绝不能动摇到基本养老保险制度的发展。

个人养老金制度中的税收优惠限额一般有两种方式，即金额制和比例制。金额制就是划定一个明确的金额范围，公民在参与个人养老金制度时即可免除相应金额的税收。比例制则是与公民个人收入直接挂钩的税收优惠政策，根据公民个人的收入多少决定公民税收免除额度的大小。相比而言，金额制更为简单易操作，但是金额制会存在制度缴纳的上限，即公民通过测算实际缴纳个人养老金的金额，计算一定的比例，公民并非会基于免除的固定金额而缴纳更多的养老金。采用比例制度则会解决该问题，但是比例制不应仅跟个人收入相挂钩，还应与个人养老金缴纳的多少挂钩，通过测算公民个人收入决定个人养老金的免除税收比例，再根据公民参与个人养老金的额度来决定最终公民税收优惠的金额，国家设立一定的个人养老金缴纳限额目的在于限制公民税收免除的额度，从最终金额上限制公民税收优惠的力度。①

（二）税收优惠模式的选择

合理的税收优惠模式是个人养老金发展的动力。②税收优惠模式是指参与人在征税免税时间上的区别所导致的变化，不同的税收优惠模式对于个人的激励

---

① 参见郑晓珊：《基本养老保险个人账户"实账"省思——谈〈中国养老金发展报告 2011〉的核心之困》，载《法学》2021 年第 4 期。

② 参见王莹：《个税递延型养老保险：基于税收优惠的思考》，载《中南财经政法大学学报》2010 年第 1 期。

作用也有所不同。个人养老金制度的整个流程大致分为三个阶段，即缴费阶段、投资阶段、领取阶段。不同的阶段都会涉及金钱的交易和流转。根据三个阶段对税收的不同规定，形成不同的税收优惠模式，税收形式无非两种，即征税或免税。三个阶段对于征税或免税的排列组合即构成八种税收优惠模式。其中TTT是在缴费阶段、投资阶段和领取阶段都需要缴纳税费，此种模式下，对于个人养老金来说不存在任何的吸引力，甚至增加了公民的缴税负担，个人养老金制度无法运行下去，并非个人养老金的税收优惠模式。另一种极端的税收优惠模式是EEE，即缴费阶段、投资阶段、领取阶段都免于征税，个人养老金参与的整个过程都免税，此种税收优惠模式对于个人养老金制度的激励作用最大，在开始阶段最为刺激公民参与到个人养老金制度，但是其弊端在于严重影响国家的财政税收，即上述提到的公民税收优惠力度过大导致国家财政变相偏向于参与个人养老金制度的一方公民，甚至可能造成两方公民的贫富差距拉大，不利于社会的公平稳定。

从税收优惠模式的角度考虑，三个阶段的税收既要确保公民切实享受到税收的优惠，对公民参与个人养老金制度起到实际的激励作用，又要尽可能地减少对政府税收的影响。实际政策的选择首先应考虑个人养老金制度所处的发展阶段，若个人养老金已经发展成熟，存在大量公民对个人养老金稳定的投资时，可以适当地降低税收优惠力度，三个阶段选取其中一个阶段作为免税的阶段，这样既能保证个人养老金的激励作用，也能实现国家财政的税收补充。但目前我国个人养老金处于萌芽阶段，亟需税收优惠对个人养老金制度的大力刺激，因此个人养老金制度的税收优惠模式应该选用TEE或者EET，即在缴费阶段征税、投资和领取阶段免税，或者在缴费和投资阶段免税、领取阶段征税。两种模式尽可能地对个人养老金参与人提供了税收优惠，也保证了国家的财政税收。两种征税模式中，EET模式更倾向于对高收入群体适用，因为其所带来的税收优惠更大，并且从实际角度考虑，公民普遍更容易接受当下的利益，即免除个人养老金缴费阶段的税收，投资阶段的税收亦免除，只在领取阶段缴纳一定的税收。但是相对于中低收入的公民更适合TEE模式，对于中低收入群体来说，个人缴费时的税收相对较低，但是以个人缴费后的资金投资获得的收益更为优惠，因此，相对于中低收入群体来说，适用TEE更为合适。

三、建立个人养老金监管制度

个人养老金制度作为第三支柱养老保险的典型代表，其产生的庞大基金投入金融市场自由进行交易会带来巨大风险。对于个人养老金参与人而言，严格的监管制度是对个人养老金的重要保障。养老金投资监管体系属于资本市场监管体系的重要组成部分，是由政府监管机制和市场自律机制组成。[1]个人养老金的监管制度应该以政府监管为主、市场监管为辅，形成一套完备的监管制度，监管范围应该从个人养老金的缴纳到个人养老金的投资、交易以及个人养老金的领取，均需具备严格的监管程序和处罚后果，不仅仅局限于个人养老金的投资领域。

（一）个人养老金政府监管制度

根据《意见》对个人养老金监管的要求，个人养老金要求人力资源社会保障部、财政部对个人养老金发展进行宏观指导，根据制度对个人养老金的账户设置、缴费上限、待遇领取、税收优惠等制定具体政策并进行运行监管，定期向社会披露相关信息。除此之外，税务部、相关金融监管部门也需要对个人养老金进行监管。个人养老金作为社会保险中养老保险的一个重要门类之一，人力资源社会保障部应是监管个人养老金制度的主要部门，是整个监管体系的核心力量，应该起到统领的主要作用，个人养老金制度的监管属于人力资源和社会保障部的监管范畴。从政策制定角度来看，整个个人养老金制度相关的政策都应由人力资源和社会保障部制定，由人力资源和社会保障部搭建个人养老金的信息化平台，并设计各项制度，确定在个人养老金制度运行过程中各机构的角色和定位。其次在于财政部的监管问题，个人养老金汇聚公民大量的存储资金，并且为刺激公民参与个人养老金而实施的税收优惠都离不开财政部的管控，因此财政部门必须实时监控个人养老金的资金流动，将税收与个人养老金的缴纳形成正向的连接，配合人力资源和社会保障部门对个人养老金账户的管理，在资金角度对个人养老金制度予以严格管控。

个人养老金监管过程中还需实现在人力资源和社会保障部、财政部与金融监管机构之间建立有效的沟通渠道。个人养老金的投资阶段是个人养老金参与人参与购买各种金融产品进行金融交易的阶段，其间涉及各种金融机构以及政策

---

[1]　参见张宇润、施海智：《论基本养老金安全投资的制度保障机制》，载《安徽大学学报（哲学社会科学版）》2017年第6期。

监管机构。每一个金融机构都有自己的直属监管部门，如何联系整体的监管部门实现对个人养老金运行的整体监管是监管制度着重需要考虑的问题。以公民购买金融证券为例，会涉及金融机构以及监管金融机构的银保监会、证监会等，作为涉及个人养老金的一项特殊的金融产品，银保监会与证监会的监管机制以及监管要求应当对普通的金融产品予以特殊的监管，而进入金融监管之后，人力资源和社会保障部与财政部如何预防在金融交易之后资金回流到个人养老金账户的交易过程中的资金风险问题，其或是否需要核查资金的真实性和合法性，基于以上角度的考量，需要政府监管部门与金融机构监管部门实现一个有效的衔接，原因在于资金率先进入人力资源和社会保障部掌管的个人养老金账户内，再通过金融机构的账户交易和收益，最后公民再从个人养老金账户中取出自己的最终个人养老金，因此个人养老金涉及三个流程的监管，需要各个相关部门的通力合作。

（二）个人养老金的自律监管制度

个人养老金不同于其他基本养老保险之处在于允许个人养老金在金融市场上交易，即个人养老金可以采用市场上的规则自行交易，盈亏自担。因此个人养老金的监管除了需要国家政府部门的通力协作之外，还需要市场中的自律监管组织，市场自律不是通过外部法律监管实现公平交易秩序，而是通过道德修行、合同和团体章程规范市场主体行为，以达到共治和良治的目标。[①]个人养老金的金融交易主要是参与人向指定的金融机构购买金融产品，由金融机构代为实现金融交易，参与人和金融机构基于信托合同实现利益激励和制衡机制。信托权利主体为自身的利益和整体的利益具有监督义务主体的动力，监督效果很好。因此，金融机构作为个人养老金投资的重要核心地位，其本身便负有对个人养老金运营安全保护和监督投资运行行为的责任。除此之外，国家应当鼓励自律组织发挥监督个人养老金金融交易的作用，比如资本市场的交易所既可以为个人养老金金融交易提供法定的交易场所，也可以提供最直接的监督，防止出现虚假交易、信息披露等重大不公平金融交易现象的产生。资本市场中的行业协会一方面可以为个人养老金参与人提供服务，实现双方共赢，另一方面也可以通过监督自律杜绝不正当的交易行为。

---

① 参见张宇润：《试论经济法属性的证券法基本原则》，载《安徽大学学报（哲学社会科学版）》2000 年第 5 期。

第七章　公民养老权国家保护义务：社保财务"外部负担"化解实践

第一节　问题意向

公民养老权利的国家保护义务要求国家必须尽到保护老年人基本生活权利的义务，使老年人权利免于遭受社会侵害。要求国家不仅要尊重老年人养老权利，还应采取各种不同的措施，达成人民养老权利保护目的。国际上通过化解基本养老保险基金财务的"外部负担"，确保公民养老金获得及时和持续给付，以实现对公民养老权利保护。基本养老保险[1]创设初衷在于以"团体性""互助性"的形式来防范和化解大规模老年经济风险。其重要特征便是运用保险技术在保费和保险给付间建立对应关系，通过"缴纳保费—待遇给付"的财务设计实现自给自足，维持财务收支平衡。可见，基本养老保险财务具有相对封闭性，与政府税收征缴及财政支出相分离。

基于德国社会保险的自治理念，理论上社会保险财务不接受国家任何补助，所有社会保险支出由保费支应，以避免国家势力不当介入。[2]根据《社会保险法》的规定，基本养老保险财务原则上自给自足，仅在保险基金出现支付不足时，

---

[1]　基于我国基本养老保险实践的复杂性，部分社会保障内容被拟制化为社会保险。为此，从聚焦研究对象角度出发，需要将拟制化的社会保险制度排除在研究之外，如城乡居民基本养老保险和未并轨的机关事业单位基本养老保险，本书研究对象为职工基本养老保险。

[2]　R. Hendler, *Oragnisation und Selbstverwaltung der Sozialversicherung*，in：B. B. von Maydell (Hrsg.)，Handbuch des Sozialrechts, 2. Aufl.，1995，§6 Rn. 42.

政府才给予补贴。然而在实践政治操作中，基本养老保险很难完全坚守其财务封闭性，受国家所欲达成社会和谐、稳定等目的束缚。具体而言，基本养老保险的保费缴纳和保险给付行为通常成为政府实施社会政策的工具，该行为与其本源所承担的老年经济风险无关，对基本养老保险财务而言属于"外部负担"。如，2020 年中央出台《关于阶段性减免企业社会保险费的通知》（人社部发〔2020〕11 号）（以下简称"11 号文"），地方政府跟进出台细化方案，①减免基本养老保险单位缴费部分，进而纾解企业困难，推动企业有序复工复产，支持稳定和扩大就业。基本养老保险财务大规模的"外部负担"成为从中央到地方政府刺激经济的灵丹妙药。实际上，新冠肺炎疫情下提振经济、减轻企业负担有多种方式，最为直接的便是减税与"降费"。②企业因新冠肺炎疫情影响不能及时开工，无法产生直接的税收，当下而言"降费"成为较优选项。当"降费"成为政府刺激经济的手段时，实则打破了基本养老保险财务的封闭性以及财务收支的既定规则。

《社会保险法》赋予政府管理基本养老保险的职能，加之保险财务并非封闭式规定，政府可决定保险财务收支问题。然而，社会保险的保费具有一定社会重分配功能，其用途受保险目的限定，仅限于该保险制度所承保的社会风险支出，而前述支出有别于该目的限定，属于外部负担。依循基本养老保险财务运作的一般原理，如该"外部负担"以保费收入作为支出，则长期积累下负担势必过重，影响保险财务可持续性，产生未来保险给付风险。此外，以参保人所缴纳的保费支应国家的社会政策，有违平等原则之嫌。许多国家皆以立法明确规定了财政补助养老保险财务，③《社会保险法》第 5 条亦有所明确。实际上，社会保险财务的"外部负担"与保险财务的独立性，以及如何通过社会政策承担与"中央—地方"财务分担化解该"外部负担"，在社会保险发达的德国同样棘

---

① 参见云南省人社厅、财政厅、税务局联合印发的《云南省阶段性减免企业社会保险费实施意见》，针对企业缴纳的养老、失业、工伤三项社会保险费出台了"免、减、缓、延"四项政策措施。江西省吉安市为执行"11 号文"，规定得更为具体，参见吉安市人力资源与社会保障局网站，http://hrss.jian.gov.cn/news-show-12413.html，最后访问日期：2022 年 3 月 26 日。

② 此处的"降费"仅指降低企业缴纳的社会保险费单位缴纳部分。

③ 如德国 2001 年的《法定年金改革法》，明确了财政补助法定年金的比例和费率。如日本 2004 年《国民年金法》规定，100 年内年金财政仍能维持均衡的设计外，并导入年金给付自动调整机制，以及基础年金给付由国库负担比例提高到二分之一的规定。

手。因为基本养老保险财务"外部负担"的解决具有高度政治性，而保险财务的永续发展又关乎社会稳定与基本民生。故此，为避免基本养老保险财务"外部负担"的解决成为权宜之计，防范其偏离社会保险基本建制原理成为盘根错节的法律问题，①通过谨慎而有效的方式解决意义重大。有鉴于此，本书以基本养老保险财务运作原理为切入点，探究保险财务与"外部负担"间的法律逻辑，澄清"外部负担"的基本内容。在此基础上，以法律文本量化方式探寻化解"外部负担"的考量因素，结合政策数据，精准运用财政资金有步骤地解决保险财务的"外部负担"。

第二节　基本养老保险财务运作的基本原理

我国基本养老保险的财务设计采德国"保险型"社会保险模式。该模式源于德国传统的具有公法主体地位的职业公会系统，将系统内部成员间的自助互助转化为社会保险形式，并以法律赋予成员民主参与及自主决定的空间。基本养老保险并未建基于民间的自治团体，而是遵循我国社会保障体制的发展路径，二者具有一定差异性。但基本养老保险依然遵循了"保险型"模式基本的建制原则，如强制参保、保险原则与社会均衡等。②而该建制原则也同时体现其财务运作的基本原理。

一、基本养老保险费缴纳的强制性设计

社会保险强制参保原则体现在保险财务上即是保费缴纳的强制性。实际上，基本养老保险参保人强制缴费是国家开办社会保险的必要行政手段，③为解决社会保险运行中的"逆选择"问题而设计。商业保险实践显示，参保人抗风险能力与其参加保险的主观意愿呈反比。保险人为获得生存空间，会根据参保人面临的风险系数高低确定保费额度，风险系数高则保费额度高，反之亦然。参保人的保险待遇水平也与其保险缴费额度及风险系数高低相关。然而，基本养老

---

① H. -W. Diemer, *Zum Staatszuschuß bei den Sozialversicherungen*, VSSR 10（1982），S. 31（33）.

② 参见刘俊：《劳动与社会保障法学》，高等教育出版社 2018 年版，第 225 页。

③ Gitter/Schmitt, Sozialrecht, aaO, S. 33ff.

保险内含社会连带思想，强调高收入者负担较高保费，低收入者负担较低保费，实现高收入者对低收入者的"补贴"，以达到基本养老保险"所得重分配"效果。然而，现实中的高收入群体可能不愿甚至逃避缴纳较高保费，如将其排除在基本养老保险参保范围之外，仅以低收入群体参保并支付高额保费，待遇支出将难以持续。此时，国家如若维系基本养老保险的生命，可以财政承接基本养老保险待遇亏损，但却有违基本养老保险建制的"封闭性"原理。故，以立法形式课予所有参保人强制缴纳基本养老保险费义务，成为基本养老保险财务可持续运转的基本保障。基于此，我国《社会保险法》第7章专门规定了社会保险费的强制征缴，《社会保险费征缴暂行条例》亦赋予征缴机关强制职权。与之相应，国家以立法形式课予了基本养老保险参保人强制缴费义务。

至于该强制缴费义务在法教义学上的表现，则包含两方面内容：一是基本养老保险参保人并无拒绝缴纳保费的权利。我国《劳动法》《劳动合同法》均强制用人单位为劳动者办理基本养老保险参保手续，劳动者不能直接拒绝参加基本养老保险，否则用人单位概括承受不利后果。[1]如若用人单位未按时足额为劳动者缴费，则经办机构将履行法律赋予的强制征缴职权，即立法强制课予用人单位为劳动者缴纳保费，有学者称其为公法契约上的雇主强制义务。[2]二是基本养老保险参保人缴纳保费并无可自由裁量的空间。即参保人保费缴纳的数额、计算依据、缴费时间安排等并非参保人与保险人协商的结果，而是基于立法规范或保险人内部规定确立。即使我国现行基本养老保险制度还存在着诸多"不平衡、不充分"的问题，[3]基本养老保险费缴纳行为依然不具可裁量性。以国务院办公厅印发的《降低社会保险费率综合方案的通知》（国办发〔2019〕13号）[4]为例，降低社会保险缴费乃是依据精算原则合理作出，具有社会普遍性，并非某一群体或个人可自由决定缴费行为。各地区出台有关基本养老保险费

---

① 《劳动合同法》第38条将用人单位"未依法为劳动者缴纳社会保险费的"作为劳动者即时辞职的条件，第46条还将该行为作为用人单位应当向劳动者支付经济补偿的情形。
② 参见谢荣堂：《社会法治国基础问题与权利救济》，元照出版公司2008年版，第97—98页。
③ 参见何文炯：《改革开放以来中国社会保险之发展》，载《保险研究》2018年第12期。
④ 该通知提出自2019年5月1日起，降低城镇职工基本养老保险单位缴费比例。各省、自治区、直辖市及新疆生产建设兵团养老保险单位缴费比例高于16%的，可降至16%；低于16%的，要研究提出过渡办法。

"自由裁量"的文本大都属于外部的社会保险行政处罚行为，①无关保险内部运转所涵摄的缴费强制性问题。可见，立法课予参保人强制缴费义务成为社会保险与商业保险区分的重要特征，也是基本养老保险财务运作的基本逻辑。

二、基本养老保险待遇给付的保险原则

德国学者察赫（Zacher）提出的社会福利"新三柱理论"已被广泛接受，将社会保险定位为"具有先行给付原因的社会给付"。②在基本养老保险领域，保费缴纳义务人因缴费而享有特别的利益，即获得对应的养老金给付。而基本养老保险构建的基本逻辑便是通过保险原则的运用达成风险的分担，实现前述目标则需保险原则的"风险分担"功能运用，确保保险财务运转的可持续。在基本养老保险财务上表现为，通过向参保人强制征缴保费以支付被保险人风险发生时之经济损失，保费收取之目的限定于保险支出，保费与保险给付之间具有某种程度之对价关系。即基本养老保险的资金来源于参保人所共同缴纳的保费，而非类似于税收的无偿征缴，这与国家财政的直接给付方式迥然有别。此时，基本养老保险费在财务运作上独立于国家财政，具有自给自足的封闭性特征。国家通常不得将保费收入挪用于其他非属基本养老保险承保风险之外的社会支出。基于对风险的预防，《德国社会法典》专门规定了诸如养老保险运转的财务结构，以构建可持续的养老保险体系，保障劳动者年老后的经济生活。③

保险原则还区分了养老保险给付与其他社会给付。基于社会保险法原理，社会保险给付通常分为"劳务给付""实物给付"和"现金给付"三类。④通常，"劳务给付"是给予被保险人照护或帮助，适用于我国学者正在探讨的长期照护保险，"实物给付"大多运用于医疗保险的诊疗行为，而"现金给付"则适用于

---

① 参见《四川省人力资源社会保障行政处罚裁量标准（2018 年本）》（川人社发〔2018〕25 号）、《北京市人力资源和社会保障行政处罚自由裁量标准》（京人社监发〔2014〕252 号）、《吉林省人力资源和社会保障部门实施行政处罚裁量标准》（吉人社联字〔2010〕4 号）。

② 德国学者察赫提出国家给付义务由三大支柱构成，包括社会保险、社会补偿、社会救助以及其他社会性促进措施。参见郭明政：《社会安全制度与社会法》，台湾政治大学法学院劳动法与社会法研究中心 1997 年版，第 130—131 页。

③ 参见袁立：《从社会国原则谈劳动权的国家给付义务》，载《人大法律评论》2011 年第 1 期。

④ 德国《社会法典》第 1 篇（总论）第 11 条将社会保险给付分为三类。

基本养老保险。由于基本养老保险所管理的风险是一种经济上的或转化为经济上的损失，故基本养老保险待遇给付目的在于实现公民的老年经济安全。可见，基本养老保险的保险标的并非老年风险，而是因年龄增大后公民所产生经济生活上的不安全。①虽说老年是一种确定的生命现象，并不能成为不确定的风险，但年老后经济生活的不安全将成为社会问题，②且"退休至死亡的年限"仍属不确定，故老年仍可作为保险事故之一。③其他社会给付，诸如社会救济金、农村五保供养津贴等，通常并非社会保险待遇给付，即不以强制缴费为前提，而是由国家向人民提供单向性的社会给付，其财务经费源于财政资金。可见，这类社会给付行为并不具有财务上的独立性，属于国家财政支出的内容，源自税收的财政支出与单向性社会给付间亦无对价关系。由此，基本养老保险待遇给付遵循保险原则，与其他单向性社会给付间存在清晰的界分，特别是资金来源的不同。

三、基本养老保险财务收支的总体平衡

从基本养老保险费缴纳与待遇给付观察，基本养老保险完善的财务结构应实现财务收支的总体平衡。强调保费的总收入与保险待遇的总支出应呈现"总体对价关系"，前者应完全涵盖后者，达成财务收支的总体平衡，并非注重单个参保人的缴费与其待遇支付间的对价关系。换言之，基本养老保险缴纳的保费与保险事故的风险间并不严守对价关系，财务的运行遵循总体收支平衡，而不论个别对价关系。与之相对应，商业保险则依照参保人个人风险高低决定其保费，保费与给付间具有个别的对价关系，同时强调总体财务收支平衡。基本养老保险财务收支总体平衡可实现一定的社会重分配效果，概因收入差距产生的待遇贫富差距。具体而言，总体对价关系要求保费与保险给付间并不严守对价关系，保费收取与保险给付间的关联性可作一定程度切割，保险给付差异控制在合适范围。此时，保费与保险给付间的比例关系越小，社会重分配效果越强，反之则越弱。然而，这种情形存在基本前提，即保费收入可支应保险给付支出。基本养老保险财务支出实践表明，仅靠参保人缴费难以应对大规模的养老金支

①③　参见钟秉正：《社会保险法论》，台北三民书局股份有限公司2005年版，第116页。
②　特别是随着中国人口老龄化加剧，传统的家庭养老模式受到较大冲击，其经济分担功能呈现弱化趋势，而基本养老保险的作用却越来越发明显，未来将成为社会主要的养老模式。

付。为此，我国《社会保险法》为达成保险总体对价均衡，除要求参保人缴费外，亦要求第三人分担保费。第 4 条规定"用人单位和个人依法缴纳社会保险费"，第 5 条明确提出国家应给付社会保险事业必要的经费支持，也即个人、单位和国家被课予分担保费的义务。

　　劳动者何以既被课予强制保费缴纳的负担，又愿意接受非严守对价关系的保险给付？这是源于国家立法的介入，将劳动者互助自助的机制转化为国家给付制度，并以劳动者身份认同为核心生成"社会连带"思想。[1]该思想在首创社会保险制度的德国涵摄两层基本含义：其一，劳工阶级争取政治权利抗争中形成的"我为人人""人人为我"的共同归属感，加之社会保险财务具有封闭性，可使得保费与给付间的社会重分配仅限于群体内部而不及于他群，即劳工与其家属间而非其他成员。[2]其二，德国社会保险强调公法组织管理保险事务，即使劳动者互助自助的机制转化为社会保险制度，组织上也仍与国家分离并保有一定程度的自主性。[3]财务运作上体现为以保费收入为主要财源并尽力维持保险给付，外观上保持与税收、财政相分离。然而，基本养老保险以劳动者工资作为缴费标准，养老金给付与缴费呈正相关关系，故其社会重分配效果相对薄弱，而个别对价关系较为显著。实际上，个人的缴费行为源于社会保险理论上的"自我责任"理念，[4]在制度层面对应社会保险模式建构的社会行政给付行为。[5]如若过多依附基本养老保险运转之外的资金或外部势力，势必危及保险风险分担的公平性，逐步磨灭社会保险成员对于共同体连带责任的认同。单位缴费被认为是基于劳动者生活保障的"照顾义务"，雇主长期雇用劳动者劳动从而具有特别生活关联性特征。为达成所得重分配效果，在个人和单位缴费之外，国家会根据实际情况提供财政补助。有学者认为此基于国家与保险人形成了社会连带关系，因而财政补助社会保险是合理的。我国《社会保险法》规定个人与单位缴费具有强制性，而国家财政补助行为则并无强制要求即是明证。

---

[1]　参见郑秉正：《社会保险法学》，台北三民书局股份有限公司 2005 年版，第 117—118 页。

[2]　参见郭明政：《社会安全制度与社会法》，翰芦图书出版有限公司 1997 年版，第 42—43 页。

[3]　参见许春镇：《论公法社团之概念及其类型》，载《东吴法律学报》2004 年第 2 期。

[4]　社会保险也遵循保险的本质，即个人通过缴纳保险费从而取得作为对价的社会保险保护。参见蔡维音：《全面健保财政基础之法理研究》，正典出版文化有限公司 2008 年版，第 59 页。

[5]　参见郑尚元、扈春海：《社会保险法总论》，清华大学出版社 2018 年版，第 66—67 页。

第三节　基本养老保险财务运作的"外部负担"

一、保险财务承受"外部负担"的典型事例

首先，养老保险财务承担了改革中的"妥协"成本，形成"外部负担"。国家建立统一养老保险制度肇始于 1997 年，当时大部分地区养老保险统筹层次在县级。鉴于此，《国务院关于建立统一的企业职工养老保险制度的决定》（国发〔1997〕26 号）（以下简称"26 号文"）第 8 条提出提高统筹层次，逐步由县级统筹向省或省授权的地区统筹过渡。本次统筹层次改革，"26 号文"并未采取激进的策略一步到位实现省级统筹，而是采取循序渐进的方法。直到 1998 年《国务院关于实行企业职工养老保险省级统筹和行业统筹移交地方管理有关问题的通知》（国发〔1998〕28 号）的出台，才强调养老保险实行省级统筹，将行业统筹移交地方管理，以缩小不同地区、不同行业养老金待遇差距。"26 号文"的本意在于预留各地区统筹层次改革时间，减小省级统筹改革阻力，然而事与愿违。由于各省级政府缺乏养老保险提高统筹层次改革动力，直到 2009 年底全国省级行政区才制定省级统筹规范，仅有 25 个省级行政区达到了省级统筹标准。①基于改革的现实困难，《社会保险法》第 64 条仅要求养老保险基金实现省级统筹，其他事项暂缓。甚至 2018 年中央经济工作会议还在提出"在加快省级统筹的基础上推进养老保险全国统筹"，省级统筹依然处于"进行时"。目前，除北京、上海等地区实现省级统收统支外，其他地区养老保险基金收支以县（市）为基本单位，基金在省级范围内进行调剂。②养老保险省级统筹如此艰难，更遑论全国统筹。审视提高统筹层次改革进程，为实现养老保险统筹层次提升，改革的进程成为制度"妥协"的过程。这种"妥协"实则是改革的灵活策略，决策者在改革过程中根据各地区经济、社会发展实际情况寻求"因地制宜"的最佳路径，以"小步快跑"方式达成养老保险省级统筹。这也是为什么有学者提到，

---

① 参见陈菲、吴晶晶：《社保立法，将给百姓带来什么？——聚焦社会保险法五大民生热点》，中国人大网，http://www.npc.gov.cn/huiyi/cwh/1117/2010-10/29/content_1603018.htm，最后访问日期：2022 年 5 月 28 日。

② 参见房连泉：《实现养老保险全国统筹的三种改革路径及利弊分析》，载《北京工业大学学报（社会科学版）》2019 年第 3 期。

我国养老保险制度改革与经济发展、社会进步同频共振。[1]

"26号文"所引领的提高统筹层次改革势必要打破地方利益，而这将增加改革的难度，为顺利推进改革，不得已由保险财务承担改革"妥协"成本，产生了"外部负担"。典型例证便是提高统筹层次改革中，产生了大量地方养老保险基金收支隐性债务问题。隐性债务主要包括两个部分：一是每年的"非正常缴费收入"，比重过大使得名义缴费率与实际缴费率相去甚远。例如，2010—2015年约有10%的缴费来源于部分临近退休人员以较低基数的补缴，2002—2016年企业和个人的平均缴费率为16.33%，与"26号文"所要求的28%相去甚远。[2]二是"26号文"改变了养老保险传统现收现付模式，转制为"统账结合"模式，对于改革前的历史欠债进行了模糊化处理。也即，当时政府并未完全承担养老保险模式转制成本，而是将改革产生的历史债务交由未来的养老保险财务化解。[3]此外，由于养老保险基金各地收支不均，在长期的省级统筹改革中，形成地方利益并进而固化。例如，广东省2004年、2010年和2016年养老保险基金结余分别为596.8亿元、2471.5亿元和7652.6亿元，而同期黑龙江省则分别为97.5亿元、479亿元和 - 196.1亿元。[4]两地养老保险基金结余差距如此巨大，形成了较为"固化"的基金地方利益。不管是解决隐性债务问题还是实现养老保险全国统筹，均需养老保险严格的财务进行"妥协"，对财务持续运转形成较大压力，产生"外部负担"。

其次，地方政府变通执行养老保险强制缴费规定，降低养老保险基金预期收入，产生保险财务的"外部负担"。基于养老保险费缴纳的强制性设计，被保险人缴纳保费与其享受保险待遇之间并非源自双方当事人对抗交易的结果，而是基于法定事实产生。即养老保险保费费率、缴费标准计算等均由法律进行规范，被保险人对此并无可裁量或磋商空间。按此逻辑，《社会保险法》第63条

---

① 参见张思锋、李敏：《中国特色社会养老保险制度：初心、改革、再出发》，载《西安交通大学学报（社会科学版）》2018年第6期。

② 参见王延中：《中国社会保障发展报告（2019）》，社会科学文献出版社2019年版，第26—27页。

③ 参见杨方方：《从缺位到归位——中国转型期社会保险中的政府责任》，商务印书馆2006年版，第167页。

④ 参见《中国劳动统计年鉴（2005）》《中国劳动统计年鉴（2011）》《中国劳动统计年鉴（2017）》。

和第 86 条均规定了用人单位未按时、足额缴纳社会保险费时，①保费征收机构可依职权强制征缴。《社会保险费征缴暂行条例》第 13 条和第 23 条，以及《社会保险费申报缴纳管理规定》对保费征收机关的行政强制职权进行了更为具体的规定，以厘清保费征收机构的权力边界，规范程序性事项。2018 年中共中央印发了《深化党和国家机构改革方案》，同年中共中央、国务院出台了《国税地税征管体制改革方案》，确定了社会保险费征收机构为税务机关，以提高保费征收效率。审视前述法律规范和改革方案，其规制目的在于明确保费征收机构的权限范围与征缴手段，从而规范保费征收程序，提高养老保险费筹集能力，维持养老保险财务运转的平衡。前述改革方案契合养老保险财务运作的基本原理，但欣喜之余，更当警惕，提防"保费规范化筹集"在地方陷于口号化、形式化的尴尬和危险。②

事实证明，立法所延展出来的保费征收规范化图景在地方实践中困难重重。地方政府通过种种"土"政策对法律规范进行重新解读，以地方政策代行立法。以保费征收比例为例，根据"26 号文"和"38 号文"，原则上企业缴纳养老保险费为其工资总额的 20%，例外情形则是缴费比例低于 20% 的由省级人民政府确定，高于 20% 的还需报原劳动部、财政部审批。然而，既定的缴费比例规范在地方政策引导下"原则"与"例外"发生了互换。表现为经济发达地区养老保险基金较为充足，通常选择低于 20% 的缴费比例，③广东省直接明确缴费比例

---

① 德国法上，社会保险费缴纳分为保费承担与保费支付，前者是被保险人作为法定之债而言，后者是被保险人为劳动者时，雇主为保费承担者。Vgl. Friedrich E. Schnapp, Der Arbeitgeberbeitrag in der Sozialversicherungeine rechtfertigungsbedürftig Sonderabgabe?, Gesundheits-und Sozialpolitik, 2007, S. 25—33.

② 时下落实社会保险费规范化筹集，当务之急就是尽快解决制度筹资难问题。客观上说，这种看法似乎比较简单，但却是牵住了问题的"牛鼻子"。社保费规范化筹集直接影响制度运行的财务基础，虽说我们当前经济面临增速放缓、人口结构不断老化等外在环境因素制约，但不能忽视制度设计缺陷导致缴费激励性不足的现实。表现在三个方面：第一，养老保险制度扩大覆盖面难度较大，特别是灵活就业人员参保意愿低；第二，企业逃避缴费和劳动者中断缴费现象突出；第三，"非正常缴费收入"占比较大，特别是补缴现象较多。参见 2017 年度人力资源和社会保障事业发展公报，人力资源和社会保障部网站，http://www.mohrss.gov.cn/ghcws/BHCSWgongzuodongtai/201805/t20180521_294290.html，最后访问日期：2022 年 5 月 20 日。

③ 根据 2019 年部分经济发达城市已公开的法律文本统计，杭州、宁波、温州、广州、深圳、汕头、佛山、韶关、湛江等地，将单位缴纳养老保险费比例由 20% 降为 14%，珠海、江门、清远降为 13%，东莞和厦门（本市户籍雇工）降为 12%。

为 14%，高于和低于 14% 缴费比例的均调整至 14%。①与此相对，西部欠发达地区为吸引企业投资，通常在招商引资办法中规定保费缴纳比例可低于原则性规定，如兰州新区在其 2018 年招商引资办法中提到"企业社保费率降幅 40% 以上"。②此外，还通过地方政策对"小微企业、困难行业和困难企业"的扶持，"单位缴费部分按缴费基数的 12% 缴纳"，③以合法形式规避 20% 缴费比例规定。在地方政府默许下，部分超越既定缴费比例的现象成为当下常态。从《中国企业社保白皮书》规定可知，我国企业养老保险缴费基数合规的企业比例较低。2015 年合规比例为 38.34%，2016 年低至 25.11%，2017 年继续跌为 24.1%，2018 年为 27%。④国家于 2019 年出台了《降低社会保险费率综合方案》（国办发〔2019〕13 号），降低城镇职工养老保险单位缴费比例，高于 16% 的省份可降至16%。实际上，国务院自 2016 年 5 月便开始阶段性降低养老保险费率，已有北京、重庆、四川等 19 个省份宣布下调企业缴费率。⑤然而，我国养老金从2004 年始，实现连续 15 年上涨，⑥其中 2005—2015 年国家对退休人员养老金待遇连续 11 年上调 10%，近几年上调速度有所减缓，2018 年也增长了 5%。⑦可见，地方政府将调整养老保险缴费比例作为推行社会政策的工具，通过降低缴费比例以实现招商引资和支持困难企业发展。而这种变通执行法律规范的行为有悖于强制缴费原则和保险原则，甚至与"38 号文"的目的背道而驰。此外，缴费比例的变化与养老保险费总量呈正比，在目前扩面筹资难度较大背景下，缴费比例降低将打破养老保险财务平衡状态。为维持保险财务平衡，唯有降低养老金替代率，而降低缴费比例来提高支付水平只会增加养老金替代率，增加了养老保险财务的"外部负担"。

---

① 参见广东省《关于进一步统一全省企业职工养老保险单位缴费比例的通知》。

② 参见 2018 年《兰州新区招商引资优惠政策（暂行）》。

③ 参见《重庆市九龙坡区人民政府办公室关于印发小微企业、困难行业和困难企业社会保险缴费调整工作实施方案的通知》（九龙坡府办发〔2015〕232 号）。

④ 参见 2015—2018 年《中国企业社保白皮书》的相关数据。

⑤ 规定单位缴费比例在 20% 且基金累计结余可支付月数超过 9 个月的省份，可降低至 19%。

⑥ 参见张均斌：《连续上调养老金"第二第三支柱"得跟上》，载《中国青年报》2019 年 4 月2 日。

⑦ 人力资源社会保障部、财政部《关于 2019 年调整退休人员基本养老金的通知》（人社部发〔2019〕24 号）提到，总体调整水平按照 2018 年退休人员月人均基本养老金的 5% 左右确定。

二、"外部负担"不是财务运作的内生逻辑

纵观养老保险发展历程，涉及养老保险的重大改革均牵涉人民敏感的神经，①政治性因素始终不离左右，养老保险通常被赋予某种政治目的。例如，德国俾斯麦养老保险模式较少源于对本国工业化的反应，更多源于本国社会变革、政治动机等因素。②可见，一定条件下的政治性因素并不阻碍养老保险的可持续发展。世界上并无模式完全相同的社会保险制度，③各国社会保险模式选择与其本国国情、政治、经济制度以及保险技术运用的路径不无关联。如此，美国学者德沃金才认为社会保险是一种"政治性"的社会安定解决方案。④毕竟社会保险自身所承载的社会预防功能与国家所欲实现的社会和谐、稳定具有趋同性。社会保险创设初衷是通过"团体性""互助性"的形式来防范和化解社会大规模的经济风险。这种风险化解方式在养老保险中体现为：通过"缴纳保费—待遇给付"间的财务运作，解决被保险人退休后生活的经济风险。然而，养老保险具有较强的社会政策效应，易受国家所欲达成的社会和谐、稳定的"外部负担"束缚。当政治性目的超越养老保险财务可承受的度时，"外部负担"可能打破养老保险财务运行的封闭性，使运用保险技术的"社会保险"沦为纯粹福利的"社会保障"。具体表现为降低保费缴纳而持续升高待遇给付支出，养老保险财务面临巨大资金压力，"缴纳保费—待遇给付"间收支平衡的和谐财务关系将被打破。为维持养老保险生命力，国家财政将不得不大规模补助养老保险，养老保险失去了独立维持生命力的能力，使得在外观上养老保险财务体系与政府财政体系趋同，政府责任将被无限放大。⑤

我国养老保险经历了单位保险到社会保险的整体变迁，政治性因素在养老保险发展历程中留下了深深的烙印。为了解决政治性因素带来的养老保险财务"外部负担"，防止养老保险财务运转失灵，国家每年均对其进行大量的财政补

---

① 参见李鸿涛、关晋永等：《法国爆发大规模罢工"牵出"全球性问题——养老金改革难题怎么破？》，载《经济日报》2019年12月18日。

② 参见郑尚元：《社会保障法》，高等教育出版社2019年版，第90页。

③ See Michael Stolleis, *Geschichte des Sozialrechts in Deutschland*, Lucius & Lucius, Stuttgartm 2003, S. 1.

④ See Dworkin R, *What is Equality? Part 2: Equality of Resources* [J]. Philosophy & Public Affairs, 1981, 10 (4):339—343.

⑤ 参见杨方方：《我国养老保险制度演变与政府责任》，载《中国软科学》2004年第2期。

助。市场失灵需要国家干预经济关系,①养老保险财务运转失灵也需要政府干预。虽然确保养老保险财务可持续是"有为"政府义不容辞的责任,但目前财政补助养老保险目的却相当模糊。也即,财政补助金额哪些是基于补偿"外部负担",哪些是支持养老保险事业发展,应有一个清晰明确的说法。当以养老保险财务收入或支出负担某种政治诉求时,其行为可能脱离于既定的法律轨道,需通过国家立法或法律解释来获得合法性认可。长期以来,养老保险实践的历次改革均缺乏法律的规范指引,大都通过中央和地方出台的"条例""决定""办法""建议""意见"等政策文本探索前行。2010 年出台的《社会保险法》亦未能彻底扭转该势头,毕竟该法律的规定较为宏大,需大量地方政策配合。如《社会保险法》第 5 条笼统规定"县级以上人民政府对社会保险事业给予必要的经费支持",至于经费支持的原因、过程、经费支持的方式乃至支持的金额均未明确。第 65 条也仅规定"社会保险基金出现支付不足时,给予补贴",未明确当前支付不足抑或未来支付不足,以及补贴经费的数量等。立法的模糊加之长久以来的政策文本实践,难以造就逻辑严密的规则体系,地方在制定养老保险改革策略时大都专注本地区的困境与利益,忽视养老保险财务制度的顶层设计。②导致当前立法无法厘清"外部负担"的基本内容,以及如何通过财政补助、何时补偿甚至补偿金额等。

前述情况的发生,实则与我国养老保险基金被纳入地方政府财政预算有关,养老保险资金存入财政专户,由地方财政部门、人社部门等部门共同管理。③即使在财政预算中为养老保险基金设立了单独的账户,实行专款专用,也无法在外观上消除财政资金与养老保险资金混同、养老保险基金已成为财政一部分的事实。政府对养老保险基金的干预行为与政府财政管理行为趋同,异化为政府财政内部管理的一部分。这种现象正好解释为什么调整退休人员养老保险金标

---

① 应飞虎:《需要干预经济关系论——一种经济法的认知模式》,载《中国法学》2001 年第 2 期。

② 参见郑秉文:《"多层次混合型"养老保障体系与第三支柱顶层设计》,载《社会发展研究》2018 年第 2 期。

③ 如广东省财政厅、广东省社会保险管理局、广东省劳动厅、中国人民银行广东省分行、广东省地方税务局《关于印发〈广东省社会保险基金实行收支两条线管理暂行办法〉的通知》第 3 条规定了"社会保险基金应逐步纳入社会保障预算管理,在国家财政建立社会保障预算制度以前,纳入单独的社会保障基金财政专户,实行收支两条线管理"。

准的发文主体有财政部。①同时，社会保险经办机构是隶属于人社部门的事业单位，二者在管理权限和职能分工上虽有所区分，但经办机构接受人社部门管理，其主要领导通常是人社部门的副职或领导成员。从养老保险管理角度看，这种职权设计的好处在于借用政府信用推广社会保险，提高经办机构管理决策、保费征缴和待遇支付的效率，实现养老保险所欲达成的目的。当出现企业拖欠养老保险费或国家提高养老保险待遇时，政府只需出台一个规范性文件即可解决，无需根据养老保险的缴费、待遇等复杂因素所产生的精算结果、参保人数变化或物价变动来回应。社会保险经办机构在外观上与政府组成部门之间并无差异，养老保险的财务独立性丧失，成为国家财政的附庸。②此时，养老保险财务的"外部负担"与财务运作的内生逻辑走向趋同，在地方利益驱使下养老保险财务服务于地方经济，直接后果便是养老保险地方碎片化严重。具体到养老保险缴费时，各地区间养老保险缴费负担畸重畸轻，③最终受损的是人民对养老保险制度的信任以及制度的独立性。④

前述问题的产生在于将养老保险财务的"外部负担"与财务运作的内生逻辑混同，二者应有效区分，明确"外部负担"不是财务运作的内生逻辑。养老保险财务的良性运转势必与"作为集体资源的保险技术具有普遍联系"。⑤保险原则通过财务控制达成对风险的管理，也即通过风险的自我承担和风险的转嫁实现对风险的抑制，目的在于通过事先的财务安排，解除被保险人对损失的担忧，保障其经济利益。⑥如若忽视对保险原则的运用，短期将影响养老保险的运

---

① 参见人社部、财政部印发《关于 2017 年调整退休人员基本养老金的通知》（人社部发〔2017〕30 号）；人社部、财政部联合下发《关于 2018 年调整退休人员基本养老金的通知》（人社部发〔2018〕18 号）；人社部、财政部联合下发《关于 2019 年调整退休人员基本养老金的通知》（人社部发〔2019〕24 号）。

② 参见张荣芳、熊伟：《全口径预算管理之惑：论社会保险基金的异质性》，载《法律科学（西北政法大学学报）》2015 年第 3 期。

③ 参见郑功成：《从地区分割到全国统筹——中国职工养老保险制度深化改革的必由之路》，载《中国人民大学学报》2015 年第 3 期。

④ 参见林嘉：《公平可持续的社会保险制度研究》，载《武汉大学学报（哲学社会科学版）》2017 年第 4 期。

⑤ ［英］珍妮·斯蒂尔：《风险与法律理论》，韩永强译，中国政法大学出版社 2012 年版，第 14 页。

⑥ 参见孙祁祥：《保险学（第六版）》，北京大学出版社 2017 年版，第 17—19 页。

行质量，体现为保费缴纳不足额乃至逃避缴费，难以达成财务的事先安排；长此以往将导致养老保险应对人口老龄化的内生机制逐渐弱化并滋生保险财务风险。①而"外部负担"的过多介入势必冲淡养老保险财务运转的保险机理，难以真正发挥保险技术的功效。为此，需要明确养老保险"外部负担"应通过外力解决，保险财务仅解决养老保险的内生问题。虽然我国政府并未明说通过何种外力以解决"外部负担"，但每年均以大规模财政资金补助养老保险。显然，财政补助资金正属于外力范畴，解决省际间养老保险基金收支不均衡问题便是明证。以"东三省"为例，2017年辽宁、吉林和黑龙江省职工养老保险基金收支差额分别为－254.1亿元、－40.3亿元和－327亿元，呈现持续亏空的趋势。②而同期的广东省和江苏省则分别为1140亿元和238.9亿元，节余7652.6亿元和3402.7亿元。从"东三省"养老保险基金收支来看，仅靠其自身运转保险技术已失灵，需要国家财政持续补助。为此，国家于2018年7月实施中央调剂金制度，以缓解地区间养老金不均衡问题。正如有媒体针对"养老金亏空"的评论，提到弥补养老金缺口不是数学题，而是政策问题。③虽然国家并未明确财政资金与"外部负担"的对应关系，但至少说明"外部负担"并非养老保险财务运作的内生逻辑。

第四节　"外部负担"化解现状：
基于法律文本的量化分析

养老保险财务"外部负担"的化解并非玩文字游戏，而是通过一整套行之有效的长效方法解决养老金的伴随债务问题，达成养老保险财务运作法治理念、逻辑规则的构建。因"外部负担"的内容具有强烈的公共政策属性，故其化解方法势必关涉多方政策因素，公共政策量化成为当下社会治理现代化的重要路径。④量

---

① 参见郑秉文：《中国社会保障40年：经验总结与改革取向》，载《中国人口科学》2018年第4期。

② 参见《中国劳动统计年鉴（2017）》。

③ 参见徐立凡：《弥补养老金缺口不是数学题》，载《京华时报》2012年12月19日。

④ 参见傅雨飞：《公共政策量化分析：研究范式转换的动因和价值》，载《中国行政管理》2015年第8期。

化的分析方法也成为法学研究的重要工具，甚至成为新时代提高立法质量的重要保障，①成为法学研究的有效范式。②量化分析要求对"外部负担"化解的考量因素选定更加严谨周密，从当前"外部负担"存在的方式与类型到对"外部负担"化解的当下对策做法，以及分析判断所依据的客观情况，都应有充足的数据样本来支撑。只有充足的政策与数据样本，才能对"外部负担"的各项指标进行全面且客观的评述，得出有说服力的"外部负担"考量因素评价标准。

一、"外部负担"的方式与类型：基于央地法律文本的解读

"外部负担"在我国中央和地方的法律文本中多有体现，本书通过法律量化方式对 51 份关涉养老保险财务"外部负担"的法律文本进行分类汇总，以期厘清"外部负担"的方式与类型。因新冠肺炎疫情属突发公共卫生事件，对企业的生产经营活动造成严重影响，"11 号文"中规定的优惠对象几乎涵盖所有类型企业，且独树一帜，与其他类型养老保险的"外部负担"具有较大差异。故，将其单列进行分析。

（一）特殊情况下"外部负担"的方式与类型

中央出台"11 号文"明确减免企业应缴纳的养老保险费，以克服企业在疫情期间停业停产所造成的损失，帮助其复工复产。"11 号文"列举了三种"外部负担"方式：对中小微企业（湖北省为各类参保单位）免征不超过 5 个月的养老保险费；对大型企业等参保单位（不含机关事业单位）减半征收不超过 3 个月养老保险费；对因疫情影响经营出现严重困难的企业缓缴不超过 6 个月养老保险费。随后，《国家税务总局关于贯彻落实阶段性减免企业社会保险费政策的通知》（税总函〔2020〕33 号）出台，进一步落实具体操作办法，并要求各省级地方根据具体情况，积极推动制定本地区具体操作办法。

---

① 2018 年，十三届全国人大及其常委会召开第一次全国地方立法工作座谈会，会上全国人大宪法和法律委员会主任委员李飞就加强立法决策量化论证作了发言。参见李飞：《加强立法决策量化论证不断提高立法质量》，载《中国人大》2018 年第 19 期。
② 参见何文剑、张红霄：《法律效率量化框架的理论研究——兼论森林采伐限额管理制度对此框架的应用》，载《现代法学》2016 年第 3 期。

表 1　特殊情况下央地养老保险基金"外部负担"文件

发文主体	"外部负担"类型	文件号	发文主体	"外部负担"类型	文件号	发文主体	"外部负担"类型	文件号
中央	减征、免征、缓缴	人社部发〔2020〕11 号	山西	减征、免征、缓缴	晋人社厅发〔2020〕14 号	山东	减征、免征、缓缴	鲁政字〔2020〕52 号
中央	减征、免征、缓缴	税总函〔2020〕33 号	辽宁	减征、免征、缓缴	辽人社发〔2020〕7 号	新疆生产建设兵团	减征、免征、缓缴	兵人社发电〔2020〕36 号
湖北	减征、免征、缓缴	鄂人社发〔2020〕4 号	河南	减征、免征、缓缴	豫人社〔2020〕8 号	湖南	减征、免征、缓缴	湘人社规〔2020〕3 号
北京	减征、免征、缓缴	京社保发〔2020〕2 号	上海	减征、免征、缓缴	沪人社基〔2020〕77 号	四川	减征、免征、缓缴	川人社发〔2020〕1 号
黑龙江	减征、免征、缓缴	黑人社发〔2020〕6 号	吉林	减征、免征、缓缴	吉政办明电〔2020〕12 号	黑龙江	返还	黑文旅发〔2020〕15 号
贵州	减征、免征、缓缴	黔人社发〔2020〕2 号	重庆	减征、免征、缓缴	渝人社发〔2020〕19 号	重庆	返还	渝府办发〔2020〕14 号
广东	减征、免征、缓缴	粤人社发〔2020〕58 号	浙江	减征、免征、缓缴	浙人社发〔2020〕13 号	浙江	返还	浙发改服务〔2020〕26 号
河北	减征、免征、缓缴	冀人社传〔2020〕24 号	宁夏	减征、免征、缓缴	宁人社发〔2020〕23 号	四川	返还	川财建〔2020〕9 号

资料来源：北大法宝及地方政府网站公开的法律文本整理，截止时间：2020 年 4 月 10 日。

表 1 汇总了两个中央以及 18 个省级地区的 22 个阶段性减免企业社会保险费的法律文本，列举了"减征、免征、缓缴、返还"等不同类型的"外部负担"。

可见，各地区严格落实"11号文"等文本的规定，对不同类别企业采取不同类型的社会保险费缴纳优惠措施，使得各地养老保险费减免效果明显，如湖北全省自2020年3月底为各类企业减轻社会保险费缴费负担121亿元。[①]其中，在"缓缴"方面，地方在中央发文的基础上进行了一定的创新。如北京、辽宁、湖南等地对"企业经营出现严重困难"进行了细化规定；山西独树一帜，在"缓缴"基础上进一步规定参保企业无需申请即可对1至3月养老保险费延迟3个月缴纳；河南则附加要求申请"缓缴"企业除满足经营困难条件外，还应坚持不裁员或少裁员。在养老保险费"返还"类型中，黑龙江、重庆等4个地区甚至突破了中央法律文本规定，提出对于不裁员和少裁员企业给予社会保险费"返还"扶持措施，四川还进一步明确"返还"的目的在于稳岗。对于"返还"额度，各地根据实际情况规定差异较大，如黑龙江、四川返还6个月（重庆返还3个月）企业及其职工上年度应缴纳社会保险费的50%，而浙江则提出应根据企业具体情况返还1至3个月不等的社会保险费。对比2003年"非典"疫情暴发期间中央和地方对减轻企业社会保险费缴纳负担的发文，在"外部负担"方式与类型上差异较为明显。2003年"非典"疫情期间，中央发文仅规定对停产、半停产的困难企业给予最长3个月的社会保险费缓缴期限；[②]而在新冠疫情期间"外部负担"的类型更丰富，覆盖范围更广，优惠方式更多样。显然，亦加重了养老保险财务的外部负担。

（二）一般情况下"外部负担"的方式与类型

非疫情期间，中央和地方政府亦出台较多法律文本减免企业养老保险缴费金额。本书通过对27份（表2）非疫情期间中央和地方出台的法律文本的量化分析，可知非疫情期间养老保险财务"外部负担"虽力度稍缓，但方式与类型却更为丰富，更具有连续性。本书根据27份法律文本所规定的养老保险财务"外部负担"内容，基于获益主体的不同区分为三种类型。第一，困难企业与小微企业。由于困难企业破产对经济社会产生不利影响，中央和地方政府连续发

---

① 参见国家税务总局：湖北：为各类企业减轻社保缴费负担121亿元。http://www.chinatax.gov.cn/chinatax/n810219/n810744/c101584/c101588/c5148356/content.html，最后访问日期：2022年4月1日。

② 参见《劳动和社会保障部办公厅关于转发广东省劳动和社会保障厅〈进一步做好非典型肺炎防治期间劳动保障工作的通知〉的通知》（劳社厅函〔2003〕271号）。

文通过减免其缴纳的养老保险费达成扶持政策。"人社部发〔2009〕1号文"明确提出困难企业在一定期限内缓缴养老保险费，江西将该期限确定为1年，湖北、山东等地还在缓缴基础上增加了延期缴纳类型，江苏则创新提出了分期缴纳的类型。除了在缴纳期限上进行优惠外，部分地区还针对特定类型困难企业进行规定，如杭州对不裁员或少裁员的困难企业返还企业及劳动者应缴纳的6个月社会保险费的50%。而中央和地方政府法律文本扶持小微企业发展的目的，在于其可提供大量就业岗位。对小微企业进行养老保险费提供减免等优惠的地区主要在重庆，"渝府办发〔2018〕155号文"规定对符合条件的小微企业可适用个体工商户的优惠措施，即较低的缴费比例。除此之外，吉林对新参保登记或一次性补齐欠费的小微企业，阶段性缓收滞纳金。

第二，"个转企"与"小升规"企业。该类主体属于法律文本在地方的特殊政策实践类型。其中，"个转企"是指个体工商户转型升级为合伙企业、有限公司等企业类型。为支持"个转企"主体发展，部分地区设置过渡期，在过渡期内仍可按个体工商户标准享受较低的养老保险缴费比例和在一定范围内选择缴费基数的权利。表2中的吉林、大连等地规定过渡期为3年，苏州规定仅为1年，武汉规定3年期满后经批准还可延长2年。"小升规"指小微企业转型升级为规模以上企业。该类型企业的养老保险缴费优惠主要发生在浙江，表现形式为在首次上规模后的3年内临时性下调单位养老保险缴费比例，每年下调幅度相当于企业养老保险缴费1个月额度。

第三，作为特殊参保群体的农民工、灵活用工人员及个体工商户。该类主体长期游离于社会保险体系之外，法律文本通过缴费的优惠吸引其参加社会保险。如中央法律文本虽未对农民工规定"外部负担"的类型，但为落实《国务院关于解决农民工问题的若干意见》（国发〔2006〕5号）中的农民工社会保险问题，部分地区允许农民工按照"双低"原则参加养老保险。杭州即规定农民工个人缴费比例为5%，单位缴费比例为14%。对于灵活用工人员及个体工商户，绝大部分地区降低其单位和个人缴费比例至20%，并将其中的8%记入个人账户。除降低缴费比例规定外，部分地区也给予缴费基数的优惠，浙江、湖北等地区通过设置过渡期的形式，规定过渡期内按照在岗职工平均工资的一定比例确定缴费基数。北京和浙江温州等地甚至允许在一定范围内自由选择缴费基数。

表 2　一般情况下央地养老保险基金"外部负担"文件

发文主体	"外部负担"针对主体	文件号	发文主体	"外部负担"针对主体	文件号	发文主体	"外部负担"针对主体	文件号
中央	困难企业	人社部发〔2009〕1号	浙江温州	灵活用工及个体工商户	温政发〔2007〕15号	吉林	"个转企"	吉政发〔2018〕22号
中央	灵活用工及个体工商户	国发〔2005〕38号	山东	灵活用工及个体工商户	鲁政发〔2006〕92号	湖北武汉	"个转企"	武政规〔2016〕19号
江西	困难企业	赣府发〔2019〕14号	湖北	灵活用工及个体工商户	鄂政发〔2006〕42号	江苏苏州	"个转企"	苏府〔2014〕51号
湖北	困难企业	鄂政办发〔2019〕39号	浙江	灵活用工及个体工商户	浙劳社老〔2006〕142号	浙江温州	"小升规"	温政办〔2018〕115号
浙江杭州	困难企业	杭政函〔2019〕42号	吉林	小微企业	吉市政办发〔2019〕14号	浙江宁波	"小升规"	甬政办发〔2014〕9号
山东	困难企业	鲁政发〔2018〕21号	重庆渝北	小微企业	渝北委办发〔2018〕41号	浙江	"小升规"	浙政办发〔2013〕118号
湖北	困难企业	鄂政办发〔2018〕48号	重庆	小微企业	渝府办发〔2018〕155号	浙江杭州	农民工	杭政办〔2006〕46号
苏州	困难企业	苏政发〔2018〕136号	吉林	"个转企"	吉市政办发〔2019〕14号	浙江	农民工	浙劳社老〔2006〕142号
北京	灵活用工及个体工商户	京社保发〔2019〕7号	辽宁大连	"个转企"	大政办发〔2018〕128号	江西	农民工	赣府发〔2019〕14号

　　资料来源：北大法宝及地方政府网站公开的法律文本整理，截止时间：2022年4月10日。

二、"外部负担"的化解方法：整体纳入政府公共财政预算

本部分通过法律量化的分析方法来观测我国当下养老保险财务"外部负担"的化解方法。观测视角主要分为两个方面：一是对中央政府层面 2011—2017 年度养老保险基金收入与财政补助情况进行整体观测（图 1），以期探究中央财政对养老保险财务的贡献力度；二是从东北、西南、西北和东部沿海地区选择八个经济发展水平和社会治理能力差距较大的省级地方政府，从地方政府层面审视 2014—2018 年间不同地方财政补助养老保险财务的力度（表 3），希望全面展现不同地区财政支持养老保险财务"外部负担"化解的差异。观测图 1 数据可见，财政补助养老保险基金总收入呈递增之势，2017 年更是达到了 4955.13 亿元。此外，财政补助占养老保险基金收入比例从 2012 年始整体上也是逐年攀高。表 3 数据所呈现趋势与图 1 数据略有不同，但部分省市财政补助占养老保险基金收入比例持续处于高位。从图 1 和表 3 量化的数据，以及结合对表 1 和表 2 数据的理解，可见我国中央和地方财政均将养老保险收支纳入政府整体财政预算。具体而言，对图 1 和表 3 的解读涵盖以下三个方面：

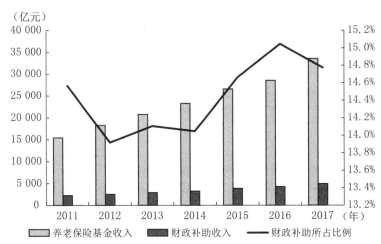

资料来源：根据财政部公布的《关于社会保险基金决算的说明》整理，截止时间：2022 年 4 月 11 日。

图 1　2011—2017 年度中央财政补助养老保险情况

表3 8省市财政补助养老保险占比情况统计① 　　　单位：万元

省份	年份	总收入	财政补贴	占比	省份	年份	总收入	财政补贴	占比
黑龙江	2014	1291031	51222	39.68%	辽宁	2014	2848423	649514	22.80%
	2015	1443022	334000	23.15%		2015	3012917	649514	21.56%
	2016	1408038	620000	44.03%		2016	3411095	885606	25.96%
	2017	1736738	592796	34.13%		2017	3115472	837902	26.89%
	2018	2282337	1147835	50.29%		2018	3112872	904000	29.04%
贵州	2014	1027646	419608	40.83%	云南	2014	3438271	817712	23.78%
	2015	1127213	476462	42.27%		2015	3915108	885046	22.61%
	2016	1220369	656439	53.79%		2016	4168379	976498	23.43%
	2017	1246552	720270	57.78%		2017	4833525	994240	20.57%
	2018	1347475	800000	59.37%		2018	4745674	1071884	22.59%
甘肃	2014	1620332	373410	23.05%	四川	2014	14731479	3473386	23.58%
	2015	1650075	395976	24.00%		2015	15646451	3245650	20.74%
	2016	1648489	377765	22.92%		2016	16855041	3747786	22.24%
	2017	1897016	458069	24.15%		2017	26868977	4233802	15.76%
	2018	3201501	933535	29.16%		2018	24648256	3710936	15.06%
浙江	2014	1076922	1339	0.12%	上海	2014	15941000	90000	0.56%
	2015	1378902	1339	0.10%		2015	17812000	90000	0.51%
	2016	1351759	1339	0.10%		2016	18597000	100000	0.54%
	2017	1524292	1339	0.09%		2017	20828000	137000	0.66%
	2018	1690773	1339	0.08%		2018	24687000	132000	0.53%

资料来源：整理自8省市财政部门网站公开的数据，截止时间：2022年4月11日。

---

① "总收入"为当年企业职工养老保险基金收入，"财政补助"为当年地方财政补助的企业职工养老保险基金收入，"所占比例"为财政补助收入占企业职工养老保险基金收入的比例。"总收入"和"财政补助收入"在上述网站中获取，"所占比例"的计算方法为财政补助收入/企业职工养老保险基金收入。

第一，中央和地方并不区分养老保险财务保险费用收支与"外部负担"导致的财务缺口。从中央和地方财政部门所公开的财政收支数据分析，央地财政部门均将养老保险预算纳入整体财政预算，即并不认可养老保险财务具有独立性。虽说通过央地财政兜底养老保险基金亏空的做法可能加重财政负担，但应当承认这有利于及时化解当期养老保险财务的"外部负担"。问题在于，养老保险财务整体纳入政府公共财政预算的做法较为"粗枝大叶"，并没有区分养老保险财务本身的费用收支与"外部负担"造成的财务缺口问题。不管是立法机关的人大代表还是政府行政人员均不能明晰每年"外部负担"的内容、具体费用和政策效果，财政补助"外部负担"的花费与其所实现的社会政策之间的效益如何？显然，如若不改变这种财政补助方法，现在乃至很长一段时间这依然是一笔糊涂账。

第二，财政补助养老保险占比各地处境迥异。表现为部分地区几乎完全由财政承担"外部负担"的补偿费用，如贵州、黑龙江；而经济发达的浙江、上海等地则由养老保险基金承担"外部负担"缺口。图1反映出我国养老保险基金对中央财政有一定程度的依赖，表3表明各地区因经济发展水平差异较大，养老保险基金收支不等，使得财政补助力度不同。黑龙江和辽宁养老保险财务对地方财政依存度较高，如黑龙江2018年的养老保险费收入有超过50%来自财政补助。[1]来自西部地区的甘肃、云南、贵州养老保险财务来自财政补助的占比基本均超过20%。[2]这其中，贵州养老保险财务对财政补助的需求尤其高，2014—2018年年均依存度超过50%，2016—2018年度甚至达到了57%，地区养老保险财务筹集竟主要依靠财政补贴补助，这与养老保险建立初衷大相径庭。此时，要么其"外部负担"的缺口较大，要么养老保险财务自身运转出现问题。

---

①　参见黑龙江省财政厅，http://www.hljczt.gov.cn/pages/5df84090f6e9fa11c0972116；参见辽宁省财政厅，http://czt.ln.gov.cn/zfxxgk/czysxxgk/bmjs/。

②　参见甘肃省财政厅，http://czt.gansu.gov.cn:81/index.php?dir=/政府信息公开/信息公开目录/财政预决算/省级政府预决算；参见云南省财政厅，http://czt.yn.gov.cn/zdlyxxgk/ysxx/ynszfyjs/ynszfjs/；参见四川省财政厅，http://czt.sc.gov.cn/new_web/new_NewList.jsp?ntypename=%25E8%25B4%25A2%25E6%2594%25BF%25E6%2595%25B0%25E6%258D%25AE；参见贵州省财政厅，http://czt.guizhou.gov.cn/zwgk/zdlygk/czys/，http://www.hljczt.gov.cn/pages/5df84090f6e9fa11c0972116。

相较而言，上海、浙江的养老保险财务对地方财政保持较低依赖性和较高独立性，财政补贴占比均在1%以内。[1]可见，东北和西部地区持续保持财政补助养老保险较高比例，如若不尽早化解"外部负担"将对当地财政持续带来沉重负担，影响政府社会服务能力。[2]

第三，央地政府对于化解"外部负担"缺乏科学判断和长远规划。根据图1和表3呈现的以及央地政府财政预算展示的数据分析，目前政府对于养老保险财务的收支和"外部负担"问题，以及政府财政与养老保险财务之间的关系缺乏科学的判断。使得政府并未意识到存在养老保险财务的"外部负担"问题，更未精准核算其金额，而是将其作为由政府支持的社会保障制度，财政直接支持与补偿"外部负担"也就成了政府"左口袋"与"右口袋"的关系。由于"外部负担"承担了政府的部分社会政策，特别是疫情期间各地政府大规模"降费"以支持企业复工复产，短期来看并不会影响"外部负担"的激增，但长远观之，"外部负担"将呈"滚雪球"趋势发展。目前，因没有精准统计"外部负担"的额度，央地政府亦没有为偿还这笔债务做好准备。如若为实现眼前利益而采短视的态度和做法，长远负担最终也需要财政来偿还。加之东北、西南等经济欠发达地区本身还面临人口老龄化和低生育率趋势，负债持续走高的"外部负担"将成为一个巨大隐患。[3]

第五节 "外部负担"化解路径：基本养老保险财务自动调整法律机制构建

在部分发达国家，养老保险财务改革涉及诸多利益，往往面临政治阻力而无法顺利推动，或使改革过程曲折漫长，无法及时回应养老保险体系所面临的

---

[1] 参见上海市财政局，https://czj.sh.gov.cn/zss/zfxx/czsj/index.html；参见浙江省财政厅，http://czt.zj.gov.cn/col/col1416803/index.html。例如青岛和深圳等地已经连续多年做到财政补助养老保险的金额为零，并且养老保险财务收入显著大于支出。

[2] 参见曾益、李晓琳、石晨曦：《降低养老保险缴费率政策能走多远?》，载《财政研究》2019年第6期。

[3] 参见李春根、夏珺：《企业社会保险缴费基数形成逻辑、本质与政策调整——基于利益相关者集体选择视角》，载《税务研究》2019年第6期。

内外压力。在此背景之下，许多国家建立了养老保险财务自动调整法律机制，使得养老保险财务随人口、经济等条件自动调整，免除冗长的修法过程。[1]美国于 1982 年最早提出养老保险财务自动调整问题，通过预先设定好的策略，当养老保险财务偿付能力或永续发展指标变动时，立即启动自动调整法律机制。[2]目的在于避免政府财政立法频繁变动，确保养老保险财务均衡，毕竟提高缴费费率与降低待遇给付均面临社会各方压力。[3]因此，应事先预定未来养老金给付调整幅度，进而完善养老保险法律制度体系。财务自动调整机制具有"刚性"和"柔性"两种模式，"刚性"模式将人口、缴费、待遇支付等作为变动指标，自动依预先设定方案进行调整；"柔性"模式则还需政府在调整策略中作最终决定。由于"外部负担"将长期伴随养老保险财务，其化解亦是长期动态调整过程。通过构建养老保险财务自动调整法律机制，预先设定输入端、支出端等指标，从而将"外部负担"的化解纳入法定程序内进行，政策性的财政补助转化为法律程序内的财务治理，进而防范"外部负担"失控侵蚀养老保险财务。

一、财务自动调整法律机制构建的理念

从法律的视角来看，财务自动调整机制作为社会保险制度中的新生事物，其构建理念是否恰当是考量法律机制正当性与合法性的基本前提。由于财务自动调整机制并非解决单纯的养老保险财务问题，还考量政府公共财政政策与养老保险财务均衡等因素，将"外部负担"纳入法律程序内化解以替代政治抉择解决，客观上也蕴含了对社会问题的解决。例如，由于受新冠肺炎疫情影响，2020 年一季度 GDP 初步核算数据比上年同期增长 - 6.8%，[4]经济变动直接影响就业率的提升，改变了工作与退休人口比例。为此，政府运用"减税降费"等

---

① 如瑞典、德国、日本和美国等均建立了养老金自动调整机制。

② Vidal-Meliá, C., Boado-Penas, M. d. C. & Settergren, O. (2009), Automatic Balance Mechanisms in Pay-As-You-Go Pension Systems. The Geneva Papers on Risk and Insurance，34，2：287—317.

③ Lindquist, G. S. & Wadensjö, E. (2013), Income Distribution among those of 65 Years and Older in Sweden. In：M. Szczepański（ed），Old-Age Crisis and Pension Reform：Where Do We Stand?，Poznan，Publishing House of Poznan University of Technology. pp. 43—76.

④ 参见国家统计局网站：《2020 年一季度国内生产总值（GDP）初步核算结果》，http://www.stats.gov.cn/tjsj/zxfb/202004/t20200417_1739602.html，最后访问日期：2022 年 4 月 20 日。

公共政策工具，虽减轻了企业的成本压力，但产生了"外部负担"。而后者的化解实则支持企业复工复产，解决了社会就业问题。由于"外部负担"的化解需较长期限，财务自动调整机制的法律理念应考虑从中长期角度应对养老保险财务变动。所以，财务自动调整法律机制必须考量"外部负担"中法律与政策的关系，以及财政补助在养老保险财务中的角度定位与财务自动调整机制对"外部负担"的化解能力。

第一，注重顶层法律设计，明确财务自动调整机制化解"外部负担"属于法律行为，而非政治决策过程。应在顶层设计上明确财务自动调整机制化解"外部负担"行为的法律性质。这是因为"外部负担"的产生主要源于政府的公共政策，而目前的化解方式又是通过政府财政补助应对，这本身即属于政治决策过程。而财务自动调整机制化解"外部负担"则应跳出政策决策的窠臼，将"外部负担"化解纳入法治化与规范化的轨道，通过财务自动调整机制的法律逻辑来进行，从而排除政治决策的介入与干预。也即，将"外部负担"的内容法律化，作为财务自动调整法律机制输入端的内容，并不考虑其产生的政治决策过程。例如，不管是新冠肺炎疫情期间养老保险费的减征、免征、缓缴、返还，还是非疫情期间对困难企业与小微企业、"个转企""小升规"企业和作为特殊参保群体的农民工、灵活用工人员及个体工商户等主体的缴费优惠，均属于政府支持就业、提高劳动参与率和活跃经济活动决策的一部分。该行为的产生带有浓厚的政治因素，属于典型的公共政策工具。但将该行为作为财务自动调整法律机制输入端因子时，仅考虑该因子在缴费减免上的法律属性，是否属于输入端的范围，并不考量其为何产生以及产生过程。

第二，强化法律机制效用发挥，以财务自动调整机制化解"外部负担"为主，逐步缩小财政补助所扮演的角色。从规范化解"外部负担"的角度，应将政府财政补助作为财务自动调整机制的参数，而非政治性的"财政兜底"。以此，可将"外部负担"与财政补助在法律轨道上直接分离，将财务自动调整机制作为化解"外部负担"的常态性机制，以法律方式解决法律问题，而非将法律问题与政策问题混同。值得注意的是，虽说并未有统计资料显示"外部负担"当下的具体数额，但根据每年财政补助养老保险的金额推测，其总额应是一个巨大的数字。为此，不能一味否定直接财政补助作用，而应逐步缩小其扮演的角色作用，毕竟规模巨大的"外部负担"难以单次化解，可能分散至数年或数十年，则不会对养老保险财务造成较大冲击。毕竟养老保险财务自动调整机制作为一个新生事物，在初创阶段难免存在各种意料之外的问题，特别是欠缺化解"外部负担"的足够能力。此时，不管是社会大众还是各方利益相关者难免怀疑其效用发挥，各方杂音势必强调以简单的财政补助解决之。但正如前文强调养老保险财务自动调整法律机制的独立性，目的即在于抑制直接政治手段解决"外部负担"的冲动，即使遇到较大阻力也应强调法律手段的优先。因此，需要将"外部负担"化解与直接财政补助同时纳入高效、透明的法律轨道，二者相互合作确保"外部负担"的顺利化解。

第三，树立法治的底线思维，明确通过法律机制化解的"外部负担"是基于合法行为产生的，超越合法限度的"外部负担"不属于法律机制化解的范畴。"外部负担"既可能基于合法行为产生，如通过公共政策主动减免企业的养老保险费；又可能因逃避缴费等行为产生违法债务，其并不同于因制度转换或政策调整产生的隐性债务，[1]而是因企业或劳动者故意降低缴费基数、不按时缴费、欺诈行为等行为产生，毕竟直到 2018 年，我国缴费基数合规企业比例才27%。[2]当该违法债务混入"外部负担"后，在外观上则可能混淆违法行为与"外部负担"的法律性质，将违法行为以"外部负担"对待。对于违法债务应通过《社会保险法》及《社会保险费征缴暂行条例》去解决，不应纳入财务自动调整法律机制范畴，体现权责相对应。法治思维要求"外部负担"化解不应仅停留在财务自动调整法律机制范畴，还应当从法律之外去探寻"外部负担"形成的真正根源，消除其背后的政治动因与社会治理因素的影响，即使侥幸化解本次"外部负担"后，也必定会有其他隐性债务沦为新的"外部负担"。此外，"外部负担"规模应有一定的限制，如若超过养老保险费收入时，财务自动调整机制将失去独立运转能力，成为另一个"财政补助"行为。可通过规模上限的设定，将限额范围内的"外部负担"纳入财务自动调整机制化解，超越上限的"外部负担"可寻求政府帮助，以公共政策形式化解。这类似于瑞典年金财务自动调整机制的模式，通过牺牲规模经济效益，将养老保险费收入分为四种类型

---

① 参加薛惠元、王雅：《机关事业单位养老保险隐性债务与转制成本测算》，载《保险研究》2020 年第 4 期。

② 参加房海军：《社会保险费强制征缴的现实之需、实施困境及其应对》，载《北京理工大学学报（社会科学版）》2019 年第 3 期。

以分散风险。①可见，财务自动调整机制化解"外部负担"与实现保险待遇持续给付间存在一定的张力，"外部负担"化解建立在养老保险财务永续的前提下。

二、财务自动调整法律机制构建的方案

养老保险财务压力除了"外部负担"外，人口、经济、劳动力市场等结构因素亦产生直接影响。加之养老保险财务压力并非短期因素所引发，而是长期累积的结果，"外部负担"也非短期内可有效化解，需融入养老保险财务自动调整法律机制的长期实践中。养老保险财务自动调整法律机制的构建涵盖两方面议题：输入端和支出端。从表1和表2"外部负担"的方式与类型分析，"外部负担"内容主要涵摄企业所减免、缓交和返还的养老保险费，也即"外部负担"集中于养老保险财务的现收现付制层面。从养老保险财务永续发展角度思考，如若对现收现付制为基本出发点进行改革规划，则可考虑"以收定支"为运作基准，当收入端减少时，就必须减少支出；若是"以支定收"为运作基准，支出端增加时，则应提高收入。财务自动调整法律机制的输入端主要包括以下内容：一是平均寿命与经济增长变动；二是保费费率与参保工资的计算方式，如调整保费费率，或以最低工资、平均工资、实际工资等不同标准计算；三是财政补助与"外部负担"；四是社会保障战略基金支持和其他收入。相对应的，财务自动调整法律机制支出端包括两个方面：一是对于过去贡献的再评价。如工作期间缴费工资与工作年限，平均缴费工资计算须反映累积年资期间的生活水平及成本改变，称为缴费指数化工资。二是退休后的给付水平调整，主要关涉人口结构对财务影响。此时，只将输入端和支出端套入财务自动调整公式，无需通过立法具体载明调整的原因与时间点，即可化解"外部负担"。

当"外部负担"被纳入养老保险财务调整的法律程序和框架内化解时，势必需要遵循既定的财务自动调整规则。财务自动调整法律机制输入端参数越多、越准确，越有利于输出端待遇给付数据的真实性。本书并非求证财务自动调整机制如何实现精准化运转，而是将"外部负担"与政府财政补助作为参数代入输入端，在实现养老保险财务永续的同时化解"外部负担"。寄希望通过财务自

---

① See Bjorkmo, M. & Lundbergh, S., *Restructuring Sweden's AP Funds for Scale and Global Impact*, Rotman International Journal of Pension Management, 3, 2010: (1).

动调整机制在不同代际间分配保费与待遇的公开、透明方式，将当代的"外部负担"分配到不同世代进行化解。此时，"外部负担"与保费费率、人口结构变化、物价水平、平均工资、预期寿命、退休年龄、生产力水平与经济增长率等内容共同构成财务自动调整机制的输入端数据。[1]具体而言，这些数据主要涵盖三个方面：一是养老保险财务收入，如缴纳的养老保险费和政府财政补助等；二是养老保险财务支付与负担，包括保险待遇支出与"外部负担"等内容；三是经济社会因素，如人口结构变化与预期寿命等内容。除此之外，为了防患于未然，通常还有养老保险储备基金，在财务自动调整机制出现运转困难时予以援助。例如，瑞典的第六缓冲基金，来自第一到第四国家养老金的结余，用于危机时刻平衡保费收入与给付支出之间的差额。[2]其实，仔细观察可得出"外部负担"不应属于财务自动调整机制的必要因子，因为它可能打破财务自动调整机制从保费缴纳到待遇给付的线性平衡。为保持该线性平衡，"外部负担"需要与财政补助共同作为输入端因子。可见，并非财务自动调整机制化解了"外部负担"，而是通过该机制将"外部负担"与财政补助纳入法治化的规范渠道，通过世代精算的方式化解。同时，在客观上也规范了"外部负担"产生和财政补助程序要求，将未知和不可控的"外部负担"纳入已知的可控法律程序中，真正化解"养老金危机"。

养老保险财务自动调整法律机制的建立，在法律逻辑上将产生三个新的待解议题。一是法律机制运转与政治干预。财务自动调整法律机制运作如何取舍收入增加与支出减少因素。如若启动降低财务支出，则可能提高退休年龄或降低养老金给付，如何处理与政治间的关系。毕竟我国退休人员养老金已实现16连涨，[3]加之2019年5月1日出台的为企业减负的《降低社会保险费率综合方案》，可将单位缴纳养老保险费比例降至16%。此时，财务自动调整机制依据复杂的参数设计与数学公式得出的结论与养老保险社会整体发展趋势相悖。通

---

① Bosworth，B. and Weaver，R. K.（2011）*Social Security on Auto-pilot*：*International Experience with Automatic Stabilizer Mechanisms*. Center for Retirement Research at Boston College，WP2011-18.

② See Swedish Pensions Agency（2013）*Orange Report*：*Annual Report of the Swedish Pension System 2012*，Swedish Pensions Agency，Stockholm.

③ 参见班娟娟：《养老金迎上调窗口期、养老保险改革谋突破》，载《经济参考报》2020年1月8日。

过法律机制化解"外部负担"本可摆脱政治因素的影响，而又掺杂政治因素，使得决策者不得不小心、谨慎应对。二是技术层面的议题。化解"外部负担"是以精算数据还是以推算数据为基础。精算数据反映"外部负担"实际变化，如确定每年减免养老保险费总额。但经济发展具有波动性，"外部负担"化解易受疫情、经济增速、失业等情形影响。若以推算数据为基础，则仰赖对未来政策的假设，该假设可能因其准确程度的偏误或不确定性，导向不同推算结果。此外，自动调整法律机制的力道与频率亦影响"外部负担"的化解。法律机制调整的力道和频率直接影响退休人员的给付，甚至影响退休年龄的变化，可能招致反对的声音，限制自动调整法律机制效用发挥。故，可考虑每年进行较小幅度调整，不易为社会所察觉进而引起较大反响。三是养老保险负担代际间的分配正义。调整效果是否导致部分人群受损，出现逆分配的状况，低收入者与低养老金领取者的所得是否因财务自动调整法律机制减少。由于当代的"外部负担"通过财务自动调整机制在未来不同代际间化解，实则用未来的保费支付当下的花销。加之持续走低的出生率[1]和人口老龄化加剧[2]，可能导致未来的一代须负担比以前更多的保费，但未来可领到的养老金却比上一代少。所以如何在养老保险财务均衡原则下同时兼顾社会公平及世代正义的关系，将是处理养老保险"外部负担"和设计财务自动调整法律机制须解决的关键问题。

三、财务自动调整法律机制的保障设施

第一，创设立法保障条款。客观上看，构建养老保险财务自动调整法律机制并不难，但如何保障其真切实现却不易。若不能构造行之有效的保障设施，展示财务自动调整法律机制化解"外部负担"的卓越功效和良好预期，则势必会影响决策者对确立这一法律条款的信心和决心。毕竟在养老保险改革和立法进程中，其财务处理模式的定位往往涉及经济、政治、文化乃至伦理等因素，但是在最终的决策中，政治的考量才是决定性的。我国社会保险立法，往往迁就于政治因素而弱化了社会保险的相互性关系，人民易将保险给付视为国家的

---

① 出生率由 2000 年的 14.3% 降至 2018 年的 10.94%，资料来自 2010—2016 年《中国人口与劳动统计年鉴》；2017—2018 年数据来自《国民经济与社会发展统计公报》。

② 参见厉以宁：《中国道路和人口老龄化的就业对策》，载《国际经贸探索》2020 年第 3 期。

恩惠而欠缺社会连带的共识，遂使得养老保险财务状况改善困难。为此，应在社会保险领域牢固树立法治意识，特别是在全面推进依法治国和加快促进社会保障体系走向成熟、定型的时代背景下，抓紧修订完善《社会保险法》的契机。[1]在《社会保险法》"第八章社会保险基金"中创设社会保险财务自动调整条款。条款内容可包含总体目标与阶段目标，总体目标实现社会保险永续发展，阶段目标可参考国家法治现代化进程，到2025年初步构建财务自动调整法律机制框架，2026年到2035年构建完善的法律机制。此外，还应明确具体的指标与操作流程由人社部门与财政部门通过制定部门规章回应。明文规定养老保险财务自动调整定期精算，向社会公开保险财务，如亏损及潜藏负债等财务报告。借此机会，提出"外部负担"化解时间表与化解路径，以期解决历史和现实顽疾。

第二，养老保险法律制度改革。对于养老保险法律制度的改革必须未雨绸缪，无需等到财务危机迫在眉睫才进行。将养老保险财务自动调整法律机制作为养老保险基金改革的重要内容，以立法切入的形式提升养老保险制度的财务永续以及世代资源配置的平衡性。而除了立法推动外，还应当从制度设计层面探讨如何确保自动调整机制的有效性。如，可将自动调整机制纳入整体的养老保险财务评估中，设计具体的计算公式，作为自动调整养老金给付的依据。在公式的运作之下，养老金给付水平将依人口结构、工资变动、通货膨胀以及"外部负担"变项的波动而自动调整。改革中，还应先行评估自动调整机制对养老保险财务的影响，特别是对养老金给付者的影响，以决定自动调整机制实施的时机。化解"外部负担"仅是自动调整机制的内容之一，其构建势必与养老保险法律制度改革挂钩。换言之，仅靠养老保险财务自动调整法律机制运作，不足以解决"外部负担"问题，仍须与其他策略的配合，才能健全养老保险财务。例如，自动调整法律机制要求与平均寿命、劳动年龄挂钩，意味着实现养老保险永续发展需延长劳动者工作年限，涉及延迟退休制度改革。而央视网调查表明，超过半数的网友反对延迟退休至65岁。[2]因此，构建自动调整法律机制

---

① 参加郑功成：《中国社会保险法制建设：现状评估与发展思路》，载《探索》2020年第3期。
② 舆情调查中心在七大城市做抽样调查的结果显示：56.4%的受访者对延迟退休年龄的建议回答"不支持"，27.4%的受访者表示"支持"，16.2%回答"说不清"。60岁及以上的老年受访者对延迟退休支持度最高，30—59岁年龄段的受访者支持度最低。参加央视网：《延迟退休至65岁，你愿意吗？》，http://news.cntv.cn/special/wywy2012/227/，最后访问日期：2022年4月20日。

须纳入养老保险法律制度改革整体考量推进。

第三，保险精算技术层面保障。社会保险精算目的在于区分基金收支中参保人的"自己责任"和国家财政的"政府责任"，弥合社会保险的"保险"与"保障"的性质分歧。①化解"外部负担"须以健全的养老保险财务精算法律制度作为技术保障，并考虑以下三个因素：一是养老保险财务采用何种处理方式。我国养老保险中财务处理方式为部分积累制，综合了完全积累制与现收现付制，决定了健全的养老保险财务精算是一个开放的系统。因"外部负担"内容存在变化，故以开放的财务衡量方式为基础，收入与支出两端均衡调整，方能反映其部分积累制的取向。②二是衡量同代际的参保人的负担能力。以后续世代角度来衡量养老保险财务，将以年为计算基准改为以世代为基准，凸显养老保险代际分配的价值。三是养老保险长期给付能力。考虑养老保险基金规模的大小和人口结构对收支的影响，以及不同人群（转制前后的老人、中人和新人，不同地区以及统筹层次的提高、人口规模的变化）在缴费和待遇领取方面的负担。③由于"外部负担"带来的法律变动可能影响前述内容的发挥，加之与我国庞大的人口基数和经济、技术因素叠加形成共振，健全养老保险精算法律制度较为艰难。但精算可确定"外部负担"在养老保险公共预算中的补偿金额，是财务自动调整机制的技术保障。

---

① BSG，Urteil vom 30.3.2000-B 12 KR 13/99 R（LSG Berlin Urteil 10.2.1999 L 9 Kr 6/98）．

② Billig，A. and Jean-Claude Ménard（2013），*Actuarial Balance Sheets as a Tool to Assess the Sustainability of Social Security Pension Systems*，International Social Security Review，66（2），31—52.

③ 参见娄宇：《论作为社会保险法基本原则的"精算均衡"和"预算均衡"》，载《华东政法大学学报》2018 年第 5 期。

第八章　公民养老权国家给付义务：财政补贴养老保险实践

　　2005 年以来，我国老年扶养比逐年攀升。同期人口出生率和自然增长率未能同比率提升，而是时有起伏，甚至 2016 年以来，人口出生率与自然增长率均持续下降，①加上不时见诸媒体的"社保危机"，致使我国的人口问题已经由曾经高生育率带来的挑战转变为因劳动力短缺、人口老龄化导致的社会保险基金支出负担加重等问题。②这些问题正在并将长期成为中国基本国情中的重要元素，已逐渐超越单纯的人口问题本身。事实上，自 1997 年社会保险制度在我国全面实施以来，③《全国一般公共预算支出决算表》在"社会保障和就业支出"栏中均列明财政补贴社会保险基金，支持社会保险事业发展。以 2016—2019 年为例，中央财政补贴全国社会保险基金的占比分别达到了 22.1%、21.1%、22.34%

---

　　①　2005—2019 年，我国老年扶养比分别为 10.7%、11.0%、11.1%、11.3%、11.6%、11.9%、12.3%、12.7%、13.1%、13.7%、15.0%、15.9%、16.8%、17.8%。2016—2019 年我国人口出生率分别为 12.95‰、12.43‰、10.94‰、10.48‰，人口增长率分别为 5.86‰、5.32‰、3.81‰、3.34‰。参见《中国统计年鉴·2020》"2—2 人口出生率、死亡率和自然增长率""2—5 人口年龄结构和抚养比"，转引自 http://www.stats.gov.cn/tjsj/ndsj/2020/indexch.htm，最后访问日期：2021 年 8 月 11 日。

　　②　参见何凌云等：《部分国家促进生育财税政策的经验及借鉴》，载《税务研究》2019 年第 12 期。

　　③　1997 年《关于建立统一的企业职工基本养老保险制度的决定》（国发〔1997〕26 号）标志基本养老保险制度开始在全国范围内实施。

和 23.98%。①地方财政亦补助社会保险基金，如 2018 年重庆、上海和辽宁财政补贴占社会保险基金收入的比例为 27.9%、7.4% 和 28.1%。②每年如此巨额的财政补贴，势必需要厘清财政补贴社会保险的法律依据，以及其背后的基础法律逻辑。

照理说，如此大规模财政资金进入社会保险基金，《社会保险法》和其单行立法规范中势必有明确规范指引。然而，社会保险立法对此既无明确法律条文规定，又无可供遵循的操作流程，更无财政补贴的具体规则设计。为此，不禁设问财政补贴社会保险是否仅为解决社会保险制度改革遗留的转换成本和超越社会保险的政策负担，如若没有，"外部负担"国家财政就没有补贴社会保险的现实理由。虽说《社会保险法》第 65 条提到"县级以上人民政府在社会保险基金出现支付不足时，给予补贴"的规定，但并未澄清财政补贴到底是迫于现实的基金支付压力还是制度设计本身。如此，导致即使各地有着数量丰富的财政补贴社会保险实践，也依然无法查明具体的法律依据理由，为什么国家财政要补助社会保险？既然现有法律规范无法给出明确的答案，问题的解决还需探索制度背后的法理，社会保险中国家财政是否承担了某种法律责任？如果承担责任，那么其法律边界又如何界定？为此，本书希望勾勒出社会保险中国家给付义务的应然定位，探索国家给付义务的规范化基准，指导财政补贴社会保险实践，助力社会保险筹资的规范化运转，推动中国社会保险制度的现代化转型。

第一节　国家给付义务的履行实践：财政补贴养老保险

一、财政补贴养老保险的基本形式与实践逻辑

当前，我国财政补贴养老保险主要有两种基本形式：第一，政府财政直接补贴参保人缴纳的保费。以基本养老保险为例，《国务院关于建立统一的城乡居民基本养老保险制度的意见》（国发〔2014〕8 号）规定了养老保险基金筹集包

---

①　全国社会保险基金收入分别为 50112.47 亿元、58437.57 亿元、79002.58 亿元和 80844.09 亿元，中央财政补贴分别为 11088.6 亿元、12351.76 亿元、17654.83 亿元和 19392.61 亿元。参见《2016 年全国社会保险基金收支决算情况总表》《2017 年全国社会保险基金收支决算情况总表》《2018 年全国社会保险基金收入决算表》《2019 年全国社会保险基金收入决算表》。

②　参见重庆、上海和辽宁 2018 年财政预算表。

括集体补助与政府财政补贴。其中，中央政府按所确定的基础养老金标准给予全额补贴，地方政府则直接以财政补贴参保人缴费。因城乡居民基本养老保险并无统筹账户设计，中央财政对基金的补贴实则是对参保人缴费的补贴，这与地方财政基于一一对应关系的补贴不同。虽说《社会保险法》未明确规定参保人、集体和政府所承担的保费分担比例，但如若计算上述中央和地方财政的补贴标准，可获得明确的分担比例数据。第二，中央和地方财政基于法定条件间接补贴养老保险基金。根据 1999 年颁行的《社会保险基金财务制度》第 14 条规定，社会保险基金收入涵盖了保费收入、财政补贴收入、转移收入、上级补贴收入和下级上解收入等，即财政补贴社会保险的资金来自上级、同级和下级政府。中央和地方政府每年根据经办机构的缴款计划，将财政基金从上级财政专户直接拨入下级财政专户或从下级财政专户直接上解入上级财政专户。可见，央地政府通过年度财政预算的方式，解决了立法所确立的财政支持社会保险事业的需求。

　　虽说财政补贴养老保险受社会保险特定技术和公共政策的影响，但其最直接原因依然是确保基金的可持续支付，防范出现所谓的"社保危机"。从养老保险发展历程观察，财政补贴解决了养老保险制度因改革产生的转换成本，以及因充当公共政策工具产生的额外成本。如，早期的"新农保""城居保"的试点改革、后期的"城乡居民基本养老保险"的构建，均存在制度初创阶段缺乏基金沉淀问题，为吸引城乡居民自愿参保，所要求的保费又较低，需要财政补贴支持以维持制度有效运行。加之受个人缴费水平增长迟缓和制度扩面瓶颈制约，2011—2016 年间个人缴费占基金收入的比重从 39.38% 降至 24.52%，而同时期财政补贴资金占比却持续增加。[1]加之，人口老龄化程度与人均缴费标准间并未建立直接精算关系，导致增长的基金支出并未立即反映在保费基数调整上，而是通过挪用不同账户资金和财政补贴加以支应，潜藏高额债务风险。特别是职工基本养老保险，由于参保人长期缴费不足[2]和政府推行降低养老保险费率[3]，

---

　　[1]　参见刘中海：《农村居民养老保险财政补贴的福利效应研究》，载《社会保障评论》2020 年第 1 期。

　　[2]　2018 年，企业社保的合规性是 27%，2019 年为 29.9%，仅三分之一的企业能够实现基数的完全合规。不合规的情形中，统一按最低基数下限参保的企业依然有 28.4%，比 2018 年 31.7%的占比略有下降。参见《中国企业社保白皮书 2019》。

　　[3]　参见《国务院办公厅关于印发降低社会保险费率综合方案的通知》（国办发〔2019〕13 号）。

采行"低保费政策",在养老保险基金收支未达平衡情形下,政府不愿增加保费而以财政补贴方式回应,此时,职工基本养老保险并非建立在劳动者团结互助基础之上,而是政府为缓解参保人缴费压力的政治目的采取的普惠性政策,长久下来使人民将养老保险视同国家"单方"提供的"保障"而非自助互助的机制。此种现象既经形成,在降低社保费背景下更难以扭转,长期维持的低保费政策已使人民难以接受保费之合理调整,在经济下行①压力下,保费增长方案几无可能通过。为此,政府选择以财政补贴养老保险方式来填补缺口,确保制度的可持续运转和基金支付的有效性。

二、财政补贴养老保险是国家给付义务的实践形式

保险是建立在人民对制度信任基础上的,养老保险亦不例外。正如卢曼所言,"制度信任"是以人与人交往中受到的规范准则,以法纪制度的管束制约为基础,法纪制度约束对任何人都是同等的且不可讨价还价,内涵了保险制度体现出的普遍信任。②从保险的历史演进观察,保险的发展需要良好的制度信任作为保证,保险合同的当事人始终信任该保险制度具有生命力。养老保险建立在保险的信任基础之上,虽其运转需国家强制力加以保障,但自始至终都离不开制度信任的文化环境。③人民对制度的信任并非凭空产生,而是基于一定地位主体的承诺、担保以及法律保障。财政补贴养老保险便是这种承诺、担保的直接体现,它反映了当养老保险可能出现支付困难时,国家在必要时为其纾困的意愿。④虽然财政补贴养老保险有诸多原因,但核心因素不外乎展示了当人民对基金支付有效性产生疑虑进而对养老保险制度产生信任危机时,国家所要担保的

---

① 参见《李克强:顶住经济下行压力,确保完成全年主要目标任务》,载《第一财经》,https://www.yicai.com/news/100361168.html,最后访问日期:2021年12月1日。

② Luhmann N,*Trust and Power*,Chichester:Wiley,1979,pp. 53—67.(Luhmann N. Trust and Power [J]. 1982.)(具体引用参见 https://books.google.be/books?hl = zh-CN&r = &id = CKBRDwAAQBAJ&oi = fnd&pg = PR3&dq = Trust + and + power&ots = 9FWCsglGi0&sig = cnsI3iHG8qiBz8mN8Z4d4A_KjyA&redir_esc = y#v = onepage&q = Trust%20and%20power&f = false)。

③ 参见张军:《社会保障制度的福利文化解析:基于历史和比较的视角》,西南财经大学出版社2010年版,第213页。

④ See Van Langendonck,Jef,ed.,*The Right to Social Security*,Social Europe Series Volume 12,Intersentia Press,Antwerp and Oxford,2007. pp. 361—362.

纾困意愿。《社会保险法》强调财政与养老保险分离，但我国养老保险事业发展始终伴随着财政补贴。此种安排固然与养老保险制度改革历程以及近年来养老保险制度改革肩负的公共政策有关，但亦不能忽视《社会保险法》规范所呈现出来的国家给付义务。正如《社会保险法》第 5 条第 2 款规定政府财政给予社会保险必要经费支持，第 65 条第 2 款提出政府财政在基金支付不足时给予补贴。从规范层面传递出政府对养老保险本身便负有某种财政义务，并在"必要"和"基金支付不足时"履行。此种财政义务向人民传达了"国家对养老保险直接参与和支持"的坚定信念。

实现养老保险事业发展目标，重点在于立法者如何划定政府财政义务的范围，厘清财政补贴的意义，确保国家责任获得落实。①纵观世界各国的养老保险制度，因国家给付义务定位不同，在法制安排上存在着较大差异。②《社会保险法》以"必要"和"基金支付不足时"作为财政补贴的依据，实则在落实国家给付义务。即通过财政补贴分担劳资双方保费负担，减轻本辖区内参保人的缴费负担，借以保障参保人基本生活和维系劳资和谐。这与养老保险中的国家给付义务实践目的不谋而合，后者内含两层含义：其一，减轻参保人保费负担，如补贴无单位的城乡居民基本养老保险缴费；其二，降低参保企业的缴费成本，避免因此阻碍经济发展，类似德国年金保险中"联邦附加补助"。值得注意的是，财政补贴应是基于特定情形发生的，如参保人无力缴费或降低企业缴费成本等情形，由国家以协助而非任意补贴为之，绝非单纯的国家给付义务可解释。实际上，财政补贴养老保险的责任定位是一种养老保险给付能够最后实现的国家责任。该责任超越了国家给付义务的内容，在于实现个人利益与社会利益间的均衡，建立社会正义与社会连带间的关系，平衡社会公共政策对人民安全、福祉和社会平等目标的干预。③国家给付义务的内容在于确保被保险人在满足法定情形下获得养老保险给付，至于该责任如何被立法规范则须进一步探讨。在

---

① 参见李玉君：《社会福利民营化法律观点之探讨》，载《月旦法学杂志》2003 年 11 月第 102 期。

② 参见谢冰清：《我国长期护理制度中的国家责任及其实现路径》，载《法商研究》2019 年第 5 期。

③ See LeiLeisering, L. (2013)，*The "Social"：The Global Career of an Idea*，International Journal of Social Quality, 3 (2), pp. 1—5.

对《社会保险法》第 65 条作体系解释时，可发现其强调养老保险基金应通过预算实现收支平衡，如若难以实现或出现养老保险基金支付不足情形时，政府应给予财政补贴。此时，国家给付义务可理解为通过财政补贴实现基金收支平衡。

第二节　养老保险国家给付义务定位的逻辑混乱与缘由

既然养老保险中存在国家给付义务，那么国家给付义务在立法规范中呈现何种定位状态成为进一步思考的命题。因为养老保险国家给付义务的不同定位模式直接影响财政补贴养老保险中的边界范围，对于厘清养老保险中的个人、企业和国家关系均极为重要。毕竟一旦国家为了履行生存照顾责任而积极介入养老保险制度，则不仅牵涉到养老保险基金资源的分配，而且关涉对公民财产权利的限制与义务的分配，必须具备逻辑清晰的法律规范。因此，揭示养老保险国家给付义务定位还需深度分析现有立法规范以及立法背后的规范缘由。

一、义务定位混乱：社会保险法到单行法的体系解读

《宪法》第 45 条第 1 款提出公民享有从国家获得物质帮助的权利，国家发展养老保险事业以实现这种权利。由于国家的物质帮助大多表现为财政支持，实则较为隐晦地提出了国家财政应当支持养老保险事业发展。从规范角度解读养老保险国家给付义务定位，可发现不管是《社会保险法》还是其领域单行法均有关于落实《宪法》国家给付义务的表述。然而，整体审视现有立法可见财政义务定位上存在制度隐忧，如存在财政补贴养老保险的目的不清、标准模糊和基本要素设定有失规范化等问题。

（一）国家给付义务定位目的不清

国家给付义务定位在养老保险领域直面不同场景和方法实践，展现出高度的技术性和程式化一面，同时也存在灵活性和复杂化的一面，使其成为极为专业的领域，仅凭模糊的规范指引难以胜任，还需明确的体系化法律依据与操作流程。实际上，养老保险国家给付义务定位规定是体现养老保险法律规范中国家义务的核心部分，理应具备明晰的规范依据。然而，综观养老保险法与养老保险各单行立法文本，其对国家给付义务定位的法律依据呈现混乱状态，通常

以"必要经费支持"和"基金支付不足时"代行财政义务。直接导致实践中财政补贴养老保险的目标不清晰，既有基于实现养老保险制度平稳改革，解决"视同缴费年限"问题，又有平衡国家、企业和个人的缴费负担问题，还有帮助弱势群体参保减轻其负担问题等。换言之，养老保险国家给付义务定位可能受平稳改革目的影响，也有可能是制度设计本身考量，或是受国家利益的牵绊。之所以存在前述问题，在于从养老保险法到单行法出现了财政义务定位的规范混乱。如，《社会保险法》第11条、第13条和第20条对财政补贴社会保险进行了规范，第11条和第20条分别针对不同群体将财政补贴视为基本养老保险保费收入的一部分，而第13条则认为财政补贴仅为解决"视同缴费年限"和"基金出现支付不足"时的应急问题。"33号文"①则认为国家、企业和个人均应履行社会保险缴费责任，承担依据为国家、集体和个人保持利益均衡；而"26号文"②却仅明确企业和个人负有缴费责任，国家给付义务并未提及；"38号文"③又将国家承担的责任明确为对养老保险的财政补贴，其依据为"帮助就业困难人员参保缴费"；"3号文"④还提出财政补贴是为了完善社会保持筹资的动态调整机制。由此可见，不同法律文本对应不同财政补贴目的，此举既会误导国家给付义务的定位方向，又会模糊国家给付义务的基准，导致国家给付义务畸重畸轻。⑤

（二）国家给付义务定位标准模糊

养老保险国家给付义务定位应有明确的判断标准，以求国家给付义务基准的精准界分。虽说养老保险法律文本规范均有提及国家给付义务定位，但均缺乏明确的标准指引，加之难以从法律文本中提炼清晰的财政补贴逻辑，使得规范上确立国家财政定位的标准模糊，不利于国家给付义务的有效履行。例证有二：第一，国家给付义务的广度与深度边界模糊。"33号文""26号文"较早提出国家的缴费责任，但并未深究此责任的深度与广度，更像是一种宣示性质。

---

① 参见《国务院关于企业职工养老保险制度改革的决定》。
② 参见《国务院关于建立统一的企业职工基本养老保险制度的决定》。
③ 参见《国务院关于完善企业职工基本养老保险制度的决定》。
④ 参见《国务院关于整合城乡居民基本医疗保险制度的意见》。
⑤ 参见熊伟、张荣芳：《财政补贴社会保险的法学透析：以二元分立为视角》，载《法学研究》2016年第1期。

此后，"38 号文"将国家财政补贴广度确定为"帮助就业困难人员参保缴费"，而深度则是"加大资金投入"，此种规定使得在具体操作上弹性极大，可操作性不强。直至 2010 年颁行的《社会保险法》，第 11 条才将责任边界确立为"职工"参加基本养老保险期间的补贴；第 13 条是"国企、机关事业单位职工"参加保险"视同缴费年限期间"以及支付不足时的补贴；第 20 条专指"农民"参加保险期间的补贴；第 25 条特指城镇居民参加医疗保险期间的补贴，以及对部分特殊人群的补贴。除了"视同缴费年限期间"可通过计算做到数量明确外，其余标准很难在规则层面清晰解读，实难把握责任边界的范围。如，何为"支付不足"，是当期支付不足还是预期支付不足，对制度层面的财政补贴缺少时间和比例限制，难以确定财政义务的底线。近年来基金时而滚存过多，时而捉襟见肘与此不无关系。[1]

第二，国家给付义务定位规定的逻辑混乱。如，《社会保险法》第 5 条第 2 款明确财政支持社会保险事业"必要"的经费，第 3 款随即规定通过税收优惠政策来支持。那么，财政支持的"必要"经费是特指税收优惠还是财政补贴抑或二者兼有？即对"必要"的理解本身便存在歧义，何为"必要"，为什么应提供"必要"经费，"央地"政府财政间的"必要"责任划分，以及"必要"约束；等等。如若"必要"指税收优惠是否意味着对所有参保企业减免税收？这可能打破税负均衡，也有悖于量能课税原则。如果指代财政补贴，则根据该法第 65 条第 2 款"基金出现支付不足时，给予补贴"的规定，可见财政补贴前提是"基金出现支付不足时"，但我国并未出现大规模基金支付不足现象，[2]为何自养老保险制度建立伊始一直伴随财政补贴？很难从法律逻辑视角解释"必要"规定的基本含义和指向。鉴于该法第 5 条属于立法目的条款，兼具立法活动的方向选择、立法论证的有效途径、法律解释的重要标准等功能，[3]约束法律规则的构建和法律方法的适用，甚至在一定程度上影响国家给付义务定位在立法中

---

① 参见娄宇：《论作为社会保险法基本原则的"精算平衡"和"预算平衡"》，载《华东政法大学学报》2018 年第 5 期。

② 根据 2019 年中央调剂基金预算情况，吉林缴拨差额为 - 98.2 亿元、四川为 - 177.8 亿元、黑龙江为 - 183.8 亿元、辽宁为 - 215.8 亿元。参见搜狐网：《2019 年企业职工基本养老保险基金中央调剂基金预算情况》，https://www.sohu.com/a/307792712_733255，最后访问日期：2021 年 8 月 11 日。

③ 参见刘风景：《立法目的条款之法理基础及表述技术》，载《法商研究》2013 年第 3 期。

的角色效果。①故此，制定养老保险国家给付义务定位的立法时须时刻坚守养老保险规范发展目的，不宜为谋求养老保险财务收入而置国家给付义务的基准于不顾。

（三）基本要素设定有失规范化

尽管从"33号文""26号文""8号文""2号文"到《社会保险法》，各文本中均频现语词各异的国家给付义务形态规范，貌似构造了养老保险法上国家给付义务定位的核心规范体系，但其中多数财政义务定位规范立法简略、粗犷，规则的完整性、周延性、精确性和普适性严重不足，实体内容极为欠缺。此种情形，势必导致养老保险国家给付义务如何定位的规范控制力不足、可操作性不力、实施性不强，近乎沦为仅剩一个空壳甚至连外壳都没有的空洞化规范。②在众多造成财政义务定位基本要素空洞化的因素中，责任主体权利与义务的配置部分以及责任内容、责任限度规范失当是较为明显的。以财政义务主体中权利与义务的配置失当为例，由于权利与义务是法律体系的对应词，二者共生共灭，有权利即有义务，有义务即有权利，互为目的互为手段。现代法律规则设计的一般逻辑在于"从权利前设推导相应的义务"，③以此实现权义均衡。可见，只有厘清某一主体行为在法律上属于权利还是义务，才能设计相应的规则体系。审视财政补贴养老保险行为，需阐明该行为是一种权利还是义务。第一，如若该行为被认为是一种法定权利，意味着国家可以选择承担或不承担财政补贴，这与《社会保险法》第5条"国家多渠道筹集社会保险资金"课予的国家任务相悖。第二，如果认可为是一种法定义务，则具有浓郁的"命令"色彩。然而，《社会保险法》第65条规定了该义务的启动前提是"基金出现支付不足时"，换言之，当基金支付充足时国家可选择是否承担此义务。显然，这并不属于义务必须履行的范围，而是权利的范畴。此外，完善的养老保险财务制度有利于社会团结、稳定，国家可从中获益，④换言之，财政补贴养老保险的获益一

---

① 参见刘治斌：《立法目的、法院职能与法律适用的方法问题》，载《法律科学（西北政法大学学报）》2010年第2期。

② 参见邢会强：《政策增长与法律空洞化——以经济法为例的观察》，载《法制与社会发展》2012年第3期。

③ 夏勇：《权利哲学的基本问题》，载《法学研究》2004年第3期。

④ "33号文"谈到构建企业职工养老保险制度也使国家获益。

方包括国家。从概念的定义来看，只有法律权利被认为是以作为或不作为方式获得利益的一种手段，①而法律义务并无此定义。可见，将财政补贴养老保险行为认定为是一种义务并不周延，《社会保险法》层级规范未曾遵循权利与义务间内含的本体规律。

与责任主体权义失范直接关联的是，财政补贴养老保险核心规范中责任内容和责任限度等要素的空洞化。国家给付义务与法律规范的关系，始终秉持"法律规范终究是以对个人的命令、禁止表现出来的"，②也即法律规范的内容应当有具体可操作的规则体系。照此要求，立法应当明确财政补贴的具体对象、类型和方式，唯有如此财政才能真正做到"权责一致"。③遗憾的是，回溯财政补贴养老保险规范时，很难在《社会保险法》及其他法律文本中探查到具体规则设计。据此，检视现行养老保险国家给付义务定位核心规范，财政义务定位内容几乎整体隐退。如"38号文"提到财政补贴的内容为"帮助就业困难人员参保缴费"，也即针对特殊群体的个人参保缴费补贴；《社会保险法》第11条认为财政补贴是针对基金；第13条认为财政补贴是弥补"视同缴费年限"，唯有基金出现支付不足时才补贴；第20条又认为是补贴参保人缴费。因此，有必须进一步询问法律规范如何确立财政补贴的内容与限度。实际上，以养老保险国家给付义务限度为例，需要通过法律规范来澄清，正如"'规范性'是信息工具发挥功能的限度之源"，④"规范性"也可成为财政补贴养老保险的限度因素。目前，大多以"政府予以补贴"这类高度抽象语句来表达，即便偶有汇聚财政义务限度的规范，也与其所担负的基准要义严重背离。如，"38号文"提到"帮助就业困难人员"，应当如何界定就业困难人员，以及帮助的范围和程度，是补贴所有缴费还是部分缴费，法律规范依据并不明确。《社会保险法》第25条依然存在类似问题，即补贴特殊群体缴费的时限长短、补贴金额的比例要求等是否

---

① 参见张文显：《法哲学范畴研究》（修订版），中国政法大学出版社2001年版，第309页。孙国华、朱景文主编：《法理学》，中国人民大学出版社2021年版，第173页。

② 张明楷：《责任论的基本问题》，载《比较法研究》2018年第3期。

③ 虽说行政领域也存在不少权责背离现象，但权责一致是行政发展的主流，也被誉为是行政法的基本原则。参见麻宝斌、郭蕊：《权责一致与权责背离：在理论与现实之间》，载《政治学研究》2010年第1期。

④ 余煜刚：《行政自制中信息工具的法理阐释——行政伦理柔性制度化的"可能"与"限度"》，载《政治与法律》2019年第12期。

应当有一个大致测算。至于第 65 条补贴"基金出现支付不足"则相对容易计算，当期和预期基金收支可以通过预算来平衡，[1]此时的财政补贴更应有确定的金额和时限。如此，基本要素设定有失规范化，财政补贴养老保险势必成为一笔糊涂账，致使养老保险国家给付义务法律规范定位混乱。

二、混乱缘由：养老保险中的国家角色含混不清

之所以养老保险国家给付义务定位出现逻辑混乱，根源于我国养老保险法体系中国家角色的多重交织，在制度创立人、制度担保人、财务兜底人和制度协助人角色中切换。这种模糊状态导致国家角色多重交织，势必扰乱财政与养老保险间的关系，探索养老保险国家给付义务定位也就缺乏基本理据了。

（一）养老保险中的国家角色多重表达混乱

党和政府历来主张以国家开办养老保险的方式改善人民的生活水平。[2]1951 年颁行了《劳动保险条例》，为企业职工提供退休补助费等在内的劳动保险待遇，成为我国养老保险制度的源头。改革开放以来，劳动保险制度随之进行了变革，创立了养老保险制度。在劳动保险制度时期，由于存在政企不分现象，导致国营企业充当其员工社会保障待遇给付的责任主体，在与非国营企业竞争中处于不利地位。而后建立的养老保险制度则尝试由企业、劳动者和国家共同分担养老保险责任，尤其注重企业和劳动者的缴费责任。在这过程中，养老保险体系中的国家角色始终含混模糊，表现为养老保险的财政承担主体"混乱"，国家、企业和劳动者间相互转嫁责任，国家存在多重角色身份。[3]养老保险中国家被定位为何种角色是影响公民"纸面上"权利转化为现实中权利的关键。[4]遗憾的是，2010 年颁行的《社会保险法》并未解决前述问题，即国家角色到底是制度担保人、财务兜底人还是制度协助人，缺乏清晰的认识，也就模糊了养老

---

① 参见熊伟：《从财政依附性反思中国社会保险》，载《武汉大学学报（哲学社会科学版）》2017 年第 4 期。

② 参见杨复卫：《新中国养老保险法治建设 70 年：变革、成就与启示》，载《现代经济探讨》2020 年第 2 期。

③ 参见杨方方：《中国社会保险中的政府责任》，载《中国软科学》2005 年第 12 期。

④ 参见康健：《社会保障国家责任探析》，载《社会科学辑刊》2011 年第 1 期。

保险国家给付义务定位。①虽有学者提及长期护理制度中的国家角色，将其界定为"国家兜底责任转向国家担保责任"，②但长期护理与养老保险的制度设计的底层逻辑不同，两者此时难以互相援引。随后，又有学者基于宪法规范，认为养老保险中国家角色涵盖国家引领、给付、制度建设和制度协助等内容。③但其并未清晰解释养老保险中不同国家角色是并存、交织还是选择关系，不同角色定位的理论依据又是什么，何种情形对应何种角色定位。

现有法律规范亦未界定养老保险中的国家角色。虽然《宪法》第 14 条第 4 款规定"国家建立健全同经济发展水平相适应的社会保障制度"，明确了国家的制度创立人角色，但该角色并不能贯穿养老保险制度始终。《宪法》第 45 条第 1 款提出公民享有从国家获得物质帮助的权利，国家发展养老保险事业以实现这种权利。由于国家物质帮助大多表现为财政支持，实则隐晦地提出了国家财政应当支持养老保险。《社会保险法》第 5 条第 2 款则明确提出"国家多渠道筹集社会保险资金。县级以上人民政府对社会保险事业给予必要的经费支持"。将《宪法》第 45 条第 1 款的物质帮助明确为经费支持，同时课予国家筹集养老保险资金的义务。然而，《社会保险法》第 5 条第 2 款依然未能明确国家在此到底扮演何种角色，是作为制度担保人、财务兜底人抑或制度协助人？纵然《社会保险法》第 65 条第 2 款提出"政府在社会保险基金出现支付不足时，给予补贴"，意味着国家的角色更类似于一种财务兜底人。按此规定，财政补贴的前提是"社会保险基金出现支付不足时"，但并未出现大规模基金支付不足的问题，而自养老保险制度建立伊始却一直伴随财政补贴，国家好似又扮演了制度担保人角色。"38 号文"提出国家支持养老保险的依据是"帮助就业困难人员参保缴费"，"8 号文"是"建立统一的城乡居民养老保险制度"，"2 号文"则是"建立省级基金调剂制度"。可见，"38 号文""8 号文""2 号文"中的国家角色均是保证某一改革的顺利进行，充当了制度协助人角色。实际上，国家的不同角色对应了在多大程度上承担起对养老保险制度的建设、监督和财政支持的责任，这本该是立法不应回避的时代命题。

---

① 参见熊伟、张荣芳：《财政补助社会保险的法学透析：以二元分立为视角》，载《法学研究》2016 年第 1 期。

② 谢冰清：《我国长期护理制度中的国家责任及其实现路径》，载《法商研究》2019 年第 5 期。

③ 参见王广辉：《国家养老责任的宪法学分析》，载《暨南学报》2020 年第 3 期。

（二）国家角色含混影响国家给付义务定位

国家在养老保险中扮演不同角色直接影响其法律上的财政义务承担。如若国家角色含混，势必影响国家承担财政义务定位，导致国家推卸其财政义务，或财政义务的泛化。具体而言：第一，国家充当制度创立人角色。需积极主动履行构建养老保险制度的使命，这并非单纯对市民社会的让步，而是一种积极主动的养老保险建构措施。[①]这种积极性使国家成为养老保险制度建设的最大义务主体，国家不再是旁观者的姿态，而是主动创造更好的制度，扮演比以前任何时代都重要的角色。[②]这直接体现在国家在建构养老保险制度时，须直面"视同缴费年限"问题，故此，不得不通过财政补贴来弥补。因此，此处国家给付义务配置则是解决可供计算的"视同缴费年限"缺口。

第二，国家充当制度担保人角色。如若养老保险基金发生系统性财务风险，或因紧急情况致使基金支付出现严重困难时，国家作为制度担保人有义务履行其"最后保险人"职能。体现为国家必须设置相关的配套措施，以保障养老保险"给付不中断"担保义务的履行，[③]财政补贴养老保险便是最为重要的内容。虽然国家在此有义务采取财政补贴措施，但养老保险并不因此对国家财政产生请求权。[④]换言之，国家作为制度担保人须对养老保险基金缺口承担概括责任，作为国家的职责而非基金的权利。作为制度担保人角色，国家固然从直接履行责任中解脱出来，但也应保证被保险人权益顺利实现养老保险给付，通过财政补贴承担公共任务履行的最终责任。[⑤]此时，强调的是国家对完成公共任务的有效控制，担保给付结果与公共利益的最终实现。[⑥]

第三，国家充当财务兜底人角色。兜底人角色是国家作为制度担保者承担

---

① 参见［日］大须贺明：《生存权论》，林浩译，法律出版社 2001 年版，第 15 页。

② 参见董保华等：《社会保障的法学观》，北京大学出版社 2005 年版，第 136 页。

③ 参见杨彬权：《国家担保责任——担保内容、理论基础与类型化》，载《行政法学研究》2017 年第 1 期。

④ 参见熊伟、张荣芳：《财政补助社会保险的法学透析：以二元分立为视角》，载《法学研究》2016 年第 1 期。

⑤ 参见李霞：《公私合作合同：法律性质与权责配置——以基础设施与公用事业领域为中心》，载《华东政法大学学报》2015 年第 3 期。

⑥ Schuppert, Gunnar Folke, Der Gewährleistungsstaat modisches Label oder Leitbild sich wandelnder Staatlichkeit, in: Schuppert, Gunnar Folke, (Hrsg.), Der Gewährleistungsstaat-Ein Leitbildauf dem Prüfstand, Baden-Baden: Nomos, 2005, S. 18.

的连带责任，负责最后出场完成在前期各方责任主体未尽的事项。①具体体现为国家对养老保险的制度供给以及对养老保险基金支出的财政兜底。②此时，参保人缴费与养老保险基金均难以按照自身逻辑运转，二者出现或将要出现财务危机时，国家才作为最后责任主体承担财政兜底责任。财政兜底责任实则建立在"社会连带责任说"基础之上，国家被看作是全体国民拟制的"社会共同体"，强调国家成员间的"一体性"，③财政补贴养老保险属于该共同体成员的自救行为。

第四，国家充当制度协助人角色。由于养老保险财务独立于国家财政，有其自身的运行逻辑，强调保费收入与待遇支出的"总体对价关系"，具有自给自足的封闭性特征，④并无财政补贴的强制性规定。实际上，国家对于养老保险所承担的补充性责任并非建立在养老保险通过自身无法解决风险基础上，也非养老保险参保人无力承担保费基础上。类比长期照护保险制度，该类型风险并非社会多数群体可能面临之风险，属于个人或家庭风险的范畴，⑤国家仅辅助性地提供给付以排除个人的特殊困境。⑥在制度协助人角色下，对养老保险的财政补贴仅限于对于制度内最需要待遇给付又无力缴费的弱势群体，提供基础性财务保障，如城乡居民基本养老保险的财政补贴等。

第三节　养老保险国家给付义务的应然定位与确立基准

由混乱空洞的国家给付义务核心规范到具体的制度性规范，养老保险国家给付义务整体设计难言科学。个中原因纷繁复杂，最根本的原因恐怕还在于养

---

① 参见刘远风：《机关事业单位养老保险的政府兜底责任及履责机制》，载《湖南农业大学学报（社会科学版）》2017年第3期。

② 参见田蒙蒙：《税务机关追缴社会保险费的法理基础及其实现策略》，载《时代法学》2020年第4期。

③ 参见李惠宗：《行政法要义》，五南图书出版有限公司1989年版，第673页。

④ 参见杨复卫：《基本养老保险财务的"外部负担"及其法律化解》，载《保险研究》2020年第10期。

⑤ 对个人风险、家庭风险的界定，参见张盈华：《老年长期照护：制度选择与国际比较》，经济管理出版社2015年版，第25页。

⑥ 参见谢冰清：《论中国长期护理保险制度中国责任之定位》，载《云南社会科学》2019年第3期。

老保险中的国家角色定位偏差与角色含混。长久以来，财政补贴养老保险被看作是理所当然的，其意旨相对于个人与企业缴费而言，更具有稳定性与政策性。基于这一定位，现有的规范性文件大都将财政与养老保险看作密不可分的整体，养老保险带有浓厚的行政主导色彩，财政补贴养老保险与养老保险充当公共政策工具①也就司空见惯了。这使得养老保险规范性文本极少正视其中的国家角色问题，以致规范大都远离养老保险国家给付义务的本体内容，背离了国家责任定位的功能适当原则，还偏离了养老保险财务自主的基本法理。欲根本摆脱国家给付义务规范面临的种种困境，一方面需要重新调整养老保险中的国家角色基本定位，另一方面有必要整体设定国家给付义务的确立基准。

一、应然定位：基于财政与养老保险交织现实

（一）由截然二分到相互交集的关系

我国财政与养老保险间的关系定位，经历了从制度设计时的截然二分到制度运行后的相互交织过程。由于养老保险制度设计采德国"保险型"模式，其财务逻辑强调保费缴纳的强制性、保险待遇给付遵循保险原则和保险财务收支总体均衡。②换言之，我国养老保险制度设计是基于财政与养老保险分离的逻辑，养老保险财务运作上独立于国家财政，具有自给自足的封闭性特征。如缴费"强制性"体现为《社会保险法》第7章对保费征缴的强制规定，《社会保险费征缴暂行条例》赋予征缴机关强制职权。"保险原则"则要求基于收入水平而非个人风险概率计算保费，《社会保险法》第12条第1款提到以"职工工资总额的比例缴纳"保费。至于"保险财务收支总体均衡"要求保费总收入与待遇总支出呈现"总体对价关系"，并不严守参保人缴费与待遇间的对价关系，二者在关联性上作切割，给付差异控制在适度范围。为达成保险总体对价均衡，除要求参保人缴费外，亦要求单位和国家分担保费。如《社会保险法》第4条便要求单位和个人承担缴费义务，第5条规定国家给予必要经费支持，类似于国家的一种帮扶。然而，实践中的截然"二分"并未真正实现，财政每年均向养

---

①　参见杨复卫：《基本养老保险财务的"外部负担"及其法律化解》，载《保险研究》2020年第10期。

②　参见王天玉：《社会保险法前言问题研究（第一卷）》，中国社会科学出版社2020年版，第277—279页。

老保险进行大量补贴。①由于"外部负担"②直接影响养老保险财务可持续性，需要国家财政通过补贴解决此种问题。问题在于，财政补贴到底要求国家承担"补充责任"还是化解"外部负担"，参保人并无从得知财政补贴资金的具体用途。二者在外观上具有一致性，财政与养老保险之间的关系难以泾渭分明，这打破了制度设计时强调的财政与养老保险相分离原则，也即不再是纯粹的德国"保险型"模式。实际上，纯粹的保险模式只能成为一种理想状态，客观现实却是二者呈现一种相互交织的模糊状态。

（二）国家角色决定财政义务基本类型

基于养老保险制度设计，国家与人民之间并非建立直接的"缴费—给付"关系，而是通过财政补贴养老保险实现对受益人的帮扶。此时，国家角色从直接的"亲自给付"转向间接的"保证给付"，即对人民生存照顾所担负之主要责任，从"给付"转变为"保障"。③正如实质法治要求国家责任应突破以被动的"违法"作为应责标准那样，需落实对公民生存权保障的积极义务，特别是弱势群体生存发展的公共负担。④落实养老保险国家给付义务，主动的财政补贴便是其中重要一环，实现对养老保险受益人积极作为义务的履行。需要明确的是，财政补贴并非简单解决养老保险财务，更需要向社会展现养老保险制度的可持续。⑤为探索国家给付义务的基准，需要厘清此种责任的应然定位，即国家承担补充责任、担保责任还是兜底责任。定位为补充责任，则建立在财政与养老保险"二分"基础之上，强调二者间的独立关系，现实却是财政与养老保险相互交织。此外，补充责任与养老保险制度自身运转不存在直接关联，国家财政补贴的是养老保险财务而非养老保险的受益人。换言之，企业职工养老保险的受益人并不能从补充责任中直接获得利益，财政补贴解决的是养老保险财务问题，

---

① 参见杨复卫：《新中国养老保险法治建设 70 年：变革、成就与启示》，载《现代经济探讨》2020 年第 2 期。

② "外部负担"包括社会保险改革产生的"转制"成本和社会保险财务因充当公共政策工具额外支出的资金，造成了社会保险财务的制度外损失。

③ 参见杜仪方：《公私协作中国家责任理论的新发展——以日本判决为中心的考察》，载《当代法学》2015 年第 3 期。

④ 参见陶凯元：《法治中国背景下国家责任论纲》，载《中国法学》2016 年第 6 期。

⑤ 参见熊伟、张荣芳：《财政补贴社会保险的法学透析：以二元分立为视角》，载《法学研究》2016 年第 1 期。

并非增加受益人利益，并不可取。但是城乡居民养老保险主要以个人账户进行支付，不存在整体财务问题，受益人可以直接从财政补贴中获益，定位为补充责任较为适宜。担保责任属于预期责任中的保护性责任，其关注的对象是养老保险受益人，并非养老保险财务，源于担保责任需要向受益人传递一种对制度的信心，[①]而财政补贴资金正是此种信心的来源。正如德国联邦宪法法院认为，在长期供款负债中，信赖或合法期望的保护尤其重要，因为在这种情况下，基于法定福利规定的持续存在，会产生特别的信心。[②]至于国家兜底责任，超越了"保险型"制度设计，在外观上将财政资金与养老保险基金混同，打破了国家财政间接补贴方针，与二者混同无异。

既然养老保险国家给付义务的性质被定位为担保责任，[③]是否意味着国家对于"外部负担"也应承担同等责任？事情并非如此简单，国家承担何种责任以及责任内涵，往往与其经济形态、发展水平、社会结构以及文化价值密切相关，进而引导出不同国家介入模式及责任基准，[④]内容上具有动态性。化解养老保险财务的"外部负担"，国家承担兜底责任[⑤]更为恰当。具体原因如下：第一，"外部负担"的产生原因并非养老保险制度设计中的财政支出，而是被赋予了某种政治性目标。如疫情期间为缓解企业财务压力出台了企业养老保险费减免政策。[⑥]如此，德沃金才认为养老保险是一种"政治性"的社会安定解决方案。[⑦]第二，"外部负担"的操作和获益主体是国家，不是养老保险受益人。不管是养老保险改革的"转制成本"还是实现"特定政策目标"，均是国家通过行政手段课

---

① See Pierre Koning, *On Mixed Systems of Public and Private Administration of Social Insurance*, 8 （4） European Journal of Social Security 381 （2006）.

② BVerfGE 97, 378, 388.

③ 此处探讨的"社会保险制度"不包括城乡居民社会保险制度，指的是企业职工社会保险制度。

④ 参见林万亿：《中国宪法与社会权的实践》，载苏永钦编：《部门宪法》，元照出版公司2006年版，第283页。

⑤ 德国学者舒伯特将国家给付责任之密度由弱至强区分为兜底责任、担保责任与履行责任3种基本类型。Vgl. G. F. Schuppert, Die öffentliche Verwaltung im Kooperation spektrum Staatlicher und Privater Aufgabenerfüllung：Zum Denkenin Verantwortungsstufen, Die Verwaltung 31 （1998）, S. 415, 423.

⑥ 参见《关于阶段性减免企业社会保险费的通知》（人社部发〔2020〕11号）。

⑦ See Dworkin R., *What is Equality? Part 2：Equality of Resources* ［J］. Philosophy & Public Affairs, 1981, 10 （4）：339—343.

予养老保险财务的负担，目的在于契合国家发展诉求。如此，当国家发展诉求超越独立的养老保险财务时，养老保险运转的封闭性被打破，"养老保险"沦为福利性质的"社会保障"，国家给付义务被无限放大。第三，"外部负担"可以通过财政补助资金慢慢消化。"外部负担"并非永续存在，需要国家通过精确测量的方法，确定"外部负担"的总量，通过法定的预算编制和审批程序逐年向养老保险提供财政补贴，进行化解。即使政府财力紧张，也可采用记账方法，设定年限，逐期偿还并支付利息，以免损害参保人的投资利益。①第四，国家承担兜底责任有利于养老保险财务减负，增强养老保险制度的持续性。相比较于补充责任与担保责任，兜底责任在外观上国家给付义务边界清晰，解决"养老金亏空"②问题也就成了政策问题，而非数学问题。

二、国家给付义务基准受国家财政能力牵连

事实上，不管是国家开办还是如德国社会组织举办的养老保险均以国家信用为后援，强调国家财政的担保责任。③除开作为特定情形的"外部负担"，养老保险财务遵循了由国家财政履行担保责任。那么，养老保险国家财政承担担保责任是否存在一定限度，这种限度确立的基准是什么？由于预防和化解大规模社会风险是国家的任务，④国家通过构建养老保险制度来间接履行该任务，使社会风险得以分摊从而减轻国家直接给付负担和个人负担。然而，自由法治国理论认为人民的福祉通常由人民自行设定和追求，国家介入只会磨损个人自我实现的动机与内涵，⑤当财政补贴养老保险时可能产生"作之君、作之亲、作之师的传统牧民观念"。⑥故，须确立国家财政干预养老保险的界限，这种界限便是国

---

① 参见杨方方：《从缺位到归位——中国转型期社会保险中的政府责任》，商务印书馆2006年版，第103页。

② 参见徐立凡：《弥补养老金缺口不是数学题》，载《京华时报》2012年12月19日。

③ 例如，2012年，俄罗斯退休金缺口达到1.75万亿卢布，由国家财政进行补助；2012年，法国养老保险缺口52亿欧元，政府对社保赤字进行财政补贴。参见李莹：《王福重：养老保险就是让你能苟延残喘》，和讯网，http://opinion.hexun.com/2013-03-25/152451535.html，最后访问日期：2019年6月20日。

④ 参见陈海嵩：《国家环境保护义务的溯源与展开》，载《法学研究》2014年第3期。

⑤ 参见劳东燕：《自由的危机：德国"法治国"的内在机理与运作逻辑——兼论与普通法法治的差异》，载《北大法律评论》2005年第2期。

⑥ 李震山：《警察任务论》，台北登文书局1998年版，第17页。

家财政整体资源所能达到的高度。具体而言，国家任务的履行通常由税费收入形成的财政支出负担，但财政支出应与税费收入协调一致，防范财政过度支出将侵蚀国家财政能力。①换言之，财政补贴化解养老保险面临的风险是有限度的，养老保险国家财政担保责任是存在一定基准的。国家财政担保养老保险财务永续的界限，并非聚焦于财政的分配方式或分配结果，而是如何完善附带政治性的协商决策机制。也即，财政补贴应确保每一世的代际公平和不同种类预算间的平衡。

　　既然养老保险国家给付义务存在一定基准，那么该基准应受养老保险中的代际正义理论约束，以及预算平衡所确立的国家财政支出限制。最主要的约束因素来自代际正义理论，罗尔斯认为为避免当代人只顾及其自身利益而枉顾下一代人的利益，必须考虑代际正义的问题。对于如何落实代际正义，罗尔斯提出了"正义储存值"，②指每个世代除应维持被建立起的正义机制外，还需在当代累积适当资产，而该项资产的累积便是正义的储存值。如果累积的过程持续，除使得每一代人皆能受益外，还能借此延续正义社会中处境最不利者的期待可能性，试图解决当代人与后代人之间的分配正义问题。③为避免极端功利主义者，正义储存值不应过高，否则既可能扩大贫富差距，又干扰经济发展。④例如，养老保险制度便是基于人口代际转移建立，当财政补贴养老保险时，应考量当下社会的平均收入与财政赤字情况，避免对养老保险受益人过度给付待遇，防止下一代人过度负债影响其基本生存。毕竟养老保险制度在帮扶社会弱势群体的同时，也强调对后代人的持续保障，是一种世代共同受益的制度。⑤至于国家给付义务的基准，须考量养老保险关于预算平衡的法律规范。《社会保险法》规

---

　　① 有学者认为国家应对社会保险制度承担最终责任，即在社会保险基金由于人口结构或者经济结构发生变化不足以支付社会保险待遇所需费用时，国家应通过提供财政补贴因应，但这种观点将社会保险与社会保障制度混同，即将国家的直接责任与间接责任混同。参见刘翠霄：《社会保障制度是经济社会协调发展的法治基础》，载《法学研究》2011 年第 3 期。

　　② 参见［美］约翰·罗尔斯：《正义论》，何怀宏、何包钢、廖申白译，中国社会科学出版社1988 年版，第 276—278 页。

　　③ 参见钱继磊：《论作为新兴权利的代际权利——从人类基因编辑事件切入》，载《政治与法律》2019 年第 5 期。

　　④ 参见石红梅：《民生发展视角下社会保障权的价值分析》，载《南京大学法律评论》2014 年第 1 期。

　　⑤ 参见刘雪斌：《论代际正义的原则》，载《法制与社会发展》2008 年第 4 期。

定了养老保险基金预算平衡原则，预算案中不仅包括政府补贴，还囊括年度内各项基金的收支数额。[1]预算平衡在精算结果基础上编制短期内养老保险基金收支，接受人大和参保人、受益人监督，既预防财政过度补贴阻碍其他公共政策推进，[2]又制止财政补贴过低导致养老保险保障不足。具体而言，养老保险国家给付义务的基准应处于财政可接受的支出区间，受财政支出高、低两方面因素限制：

第一，区间高点受国家财政支出能力限制。国家作为实现保障公民权益的重要组织，有其必须履行的公共任务，需要财政支持，加之国家发展不应偏离"健全财政主义"要求，故在某种程度上仍需遵循"量入为出"原则。[3]现代国家公共政策目标日渐增多，达成目标的手段亦随之复杂多样，为确保国家资源、财政资金的获得，各种政策目标需充分竞争。国家的财政预算恰能提供整合各种公共政策目标、活动、资源的有效机制，几乎将财政管理等同于国家政策管理。[4]由于社会资源的稀缺性，国家财政不应给予某些人"过度明显的照顾"。表面上看固然是基于平等考量，但其背后是着眼于国家不得提供无止境的财政给付一再消耗有限的社会资源，否则将超越养老保险给付目的，构成对人民财政或自由的过度限制。这并非基于宪法的民生福祉保障与法治国家原则的权衡，而是为确保个人的自由，国家给付必须有所限制，不应逾越合于国家存在目的照顾。虽然财政补贴养老保险对于人民而言是一种福利，但财政补贴资金来自纳税人缴纳的税费。[5]故，财政补贴养老保险应考虑恪守需求原则与国家财政能力的均衡，财政过度补贴养老保险既损害其他国家任务有效实现，又侵蚀社会成员间的相对公平。

第二，区间低点受"禁止保护不足"原则约束。"倘若没有财政的支持，国

---

[1] 参见娄宇：《论作为社会保险法基本原则的"精算平衡"和"预算平衡"》，载《华东政法大学学报》2018年第5期。

[2] 参见张荣芳、熊伟：《全口径预算管理之惑：论社会保险基金的异质性》，载《法律科学（西北政法大学学报）》2015年第3期。

[3] 参见徐阳光：《论建立事权与支出责任相适应的法律制度——理论基础与立法路径》，载《清华法学》2014年第8期。

[4] 参见刘剑文：《财税法功能的定位及其当代变迁》，载《中国法学》2015年第4期。

[5] 参见张富强：《论税收国家的基础》，载《中国法学》2016年第2期。

家对'最低限度生活'的保障就无法实现"，①也就无法满足养老保险受益人的最低给付要求，可能危及受益人的幸福生活。在传统社会向现代社会变迁中，个人生存状态"从'基于私人所有权的个人生存'到'基于社会关联性的个人生存'的转变"，②养老保险给付应达成受益人生活的最低状态。历史上，德国《魏玛宪法》首次规定了生存权保障，提出把实现福利国家的目标作为国家的政治性任务。生存权有别于一般社会保障法的救济措施，而是呈现一种"主观权利"状态，个人应享有接受国家给予生存救济的权利。此时，生存权不仅作为防卫国家随意剥夺生命、自由的防御性人权，同时也具有积极意义的请求国家照顾、维系公民生命的权利，"根据国家的给付义务，国家应积极履行对公民的生存保障"。③生存权具备"国家保护"功能，要求国家的保护应具有有效性，不能仅象征性提供保护，保护方案具有实质性内容，防止出现保护不足。④为践行"禁止保护不足"⑤原则，国家有义务在私人不及之处，实现规划以财政支出方式正面实施，尤其是担负弱者保护责任。⑥因此，当养老保险基金出现支付不足危机时，国家理应向其承担高于基本生存状态的财政补贴。换言之，财政补贴方式与额度应当接受比例原则的检验，⑦为保护受益人的基本生存权利，国家应基于养老保险财务恶化状况提供财政补贴，确保养老保险基金最低限度支出。

第四节　国家给付义务规范塑造：从定位到基准的设计

由于养老保险关乎整体社会利益，具有强烈的政治色彩，对其各项变动还需谨慎为之。而对养老保险国家给付义务的规范塑造，可用温和手段将养老保险财务因政治决策而产生的负担纳入法律轨道。基于体系化思维，秉持养老保

---

①　[日]大须贺明：《生存权论》，林浩译，法律出版社 2001 年版，第 96 页。

②　张翔：《财产权的社会义务》，载《中国社会科学》2012 年第 9 期。

③　陈海嵩：《国家环境保护义务的溯源与展开》，载《法学研究》2014 年第 3 期。

④　参见张翔：《基本权利的受益权功能与国家的给付义务——从基本权利分析框架的革新开始》，载《中国法学》2006 年第 1 期。

⑤　李惠宗：《宪法要义》，元照出版公司 2006 年版，第 115 页。

⑥　参见陶凯元：《法治中国背景下国家责任论纲》，载《中国法学》2016 年第 6 期。

⑦　给付行政上衍生出了"禁止过度侵害"原则，在国家的保护义务上，比例原则相对地转化为"禁止保护不足"原则。参见李惠宗：《宪法要义》，元照出版公司 2006 年版，第 115 页。

险国家给付义务限度理念，可对财政补贴养老保险规范作三个层级的体系化修改。第一层级，在《社会保险法》中增设国家给付义务定位的一般条款，建立起国家给付义务的规范体系，解决国家给付义务定位目的不清和国家角色混乱问题。第二层级，完善国家给付义务配置的规范内容、标准与程序规则，以落实第一层级的一般条款为目的，融通社会保险法律文本，实现国家给付义务由"'无限责任'转向'有限责任'"，[1]确立明确的国家给付义务基准。第三层级，构筑国家财政承担担保责任的责任主体权义规范，包括中央和地方政府财政义务的内容、限度等，形成国家给付义务的配套措施，构筑国家给付义务基本要素规范化路径。在此体系中，不同层级的养老保险国家给付义务规范定位不同，肩负不同使命，催生不同设计要求，产生不同效果，均涵摄于养老保险法体系之下，受制于国家给付义务基准规范，遵循责任定位和基准设计的基本逻辑。如此，即可形成具有完善结构的财政补贴养老保险规范体系。

一、增设国家给付义务定位一般条款

在《社会保险法》中增设国家给付义务条款，确立其一般条款地位。"一般条款在性质上实际上具有双重性，它既是一般条款，又有基本原则的性质。"[2]虽说一般条款与法律原则具有某种类似性，但二者并不完全等同，因此有学者认为一般条款是法律原则的特殊形态。[3]相比于具体的法律规则条款，一般条款在价值、功能、法律层次、法律适用等方面均具有特殊性，在立法中具有价值统领和方法论引领作用。尽管一般条款在法律体系中的地位并不突出，但对于司法裁判而言却意义重大，例如在适用一般条款时，不需要法官提出规则，仅依照个案正义进行裁判，[4]这有利于平衡法的适应性和安定性、协调法的弹性和可预见性。[5]可见，在《社会保险法》中嵌入国家给付义务条款，发挥其一般条款

---

① 陈奕男：《长期护理保险财政补贴方案优化研究——基于上海数据的模拟》，载《地方财政研究》2021年第10期。

② 王利明：《民法总则研究》（第3版），中国人民大学出版社2018年版，第90页。

③ 参见朱庆育：《民法总论》（第3版），北京大学出版社2016年版，第524页。

④ 参见于飞：《基本原则与概括条款的区分：我国诚实信用与公序良俗的解释论构造》，载《中国法学》2021年第4期。

⑤ 参见蒋舸：《反不正当竞争法一般条款的形式功能与实质功能》，载《法商研究》2014年第6期。

功效，既可修正财政补贴规则构建，又可指引国家给付义务基准设计，还可厘清财政与养老保险之间的关系。照理说，《社会保险法》第5条第2款和第65条均满足一般条款的外部特征，表现为国家给付义务内容抽象、责任功能隐晦、财政补贴规则不明等。但就一般条款所要表现的实质内容而言，第5条第2款与第65条的规定与一般条款所要达成的目的相去甚远，难以担当作为国家给付义务的一般条款角色。换言之，对作为某种基础性规范的一般条款，并非简单的强调内容抽象、功能隐晦即可，还需对基本要素的精准提炼和科学概括，要求基本要素的价值、原理彼此沟通、调和，形成有机体系。①因此，养老保险国家给付义务一般条款，除具备一般条款的基本技术特征外，还应当回答前述国家给付义务定位目的不清问题。鉴于此，针对一般条款内容的设计可遵循以下逻辑：

第一，《社会保险法》涵盖了职工养老保险和城乡居民养老保险两类，对应的基金来源与权义关系存在较大差异，国家给付义务的类型亦不同。②如若以同一标准设计两类国家给付义务势必将打破"作为各方权利（权力）在预算法中获得的合法性和合理性"，③两类保险的政治目的也难以在责任定位中获得驯化和整合。第二，解决国家财政在养老保险中的角色定位问题，防范国家给付义务在两类养老保险中的性质混淆。由于《社会保险法》第13、20条对应的"政府补贴"限度不同，前者补贴前提是"基金出现支付不足"，后者将财政补贴作为基金收入的一部分。因此，一般条款在进行设计时，前者中国家定位为担保人角色，履行担保职责，并非养老保险基金的权利；后者作为一项福利制度，国家充当制度创立人和财务兜底人角色。第三，明确养老保险国家给付义务基准的法律依据，将以"给予必要经费支持""视同缴费年限""基金出现支付不足"等规定纳入一般条款体系，清除国家给付义务基准法律依据的逻辑乱象。同时，在一般条款的基本要素设计领域，围绕国家给付义务主体的权义配置、责任内容、责任限度进行设计，保证国家给付义务基准内容的充实，防范基本要素空洞化。据此，可借未来《社会保险法》修改之际，在发展相对成熟的基

---

① 参见郑晓珊：《工伤认定一般条款的建构路径》，载《法学研究》2019年第4期。

② 例如，企业职工社会保险基于权利义务对等原则设计，强调责任自担和保险机理，国家给付义务存在一定限度；而城乡居民社会保险则更类似于普惠性的社会福利制度，国家承担较高份额的财政义务。

③ 参见蒋悟真：《中国预算法的政治性与法律性》，载《法商研究》2015年第1期。

本养老保险中实验"一般条款"，以第 11 条为基础整合第 13 条、第 20 条、第 65 条中的"政府补贴"内容，构建独立一般条款。具体内容可分为四款：第一，区分职工养老保险与城乡居民养老保险国家给付义务类型；第二，列明职工养老保险国家财政担保责任及基准；第三，概括城乡居民养老保险中政府缴费以及特殊情形下的补充责任；第四，"外部负担"具有政治属性，须财政单列预算解决。

二、构筑国家给付义务基准的设计逻辑与规范

因养老保险国家给付义务条款具备一般条款的高度抽象性和概括性，难以直接适用于具体财政补贴养老保险行为，需要将其具体化为可供适用的规则。因此，只有具备具体规则时，当事人才可依循一般条款适用于具体行为，也即一般条款适用前提在于确立了具体化、类型化的行为规则体系。因此，规范财政补贴的核心方略既需要一般条款的方针指引，又需要具体规则条款的参照适应，从而厘清国家给付义务基准的设计规范。换言之，通过基准条款厘清国家作为养老保险一方财务主体的权益结构，确保财政补贴具有明确标准和严密的逻辑依据。提炼国家给付义务基准条款，形成体系化的补贴规范，确立养老保险国家给付义务的边界。至于国家给付义务基准设计逻辑，须建立在对"必要"规范的系统解释基础之上，洞穿"必要"的规范内涵，以程序机制来构筑"必要"的规范逻辑。

第一，厘清养老保险国家给付义务基准设计逻辑。规范国家财政补贴，最为重要的便是解决《社会保险法》第 5 条第 2 款和第 65 条间的逻辑关系问题。也即，如何理解第 5 条中的"必要"的经费支持与第 65 条中"基金通过预算实现收支平衡，支付不足时给予补贴"的关系。基于字面含义，两者间的关系可理解为当基金出现支付不足时，国家以财政预算方式补足缺口，财政补贴资金属于必要经费。但此种理解未必逻辑自洽，至少存在两方面问题：一是必要经费是否仅指预算中基金支付不足时的缺口，必要经费是否就是财政预算本身？二是财政资金补足基金缺口后，后续财政预算时可否要求基金返还？如仅指具有普惠性质的城乡居民养老保险，前述问题解决相对简单，只需通过公共预算即可解决。当面对职工养老保险时，问题变得更为复杂。因为职工养老保险采缴费制，参保人权义平等，财务具有相对独立性，但又被纳入政府财政预算，

基金收支欠缺参保人自治决策机制，存在逻辑悖论。①若解决此问题，须厘清必要经费与财政预算之间的边界，澄清国家给付义务基准设计逻辑。第一步，废除职工养老保险基金公共预算纳入特种基金预算，使其脱离国家财政公共预算体系。在特种基金预算中编列财政补贴的金额，从而厘清国家给付义务边界和参保人权益范围。至于"外部负担"，可纳入公共预算化解，凸显改革的政治属性。②第二步，坚持职工养老保险财务的独立性，国家财政担保责任体现为紧急情况下的救助，而非养老保险制度的安排。第三步，廓清《社会保险法》第5条第2款和第65条的国家财政干预的基准设计，列明干预的启动事由。

　　第二，构筑养老保险国家给付义务基准规范。基于《社会保险法》已有分类，职工和城乡居民养老保险遵循不同国家给付义务基准。于职工养老保险而言，其国家给付义务基准具有复合性，其中"担保责任"的基准解决国家财政何时补贴、如何补贴问题，化解"外部负担"基准解决补贴金额数量问题。虽然国家财政担保责任并非事后填补，具有公法上"兜底保护"属性，③但并不因此等同于兜底责任。然而，因《社会保险法》第65条对基金出现支付不足时给予补贴的规定缺乏细化基准，导致出现"有求必应、有缺必补"效果，实际上将担保责任等同为兜底责任。为此，有必要借《社会保险法》修改之际对第5条第2款的"必要"内容和第65条"给予补贴"基准进行规范设计，改变国家财政担保责任基准宽泛，限缩责任基准范围，明确国家担保人角色。为此，授权政府判断何为养老保险系统性风险、何为紧急需求等基准。如，可以"列举＋概括"方式细化"给予补贴"规定，将财政补贴基准列举为具体事项，如"人口老龄化过快""人口出生率过低""个人账户支付不足"等。对于"外部负担"，则由国家财政承担兜底责任。虽然"转换成本"金额巨大，但额度却是可以计算的，通过财政记账方式逐年偿还本息；而公共政策负担额度难以精准计算，立法又未明确规定，未来《社会保险法》修改时可增加一条，即当养老保险被要求承担政府职能时，应有明确的损失补偿或财政补贴基准。至于居民养

---

①　参见娄宇：《论作为社会保险法基本原则的"精算平衡"和"预算平衡"》，载《华东政法大学学报》2018年第5期。

②　参见熊伟：《从财政依附性反思中国社会保险》，载《武汉大学学报（哲学社会科学版）》2017年第4期。

③　参见邢鸿飞：《论政府购买公共服务的保证责任》，载《法商研究》2022年第1期。

老保险，是一项对无收入群体的普惠福利政策，国家担当制度协助人角色。然而，当下以财政补贴方式鼓励居民参保，国家给付义务较重，可在未来制度成熟时明确国家财政补充责任。

三、完善国家给付义务承担的精算与预算规则

仅通过增设立法一般条款、梳理责任基准规范，尚不足以实现国家给付义务的规范塑造，还有必要考虑我国养老保险基金收支的动态平衡，确立养老保险精算与预算平衡的连接点。精算通过分析养老保险风险发生概率测算基金收支，着重于保险制度内的财务塑造；预算除了限制政府权力外，还对一定周期内的养老保险基金收支平衡进行计划，通过外部支持确保基金支付。精算平衡可确保制度可持续性，而预算平衡在于弥补依精算原理运作下的基金缺口，是实现基金收支平衡的法律原则。预算与精算相互作用，区分出养老保险基金与财政补贴各自的基准。①换言之，通过精算规则强化养老保险预算体系，进而厘清养老保险中的国家给付义务，助力国家给付义务基准的修正。因此，探讨财政补贴养老保险的"权责一致"，厘清国家给付义务基准势必建立在完善的精算与预算规则下，二者不可偏废。实际上，2013 年党的十八届三中全会便提出了养老保险改革坚持精算平衡原则。因此，立足我国养老保险发展现实，适时引入养老保险精算，完善养老保险财务，助力养老保险国家给付义务顺利承担。然而，养老保险精算建立在完善的筹资基础之上，之后才能确定国家给付义务与参保人缴费责任。发展最为成熟的养老保险仍处于定型期，距离全国统筹还有较长距离，精算制度希望实现的恰是为基础养老金全国统筹制作时间表，决定了当下精算制度是服务于特定历史阶段任务的工具。②故，当下精算不宜作为养老保险运行的基本法律制度，而是以配套规则形式作为测算养老保险收支的工具。

《社会保险法》第 65 条第 1 款以"通过预算制度实现基金收支平衡"方式来解决养老保险国家给付义务承担问题，缺乏养老保险精算的支持，预算将成为一笔糊涂账。如若删除《社会保险法》第 65 条规定，增加养老保险精算规

---

① 参见田蒙蒙：《论我国社会保险基金平衡的法理逻辑：精算与预算》，载《西安财经大学学报》2021 年第 6 期。

② 参见娄宇：《德国社会养老保险精算制度探析——演进、理念、体例、编制流程与启示》，载《学术界》2018 年第 1 期。

定，将养老保险项目剔除出《预算法》，在养老保险中国家角色的多重交织下，贸然改革将使基金脱离人大监督，导致基金收支与运营脱缰于公众视野，极易发生国家推脱其财政义务的情形。可见，改革力度实则受养老保险独立性的制约，还须探寻更为稳妥的方案。由于第 65 条未提及养老保险精算，但财政补贴的调整虽不必严格遵循法定原则，但也不能完全由政府裁量，应建立在基金缺口测算基础上，实则内涵了精算的内容。如此，可在第 65 条第 1 款基础上嵌入精算理念，进而增加养老保险精算规则。可将第 65 条第 1 款修改为"逐步完善养老保险基金精算，以特种基金预算实现收支平衡"，既尊重当下养老保险基金缺乏独立性现实，又将其与公共预算分离，还为未来预留了精算、预算合力空间。还可以政策的方式完善精算规则，参考人口增长率、老龄化速度、平均寿命、经济变化、物价指数、保费调整、外部负担等因素，待精算制度成熟后考虑引入养老保险财务自动调整机制等。以此，在尊重养老保险基金独立性基础上，清晰划定了国家给付义务承担的基准。

四、养老保险国家给付义务设计规范的法治化

我国养老保险并非源于德国社会连带、社会团结等理念发展而来，而是基于特定历史、政治背景下的国家主导建立，财源设计等内容天然依附于国家财政。在面对低烈度的社会风险冲击时，可以通过财政补贴方式进行化解；如若面临更为严重的人口老龄化、低生育率等大规模社会风险时，财政补贴方式可能力不从心。需要发挥制度本身所蕴含的风险分摊、社会互助等功能，这需求一个人格独立、财务健全、可持续的养老保险制度来支撑，追求人口老龄化的法治应对。为此，厘清国家与养老保险之间的界限，构筑国家给付义务的定位与基准，既认可财政补贴养老保险的正当性，又探索财政补贴养老保险的边界，解决养老保险过度依附国家财政问题。研究国家给付义务，不仅关涉国家角色的定位，还是财政补贴养老保险的理论根源。只要存在国家给付义务，不管其能否被承担，均带来养老保险法上的评价。国家给付义务顺利承担的情况下，国家在养老保险财务上的权利与义务必经立法检验，探索两种制度之间的连接点和边界。在国家给付义务承担受阻状况下，财政补贴进入养老保险法空间将变得模糊。只有国家给付义务设计规范的法治化才能真正厘清两种制度之间的关系，才能基于国家角色定位探索财政义务基准，增强养老保险应对人口老龄化的风险能力。

参考文献

一、中文参考文献

（一）著作类

1. 陈新民：《德国公法学基础理论（增订新版下卷）》，法律出版社 2021 年版。

2. 孙国华、朱景文：《法理学》，中国人民大学出版社 2021 年版。

3. 王天玉：《社会保险法前言问题研究（第一卷）》，中国社会科学出版社 2020 年版。

4. 姜小卉：《老年人权利保障的国家义务研究》，中南财经政法大学出版社 2019 年版。

5. 王延中：《中国社会保障发展报告（2019）》，社会科学文献出版社 2019 年版。

6. 郑尚元：《社会保障法》，高等教育出版社 2019 年版。

7. 戴卫东、顾梦洁：《OECD 国家长期护理津贴制度研究》，北京大学出版社 2018 年版。

8. 胡玉鸿：《弱者权益保护研究综述（上册）》，中国政法大学出版社 2018 年版。

9. 刘俊：《劳动与社会保障法学》，高等教育出版社 2018 年版。

10. 王利明：《民法总则研究》（第 3 版），中国人民大学出版社 2018 年版。

11. 郑尚元、扈春海：《社会保险法总论》，清华大学出版社 2018 年版。

12. 赵晶：《国家义务研究——以公民基本权利演变为分析视角》，天津人民出版社 2017 年版。

13. 孙祁祥：《保险学（第六版）》，北京大学出版社 2017 年版。

14. 郑贤君：《社会国义务的宪法内涵》，载《中国宪法年刊》，法律出版社 2017 年版。

15. 周忠学：《失地农民社会保障权的国家义务研究》，中国政法大学出版社 2017 年版。

16. 朱庆育：《民法总论》（第 3 版），北京大学出版社 2016 年版。

17. 陈真亮：《环境保护的国家义务研究》，法律出版社 2015 年版。

18. 张盈华：《老年长期照护：制度选择与国际比较》，经济管理出版社 2015 年版。

19. 张国平：《农村老年人居家养老服务体系研究》，中国社会科学出版社 2015 年版。

20. 韩大元：《1954 年宪法制定过程》，法律出版社 2014 年版。

21. 王明远：《卷首语二》，载《清华法治论衡：生态、法治、文明》（第 22 辑），清华大学出版社 2014 年版。

22. 龚向和：《社会权的可诉性及其程度研究》，法律出版社 2012 年版。

23. 蒋银华：《国家义务论：以人权保障为视角》，中国政法大学出版社 2012 年版。

24. ［德］齐佩利乌斯：《德国国家学》，赵宏译，法律出版社 2012 年版。

25. 施巍巍：《发达国家老年人长期照护制度研究》，知识产权出版社 2012 年版。

26. 杨立雄：《当代中国社会救助制度回归与展望》，人民出版社 2012 年版。

27. 钟秉正：《社会保险法论》，台北三民书局股份有限公司 2012 年版。

28. ［英］珍妮·斯蒂尔，韩永强译：《风险与法律理论》，中国政法大学出版社 2012 年版。

29. 李惠宗：《行政法要义》，元照出版公司 2011 年版。

30. ［日］芦部信喜：《宪法》，李鸿禧译，元照出版公司 2011 年版。

31. 沈岿：《国家赔偿法：原理与案例》，北京大学出版社 2011 年版。

32. ［奥］曼弗瑞德·诺瓦克：《国际人权制度导论》，柳华文译，北京大学出版社 2010 年版。

33. 刘灵芝：《中国公民养老权研究》，辽宁大学出版社 2010 年版。

34. 马岭：《宪法权利解读》，中国人民公安大学出版社 2010 年版。

35. 张军：《社会保障制度的福利文化解析：基于历史和比较的视角》，西南财经大学出版社 2010 年版。

36. 郑贤君：《基本权利原理》，法律出版社 2010 年版。

37. 林明锵：《欧盟行政法——德国行政法总论之变革》，新学林出版股份有限公司 2009 年版。

38. 蔡维音：《全面健保财政基础之法理研究》，正典出版文化有限公司 2008 年版。

39. 胡敏洁：《福利权研究》，法律出版社 2008 年版。

40. 林毓铭：《社会保障与政府职能研究》，人民出版社 2008 年版。

41. 谢荣堂：《社会法治国基础问题与权利救济》，元照出版公司 2008 年版。

42. 杨忠福：《立法不作为问题研究》，知识产权出版社 2008 年版。

43. [英] 约翰·洛克：《政府论两篇》，赵伯英译，载丁一凡编：《大家西学：权力二十讲》，天津人民出版社 2008 年版。

44. 张翔：《基本权利的规范建构》，高等教育出版社 2008 年版。

45. 韩君玲：《日本最低生活保障法研究》，商务印书馆 2007 年版。

46. [美] 西达·斯考切波：《国家与社会革命：对法国、俄国和中国的比较分析》，何俊志、王学东译，上海人民出版社 2007 年版。

47. 张新民：《养老金法律制度研究》，人民出版社 2007 年版。

48. 李惠宗：《宪法要义》，元照出版公司 2006 年版。

49. 林万亿：《中国宪法与社会权的实践》，苏永钦编：《部门宪法》，元照出版公司 2006 年版。

50. 杨方方：《从缺位到归位——中国转型期社会保险中的政府责任》，商务印书馆 2006 年版。

51. 董保华等：《社会保障的法学观》，北京大学出版社 2005 年版。

52. 姜向群：《老年社会保障制度——历史与变革》，中国人民大学出版社 2005 年版。

53. [德] 马克斯·韦伯：《学术与政治》，冯克利译，生活·读书·新知三联书店 2005 年版。

54. 萧淑芬：《基本权利基础理论之继受与展望》，元照出版公司 2005 年版。

55. 徐显明主编：《人权研究》（第 5 卷），山东人民出版社 2005 年版。

56．许崇德主编：《宪法学》，高等教育出版社 2005 年版。

57．黄金荣：《权利理论中的经济和社会权利》，载郑永流主编：《法哲学与法社会学论丛》，北京大学出版社 2005 年版。

58．〔日〕大木雅夫：《东西方的法观念比较》，华夏、战宪斌译，北京大学出版社 2004 年版。

59．韩大元、林来梵、郑贤君：《宪法学专题研究》，中国人民大学出版社 2004 年版。

60．孙立平：《转型与断裂——改革以来中国社会结构的变迁》，清华大学出版社 2004 年版。

61．〔美〕斯蒂芬·霍尔姆斯、凯斯·R.桑斯坦：《权利的成本——为什么自由依赖于税》，毕竞悦译，北京大学出版社 2004 年版。

62．吴庚：《宪法的解释与适用》，台北三民书局股份有限公司 2004 年版。

63．夏勇：《中国民权哲学》，生活·读书·新知三联书店 2004 年版。

64．叶响裙：《中国社会养老保障：困境与抉择》，中国社会科学文献出版社 2004 年版。

65．汪行福：《分配正义与社会保障》，上海财经大学出版社 2003 年版。

66．〔德〕沃尔夫等：《行政法》（第 2 卷），高家伟译，商务印书馆 2002 年版。

67．林嘉：《社会保障法的理念、实践与创新》，中国人民大学出版社 2002 年版。

68．翁岳生教授祝寿论文编辑委员会编：《当代公法新论》（上），元照出版公司 2002 年版。

69．熊必俊：《人口老龄化与可持续发展》，中国大百科全书出版社 2002 年版。

70．郑功成：《社会保障学：理念、制度、实践与思辨》，商务印书馆 2002 年版。

71．公丕祥：《权利现象的逻辑》，山东人民出版社 2002 年版。

72．陈新民：《德国公法学基础理论》，山东人民出版社 2001 年版。

73．〔日〕大须贺明：《生存权论》，林浩译，元照出版公司 2001 年版。

74．〔日〕大须贺明：《生存权论》，林浩译，法律出版社 2001 年版。

75．李震山：《人性尊严与人格保障》，元照出版公司 2001 年版。

76. 林来梵：《从宪法规范到规范宪法——规范宪法学的一种前言》，法律出版社 2001 年版。

77. 张文显：《法哲学范畴研究》（修订版），中国政法大学出版社 2001 年版。

78. [德] 哈特穆特·毛雷尔：《行政法学总论》，高家伟译，法律出版社 2000 年版。

79. 许志雄等：《现代宪法论》，元照出版公司 2000 年版。

80. 周叶中主编：《宪法》，高等教育出版社、北京大学出版社 2000 年版。

81. [英] 丹宁勋爵：《法律的训诫》，杨百揆等译，法律出版社 1999 年版，第 98 页。

82. [法] 莱昂·狄骥：《宪法学教程》，辽海出版社、春风文艺出版社 1999 年版。

83. 吕世伦、文正邦：《法哲学论》，中国人民大学出版社 1999 年版。

84. 马新福：《法社会学原理》，吉林大学出版社 1999 年版。

85. 吴庚：《行政争讼法论》，台北三民书局股份有限公司 1999 年版。

86. 徐显明：《生存权论》，载《法理学论丛》（第 1 卷），法律出版社 1999 年版。

87. 于安：《德国行政法》，清华大学出版社 1999 年版。

88. 李震山：《警察任务论》，台北登文书局 1998 年版。

89. 杨建顺：《日本行政法通论》，中国法制出版社 1998 年版。

90. 郭明政：《社会安全制度与社会法》，翰芦图书出版有限公司 1997 年版。

91. [美] 路易斯·亨金：《权利时代》，信春鹰等译，知识出版社 1997 年版。

92. 蔡定剑：《中国宪法精释》，中国民主制出版社 1996 年版。

93. 葛克昌：《国家学与国家法》，月旦出版股份有限公司 1996 年版。

94. [日] 谷口安平：《程序的正义与诉讼》，王亚新、刘荣军译，中国政法大学出版社 1996 年版。

95. 许崇德：《中国宪法》，中国人民大学出版社 1996 年版。

96. 张文显：《二十世纪西方法哲学思潮研究》，法律出版社 1996 年版。

97. 世界银行：《防止老龄危机——保护老年人及促进增长的政策》，中国财政经济出版社 1995 年版。

98.邱联恭：《司法之现代化与程序法》，台北三民书局股份有限公司 1992 年版。

99.［日］宫泽俊义：《日本国宪法精解》，董璠舆译，中国民主法制出版社 1990 年版。

100.［美］丹尼尔·贝尔：《资本主义文化矛盾》，赵一凡等译，生活·读书·新知三联书店 1989 年版。

101.李惠宗：《行政法要义》，五南图书出版有限公司 1989 年版。

102.［美］约翰·罗尔斯：《正义论》，何怀宏、何包钢、廖申白译，中国社会科学出版社 1988 年版。

103.［英］洛克：《政府论》（下），商务印书馆 1985 年版。

104.［英］霍布斯：《利维坦》，黎思复、黎廷弼译，商务印书馆 1985 年版。

105.［英］托马斯·潘恩：《潘恩选集》，马清槐译，商务印书馆 1981 年版。

（二）论文类

1.杜鹏、陈民强：《积极应对人口老龄化：政策演进与国家战略实施》，载《新疆师范大学学报（哲学社会科学版）》2022 年第 5 期。

2.刘同洲：《促进个人养老金发展的税收政策研究——基于美国个人养老金（IRA）的经验与启示》，载《环球税收》2022 年第 9 期。

3.柳华文：《论当代中国人权观的核心要义：基于习近平关于人权系列论述的解读》，载《比较法研究》2022 年第 4 期。

4.邢鸿飞：《论政府购买公共服务的保证责任》，载《法商研究》2022 年第 1 期。

5.余少祥：《社会法伤的国家肌肤义务及其限度》，载《清华大学学报（哲学社会科学版）》2022 年第 5 期。

6.郑秉文：《养老金三支柱理论嬗变与第三支柱模式选择》，载《华中科技大学学报（社会科学版）》2022 年第 2 期。

7.朱小玉、施文凯：《人口老龄化背景下完善我国第三支柱养老保险税收政策的建议》，载《国际税收》2022 年第 6 期。

8.陈奕男：《长期护理保险财政补贴方案优化研究——基于上海数据的模拟》，载《地方财政研究》2021 年第 10 期。

9.胡怡建、刘崇珲：《完善税收政策，加快推进第三支柱养老保险发展》，载《税务研究》2021年第12期。

10. 李燕林：《社会救助权的规范构造》，载《河北法学》2021年第4期。

11. 李忠夏：《数字时代隐私权的宪法建构》，载《华东政法大学学报》2021年第3期。

12. 鲁晓明：《积极老龄化视角下之就业老年人权益保障》，载《法学论坛》2021年第4期。

13. 孙守纪：《构建第三支柱养老保险总个性管理平台》，载《中国保险》2021年第4期。

14. 孙小雁、左学金：《中国城乡老年人收入结构变化及影响因素分析》，载《上海经济研究》2021年第6期。

15. 覃李慧：《论老龄化背景下家庭养老的法制保障及完善路径》，载《华中科技大学学报（社会科学版）》2021年第2期。

16. 陶涛：《长幼有序，男女有别——个体化进程中的中国家庭养老支持分工》，载《社会学研究》2021年第5期。

17. 田蒙蒙：《论我国社会保险基金平衡的法理逻辑：精算与预算》，载《西安财经大学学报》2021年第6期。

18. 汪习根：《论民法典的人权精神：以人格权编为重点》，载《法学家》2021年第2期。

19. 王天玉：《职工基本养老保险"统账结合"的法理困境与制度重构》，载《中外法学》2021年第4期。

20. 夏会珍、王亚柯：《老年人收入结构与收入不平等研究》，载《北京社会科学》2021年第7期。

21. 于飞：《基本原则与概括条款的区分：我国诚实信用与公序良俗的解释论构造》，载《中国法学》2021年第4期。

22. 郑晓珊：《基本养老保险个人账户"实账"省思——谈〈中国养老金发展报告2011〉的核心之困》，载《法学》2021年第4期。

23. 周敬敏：《社会保障基本国策的规范体系与实施路径》，载《政法论坛》2021年第3期。

24. 董克用、施文凯：《加快建设中国特色第三支柱个人养老金制度：理论探讨与政策选择》，载《社会保障研究》2020年第2期。

25. 房连泉：《个人养老金公共管理平台的国家经验与政策启示》，载《华中科技大学学报（社会科学版）》2020 年第 2 期。

26. 耿晋梅：《中国的社会保障支出政策调节了居民收入差距吗?》，载《经济问题》2020 年第 7 期。

27. 韩克庆、李方舟：《社会救助对家庭赡养伦理的挑战》，载《山西大学学报（哲学社会科学版）》2020 年第 5 期。

28. 刘中海：《农村居民养老保险财政补贴的福利效应研究》，载《社会保障评论》2020 年第 1 期。

29. 厉以宁：《中国道路和人口老龄化的就业对策》，载《国际经贸探索》2020 年第 3 期。

30. 田蒙蒙：《税务机关追缴社会保险费的法理基础及其实现策略》，载《时代法学》2020 年第 4 期。

31. 王广辉：《国家养老责任的宪法学分析》，载《暨南学报（哲学社会科学版）》2020 年第 3 期。

32. 薛惠元、王雅：《机关事业单位养老保险隐性债务与转制成本测算》，载《保险研究》2020 年第 4 期。

33. 杨复卫：《基本养老保险财务的"外部负担"及其法律化解》，载《保险研究》2020 年第 10 期。

34. 杨复卫：《新中国养老保险法治建设 70 年：变革、成就与启示》，载《现代经济探讨》2020 年第 2 期。

35. 原新利、龚向和：《我国公民物质帮助去按的基本权利功能分析》，载《山东社会科学》2020 年第 2 期。

36. 郑功成：《中国养老金：制度变革、问题清单与高质量发展》，载《社会保障评论》2020 年第 1 期。

37. 郑功成：《中国社会保险法制建设：现状评估与发展思路》，载《探索》2020 年第 3 期。

38. 董克用：《建立和发展中国特色第三支柱个人养老金制度》，载《中国社会保障》2019 年第 3 期。

39. 房海军：《社会保险费强制征缴的现实之需、实施困境及其应对》，载《北京理工大学学报（社会科学版）》2019 年第 3 期。

40. 房连泉：《实现基本养老保险全国统筹的三种改革路径及利弊分析》，载《北京工业大学学报（社会科学版）》2019 年第 3 期。

41. 何凌云等：《部分国家促进生育财税政策的经验及借鉴》，载《税务研究》2019 年第 12 期。

42. 华颖：《中国社会保障 70 年的国际借鉴》，载《中国人民大学学报》2019 年第 5 期。

43. 姜小卉：《老年人权利保障的国家义务研究》，中南财经政法大学 2019 年博士学位论文。

44. 李春根、夏珺：《企业社会保险缴费基数形成逻辑、本质与政策调整——基于利益相关者集体选择视角》，载《税务研究》2019 年第 6 期。

45. 李鸿涛、关晋永等：《法国爆发大规模罢工"牵出"全球性问题——养老金改革难题怎么破?》，载《经济日报》2019 年 12 月 18 日。

46. 钱继磊：《论作为新兴权利的代际权利——从人类基因编辑事件切入》，载《政治与法律》2019 年第 5 期。

47. 肖辉：《老龄化社会背景下老年权益法院得设立构想》，载《河北法学》2019 年第 12 期。

48. 谢冰清：《论中国长期护理保险制度中国家责任之定位》，载《云南社会科学》2019 年第 3 期。

49. 谢冰清：《我国长期护理制度中的国家责任及其实现路径》，载《法商研究》2019 年第 5 期。

50. 余煜刚：《行政自制中信息工具的法理阐释——行政伦理柔性制度化的"可能"与"限度"》，载《政治与法律》2019 年第 12 期。

51. 张均斌：《连续上调养老金"第二第三支柱"得跟上》，载《中国青年报》2019 年第 10 期。

52. 郑晓珊：《工伤认定一般条款的建构路径》，载《法学研究》2019 年第 4 期。

53. 曾益、李晓琳、石晨曦：《降低养老保险缴费率政策能走多远?》，载《财政研究》2019 年第 6 期。

54. 何文炯：《改革开放以来中国社会保险之发展》，载《保险研究》2018 年第 12 期。

55. 李飞：《加强立法决策量化论证不断提高立法质量》，载《中国人大》2018 年第 19 期。

56. 娄宇：《德国社会养老保险精算制度探析——演进、理念、体例、编制流程与启示》，载《学术界》2018 年第 1 期。

57. 娄宇：《论作为社会保险法基本原则的"精算平衡"和"预算平衡"》，载《华东政法大学学报》2018 年第 5 期。

58. 米海杰、金维刚、王晓军：《我国社会保险缴费基数确定中存在的问题与对策》，载《保险理论与实践》2018 年第 4 期。

59. 杨复卫：《从正面清单到负面清单——我国养老资金投资模式的转向》，载《暨南学报（哲学社会科学版）》2018 年第 6 期。

60. 杨宜勇、吴香雪：《养老保险制度改革与税收扶持制度研究》，载《税务研究》2018 年第 1 期。

61. 原新：《积极应对人口老龄化是新时代的国家战略》，载《人口研究》2018 年第 3 期。

62. 张明楷：《责任论的基本问题》，载《比较法研究》2018 年第 3 期。

63. 张思锋、李敏：《中国特色社会养老保险制度：初心　改革　再出发》，载《西安交通大学学报（社会科学版）》2018 年第 6 期。

64. 郑秉文：《"多层次混合型"养老保障体系与第三支柱顶层设计》，载《社会发展研究》2018 年第 2 期。

65. 朱军：《国家义务构造论的功能主义建构》，载《北京理工大学学报（社会科学版）》2018 年第 1 期。

66. 郑秉文：《中国社会保障 40 年：经验总结与改革取向》，载《中国人口科学》2018 年第 4 期。

67. 房连泉：《全面建成多层次养老保障体系的路径探讨：基于公共、私人养老金混合发展的国际经验借鉴》，载《经济纵横》2018 年第 3 期。

68. 刘远风：《机关事业单位养老保险的政府兜底责任及履责机制》，载《湖南农业大学学报（社会科学版）》2017 年第 3 期。

69. 毛景：《养老保险利益对接规则的规范审查——以法律平等原则为基准》，载《河南财经政法大学学报》2017 年第 1 期。

70. 熊伟：《从财政依附性反思中国社会保险》，载《武汉大学学报（哲学社会科学版）》2017 年第 4 期。

71. 徐卫周、张文政：《个税递延型商业养老保险的国外经验及我国借鉴研究》，载《北京交通大学学报（社会科学版）》2017 年第 1 期。

72. 杨彬权：《论国家担保责任：担保内容、理论基础与类型化》，载《行政法学研究》2017 年第 1 期。

73. 于文豪：《试论人权法学研究的定位、内容与方法》，载《人权》2017 年第 6 期。

74. 张宇润、施海智：《论基本养老金安全投资的制度保障机制》，载《安徽大学学报（哲学社会科学版）》2017 年第 6 期。

75. 郑丹丹：《女性家庭权力、夫妻关系与家庭代际资源分配》，载《社会学研究》2017 年第 1 期。

76. 朱军：《系统论视角下国家义务理论的视角：体系与方法》，载《福建行政学院学报》2017 年第 3 期。

77. 林嘉：《公平可持续的社会保险制度研究》，载《武汉大学学报（哲学社会科学版）》2017 年第 4 期。

78. 陈海嵩：《雾霾应急的中国实践与环境法理》，载《法学研究》2016 年第 4 期。

79. 何平：《论我国社会福利法律制度的构建模式：来自德国的经验启示》，载《法商研究》2016 年第 6 期。

80. 何燕华：《老年人权利公约：理性构建研究》，湖南师范大学 2016 年博士学位论文。

81. 李志强：《西方养老保障制度对我国孝道文化传承的立法启示》，载《华中科技大学学报（社会科学版）》2016 年第 3 期。

82. 刘汶蓉：《转型期的家庭代际情感与团结——基于上海两类"啃老"家庭的比较》，载《社会学研究》2016 年第 4 期。

83. 陶凯元：《法治中国背景下国家责任论纲》，载《中国法学》2016 年第 6 期。

84. 熊伟、张荣芳：《财政补贴社会保险的法学透析：以二元分立为视角》，载《法学研究》2016 年第 1 期。

85. 张富强：《论税收国家的基础》，载《中国法学》2016 年第 2 期。

86. 邹艳晖：《国家对公民健康权的尊重义务》，载《济南大学学报》2016 年第 2 期。

87. 何文剑、张红霄：《法律效率量化框架的理论研究——兼论森林采伐限额管理制度对此框架的应用》，载《现代法学》2016 年第 3 期。

88. 杜仪方：《公私协作中国家责任理论的新发展——以日本判决为中心的考察》，载《当代法学》2015 年第 3 期。

89. 傅雨飞：《公共政策量化分析：研究范式转换的动因和价值》，载《中国行政管理》2015 年第 8 期。

90. 蒋悟真：《中国预算法的政治性与法律性》，载《法商研究》2015 年第 1 期。

91. 李霞：《公私合作合同：法律性质与权责配置——以基础设施与公用事业领域为中心》，载《华东政法大学学报》2015 年第 3 期。

92. 李志强：《我国老年人照护保险立法研究》，载《兰州学刊》2015 年第 4 期。

93. 刘剑文：《财税法功能的定位及其当代变迁》，载《中国法学》2015 年第 4 期。

94. 石智雷：《多子未必多福——生育决策、家庭养老与农村老年人生活质量》，载《社会学研究》2015 年第 5 期。

95. 魏建国：《城市化升级转型中的社会保障与社会法》，载《法学研究》2015 年第 1 期。

96. 余少祥：《社会法"法域"定位的偏失与理性回归》，载《政法论坛》2015 年第 6 期。

97. 张荣芳、熊伟：《全口径预算管理之惑：论社会保险基金的异质性》，载《法律科学（西北政法大学学报）》2015 年第 3 期。

98. 郑功成：《从地区分割到全国统筹——中国职工养老保险制度深化改革的必由之路》，载《中国人民大学学报》2015 年第 3 期。

99. 陈海嵩：《国家环境保护义务的溯源与展开》，载《法学研究》2014 年第 3 期。

100. 陈云良：《基本医疗服务法制化研究》，载《法律科学（西北政法大学学报）》2014 年第 2 期。

101. 胡玉鸿：《人的尊严与弱者权利保护》，载《江海学刊》2014 年第 2 期。

102. 贾锋：《论社会救助权国家义务之逻辑证成与体系建构》，载《西北大学学报（哲学社会科学版）》2014 年第 1 期。

103. 蒋舸：《反不正当竞争法一般条款的形式功能与实质功能》，载《法商研究》2014 年第 6 期。

104. 雷磊：《法律权利的逻辑分析：结构与类型》，载《法制与社会发展》2014 年第 3 期。

105. 李志强、刘光华：《现代法治语境下的孝道制度建构》，载《中州学刊》2014 年第 3 期。

106. 石红梅：《民生发展视角下社会保障权的价值分析》，载《南京大学法律评论》2014 年第 1 期。

107. 王斐民：《社会管理创新视野下我国社会化养老的法律调整》，载《政治与法律》2014 年第 6 期。

108. 吴祥佑：《个税递延型养老保险的累退效应及克服》，载《税务与经济》2014 年第 1 期。

109. 徐阳光：《论建立事权与支出责任相适应的法律制度——理论基础与立法路径》，载《清华法学》2014 年第 8 期。

110. 张震：《社会权国家义务的实践维度：以公租房制度为例》，载《当代法学》2014 年第 3 期。

111. 龚向和：《论民生保障的国家义务》，载《法学论坛》2013 年第 5 期。

112. 贾锋：《论社会救助权国家给付义务基准之三维度量——以江苏省四个县区为例》，载《现代法学》2013 年第 9 期。

113. 刘风景：《立法目的条款之法理基础及表述技术》，载《法商研究》2013 年第 3 期。

114. 任喜荣：《"社会宪法"及其制度性保障功能》，载《法学评论》2013 年第 1 期。

115. 肖金明：《构建完善的中国特色老年法制体系》，载《法学论坛》2013 年第 3 期。

116. 杨海坤：《宪法平等权与弱者权利的立法保障：以老年人权益保护立法为例》，载《法学杂志》2013 年第 10 期。

117. 董宏伟：《民生保障的国家保护义务》，载《北京理工大学学报》2012 年第 4 期。

118. 黄文忠：《我国人口老龄化的法律应对研究》，载《河北法学》2012 年第 12 期。

119. 蒋银华：《论国家义务的价值基础》，载《行政法学研究》2012 年第 1 期。

120. 蒋银华：《论国家义务概念之确立与发展》，载《河北法学》2012 年第 6 期。

121. 李国兴：《超越"生存照顾"的给付行政——论给付行政的发展及对传统行政法理论的挑战》，载《中外法学》2012 年第 6 期。

122. 刘茂林、秦小建：《人权的共同体观念与宪法内在义务的征程——宪法如何回应社会道德困境》，载《法学》2012 年第 11 期。

123. 吴乐乐：《"老有所养"的立宪主义考量》，载《前沿》2012 年第 17 期。

124. 邢会强：《政策增长与法律空洞化——以经济法为例的观察》，载《法制与社会发展》2012 年第 3 期。

125. 张翔：《财产权的社会义务》，载《中国社会科学》2012 年第 9 期。

126. 郑贤君：《宪法"人格尊严"条款的规范地位之辩》，载《中国法学》2012 年第 4 期。

127. 杜承铭：《基本权利之国家义务：理论基础、结构形式与中国实践》，载《法学评论》2011 年第 2 期。

128. 冯祥武：《实施〈社会保险法〉应解决的十四个问题》，载《中国劳动》2011 年第 8 期。

129. 康健：《社会保障国家责任探析》，载《社会科学辑刊》2011 年第 1 期。

130. 孔繁华：《我国〈老年人权益保障法〉基本原则解析》，载《暨南学报（哲学社会科学版）》2011 年第 3 期。

131. 李金波、聂辉华：《儒家孝道、经济增长与文明分岔》，载《中国社会科学》2011 年第 6 期。

132. 刘翠霄：《社会保障制度是经济社会协调发展的法治基础》，载《法学研究》2011 年第 3 期。

133. 刘灵芝：《论公民养老权的可诉性》，载《河北法学》2011 年第 6 期。

134．袁立：《从社会国原则谈劳动权的国家给付义务》，载《人大法律评论》2011 年第 1 期。

135．陈映芳：《国家与家庭、个人——城市中国的家庭制度（1949—1979）》，载《交大法学》2010 年第 1 期。

136．龚向和、刘耀辉：《基本权利给付义务内涵界定》，载《理论与改革》2010 年第 2 期。

137．龚向和：《国家义务是公民权利的根本保障：国家与公民关系新视角》，载《法律科学》2010 年第 4 期。

138．蒋银华：《论国家义务的理论渊源：现代公共性理论》，载《法学评论》2010 年第 2 期。

139．刘灵芝、马新福：《中国公民养老权的正当性》，载《人民论坛》2010 年第 17 期。

140．刘茂林、王从峰：《论宪法的正当性》，载《法学评论》2010 年第 5 期。

141．刘耀辉：《国家义务的可诉性》，载《法学论坛》2010 年第 5 期。

142．刘治斌：《立法目的、法院职能与法律适用的方法问题》，载《法律科学（西北政法大学学报）》2010 年第 2 期。

143．麻宝斌、郭蕊：《权责一致与权责背离：在理论与现实之间》，载《政治学研究》2010 年第 1 期。

144．汪进元：《论生存权的保护领域和实现路径》，载《法学评论》2010 年第 5 期。

145．王莹：《个税递延型养老保险：基于税收优惠的思考》，载《中南财经政法大学学报》2010 年第 1 期。

146．应飞虎、涂永前：《公共规制中的信息工具》，载《中国社会科学》2010 年第 4 期。

147．袁立：《论社会权可诉性的几个基本理论问题》，载《宁夏大学学报》2010 年第 6 期。

148．袁妙彧：《养老保障"三支柱"制度的平衡与衔接——以英国养老金协议退出制度为例》，载《郑州大学学报（哲学社会科学版）》2010 年第 6 期。

149．龚向和、刘耀辉：《论国家对基本权利的保护义务》，载《政治与法律》2009 年第 5 期。

150．龚向和：《理想与现实：基本权利可诉性程度研究》，载《法商研究》2009 年第 4 期。

151．贺雪峰：《农村代际关系论：兼论代际关系的价值基础》，载《社会科学研究》2009 年第 5 期。

152．徐钢：《论宪法上国家义务的序列与范围——以劳动权为例的规范分析》，载《浙江社会科学》2009 年第 3 期。

153．征汉年：《权利的伦理维度》，载《长白学刊》2009 年第 1 期。

154．陈征：《基本权利的国家保护义务功能》，载《法学研究》2008 年第 1 期。

155．刘雪斌：《论代际正义的原则》，载《法制与社会发展》2008 年第 4 期。

156．刘灵芝：《论公民养老权的权利属性》，载《河北法学》2008 年第 12 期。

157．马新福、刘灵芝：《公民养老权涵义论析》，载《河北法学》2007 年第 9 期。

158．陈怡如：《司法院大法官平等原则违宪审查标准之探究》，载《人文社会学报》2006 年第 1 期。

159．王建学：《论社会保障权的司法保护》，载《华侨大学学报》2006 年第 1 期。

160．张翔：《基本权利的受益权功能与国家的给付义务——从基本权利分析框架的革新开始》，载《中国法学》2006 年第 1 期。

161．劳东燕：《自由的危机：德国"法治国"的内在机理与运作逻辑——兼论与普通法法治的差异》，载《北大法律评论》2005 年第 2 期。

162．彭诚信、邹潇：《义务观念的现代理解》，载《学习与探索》2005 年第 5 期。

163．韦群林、谭世贵：《司法不作为现象及司法管理对策初探》，载《甘肃政法学院学报》2005 年第 11 期。

164．杨方方：《中国社会保险中的政府责任》，载《中国软科学》2005 年第 12 期。

165．杨方方：《我国养老保险制度演变与政府责任》，载《中国软科学》2005 年第 2 期。

166. 张文显、姚建宗：《权利时代的理论景象》，载《法制与社会发展》2005 年第 5 期。

167. 张翔：《基本权利的双重性质》，载《法学研究》2005 年第 3 期。

168. 夏勇：《权利哲学的基本问题》，载《法学研究》2004 年第 3 期。

169. 许春镇：《论公法社团之概念及其类型》，载《东吴法律学报》2004 年第 2 期。

170. 钟雪梅：《我国的司法不作为初探》，载《云南行政学院学报》2004 年第 5 期。

171. 李玉君：《社会福利民营化法律观点之探讨》，载《月旦法学杂志》2003 年 11 月第 102 期。

172. 张秀兰、徐月宾：《建构中国的发展型家庭政策》，载《法学研究》2003 年第 6 期。

173. 陈醇：《论国家的义务》，载《法学》2002 年第 8 期。

174. 郑贤君：《基本权利的宪法构成及其实证化》，载《法学研究》2002 年第 2 期。

175. 熊菁华：《论行政不作为的救济》，中国政法大学 2001 年博士学位论文。

176. 杨伟东：《履行判决变更判决分析》，载《政法论坛》2001 年第 3 期。

177. 应飞虎：《需要干预经济关系论——一种经济法的认知模式》，载《中国法学》2001 年第 2 期。

178. 姚远：《血亲价值论：对中国家庭养老机制的理论探讨》，载《中国人口科学》2000 年第 6 期。

179. 张宇润：《试论经济法属性的证券法基本原则》，载《安徽大学学报（哲学社会科学版）》2000 年第 5 期。

180. ［德］施达克：《基本权利之保护义务》，李建良译，载《政大法学评论》1997 年第 3 期。

181. 北岳：《法律义务的合理性依据》，载《法学研究》1996 年第 5 期。

182. 李龙：《论生存权》，载《法学评论》1992 年第 2 期。

183. 徐显明：《生存权论》，载《中国社会科学》1992 年第 5 期。

184. 吴家如：《职权义务论》，载《现代法学》1991 年第 3 期。

185．费孝通：《家庭结构变动中的老年赡养问题——再论中国家庭结构的变动》，载《北京大学学报（哲学社会科学版）》1983 年第 3 期。

186．陈爱娥：《自由—平等—博爱：社会国原则与法治国原则的交互作用》，载《台大法学论丛》1997 年第 2 期。

187．李震山：《人性尊严之宪法意义》，载《中国比较法学会报》1992 年第13 期。

二、外文参考文献

（按作者或者第一作者姓氏字母顺序排序，同一作者按发表时间先后排序）

（一）著作类

1．Ch. Starck, *Menschenwürde als Verfassungsgarantie im modernen Staat*，JZ 1981，S. 457（459 f.）；E. Benda, Menschenwürde und Persönlichkeitsrecht，in：Benda/Maihofer/Vogel（Hrsg.），Handbuch des Verfassungsrechts（HdbVerfR），§ 6 Rn. 2；Maunz/Zippelius, Deutsches Staatsrecht，30. Aufl.，1998.

2．Gitter/Schmitt, Sozialrecht［M］，5. Aufl.，2001.

3．H. Girvetz, *Welfare State . In：international Encyclopedia of the Social Sciences*，1968.

4．Hans-Wolfgang, *Zum Staatszuschuß bei den Sozialversicherungen*［M］，in：VSSR 1982，S. 31.

5．Luhmann N. *Trust and Power*，Chichester：Wiley，1979.（Luhmann N. Trust and Power［J］. 1982.）

6．Matthias Bernzen, *Das Grundrecht auf Gesundheit—Ausblick auf einen latenten Standard*，in：Katzenmeier/Ratzel（Hrsg.），Festschrift für Franz-Josef Dahm，2017.

7．Michael Stolleis, *Geschichte des Sozialrechts in Deutschland*［M］，Lucius & Lucius，Stuttgart 2003.

8．Miller，Jaclynn M.（2010）*International Human Rights and the Elderly*，Marquette Elder's Advisor：Vol. 11；Iss. 2，Article 6. Available at：http://scholarship.law.marquette.edu/elders/vol11/iss2/6［2022-12-14］.

9．R. Hendler, *Oragnisation und Selbstverwaltung der Sozialversicherung*，in：

B. B. von Maydell（Hrsg.）［M］，Handbuch des Sozialrechts，2. Aufl.，1995，§ 6 Rn. 42.

10. Schuppert，Gunnar Folke，*Der Gewährleistungsstaat modisches Label oder Leitbild sich wandelnder Staatlichkeit?* in：idem（ed.），Der Gewährleistungsstaat-Ein Leitbildauf dem Prüfstand，Baden-Baden：Nomos，2005.

11. Van Langendonck，Jef，ed.，*The Right to Social Security*，Social Europe Series Volume 12，Intersentia Press，Antwerp and Oxford，2007.

（二）论文类

1. Business. Public Long-term Care Financing Arrangements in OECD Countries ［J］. Sourceoecd Finance & Investment/insurance & Pensions，2011，volume 2011：203—235（33）.

2. Bjorkmo，M. & Lundbergh，S.，*Restructuring Sweden's AP Funds for Scale and Global Impact*，Rotman International Journal of Pension Management，3，2010：（1）.

3. Dworkin R. *What is Equality? Part* 2：*Equality of Resources*，Philosophy & Public Affairs，1981（4）.

4. See Henry Shue，*Basic Rights*：*Subsistence*，Affluence and U.S. Foreign Policy，Princeton University Press，1996.

5. LeiLeisering，L.（2013），*The "Social"*：*The Global Career of an Idea*，International Journal of Social Quality，3（2）.

6. Pierre Koning，*On Mixed Systems of Public and Private Administration of Social Insurance*，8（4）European Journal of Social Security 381（2006）.

7. Social Protection for Older Persons：Policy trends and statistics 2017—19/International Labour Office.

8. Social Protection Department-Geneva：ILO，［D/OL］.（2018-11-05）［2022-12-14］. http：//socialprotection-humanrights. org/wp-content/uploads/2018/ll/55212.

9. Stefan Huster，*Hat das Leben keinen Preis?* in：Jahrbuch für Recht und Ethik 22（2014）.

10. Vidal-Meliá，C.，Boado-Penas，M. d. C. & Settergren，O.，*Automatic*

232

Balance Mechanisms in Pay-As-You-Go Pension Systems，The Geneva Papers on Risk and Insurance，2009（2）.

11. Vgl. G. F. Schuppert，*Die öffentliche Verwaltung im Kooperation spektrum Staatlicher und Privater Aufgabenerfüllung：Zum Denkenin Verantwortungsstufen*，Die Verwaltung 31（1998）.

后 记

自 2015 年来到西南大学法学院工作以来，我一直在思考未来的研究专题，希望在社会保障法学领域内寻找到一个具有理论深度和前景的研究方向。2016 年初夏之交，在武汉大学法学院参加会议期间，有幸与叶金育教授闲聊谈到了这个问题，叶金育教授一眼看穿当时社会保障法学研究领域内还缺少对"养老"这一现象的理论回应，建议我以"养老"为主线开展社会保障法研究工作。为此，课题组于 2019 年以"公民养老权的国家义务研究"为题申请了当年的国家社会科学基金青年项目，并有幸被立项。从此，我便开始了这段与"公民养老权的国家义务"艰辛"对话"的学术探索之旅。课题立项后，我便前往了比利时鲁汶大学（KU Leuven）社会法研究所做访问学者，访学期间给了我充分的时间和精力去观察和探索比利时、德国的养老保障制度，期望从中可以找到解决中国"养老"问题的钥匙。然而，深度观察后发现，由于人口年龄结构（移民的加入）、"政府—社会—个人"间关系、国家财政支出能力和养老保障制度底层法律逻辑设计的巨大差异，比利时、德国的养老保障法律制度可能并不适合中国国情。此后，我将研究视角又重新拉回到中国社会、家庭的养老现实，从养老保险制度到养老服务制度，从家庭养老到社会养老，从不同视角来观察中国养老这一复杂又独特、传统又现代的命题。

任何学问都是时代的产物，都离不开时代潮流的推动。特别是 2022 年我国人口结构出现了历史性的新变化，2022 年我国出生人口 956 万人，出生率仅为 6.77‰，是新中国成立以来的历史新低，人口增长率开始呈现负增长态势。在此大背景下，化解阻碍生育和养老的障碍势必会成为未来国家人口问题法律治理的核心命题。正如哈耶克在晚年对我们的提醒：要时刻警惕学术研究"致命的自负"，对于理性和自由的过度信任，或许产生"知识的僭妄"？中国养老问

234

题的研究归根到底是研究人的学问，若离学术理性太近，离现实灵魂太远，则理论大概容易做得精致，但现实意义恐不如人意。自 2020 年以来，课题组奔赴湖北、四川、重庆等地，实地调研养老机构、社区和居家养老服务，并与民政系统、人社系统座谈交流，整理了各地养老实践和养老政策的一手资料。我们的研究视角始终聚焦于养老与国家义务、养老与公民权利、养老保险与养老服务法治化等有关"养老与宪法"的诸多关系。然而，由于自己学术能力有限和相对懒惰，导致近三年来所发表的论文并未有所谓传世之作或是在学界具有较大影响力的作品，只是在社会法学"养老"法治领域留下了几篇"边角料"文章，如有读者喜爱也算是对我这几年工作最大的慰藉。

在"公民养老权国家义务"研究中，如何从规范层面去解释一个未被《宪法》列举的权利，如何证成公民养老权属于基本权利范畴，如何去构造公民养老权的基本内涵，以及如何反向证明国家承担义务的依据和义务履行路径。在这些从权利到义务的论证过程中，始终在不断克服和解决理论问题，类似一个问题引发另一个问题，研究好像永远达不到设想中所渴望的那般高度，永远雕刻不出心仪理论模型的塑像。如果说写作"公民养老权国家义务研究"是发现一个新大陆，或是翻越一座山脉，那么这本书完成后我却看到远方还有许多未曾涉足的海洋和陆地。比如，如何进一步诠释公民养老权在社会法体系中的价值，探索基本养老服务与养老保险法治化路径，国家财政支出能力与公民养老需求如何对接等，均需未来进一步思考。实际上，本书研究并未达成课题立项之初雄心壮志的预期，写作过程中也在不断调整研究方向和内容，是时间推动着写作的产物，只能通过后文的继续研究以求能进一步丰富和深化养老权国家义务论证。

不依附于既定结论，一针见血看清问题实质的能力，是这个社会做社会法学研究的基础。因此我要感谢让我的思维能力得到一次又一次提升的很多师长、学友的指导和帮助，是你们让我时刻都在注视与反思着自己的研究。在此，我要感谢清华大学法学院的郑尚元教授，武汉大学法学院的张荣芳教授，重庆大学的袁文全教授，西南政法大学的许明月教授和胡大武教授，西南大学的张新民教授、叶金育教授和赵学刚教授，是你们在课题开题时毫无保留地给了我那么多建设性意见！同时，也要感谢社会法青年论坛的王天玉教授、娄宇教授、沈建峰教授、李满奎教授等学友的大力支持！在本书写作过程中，西南大学的孔祥栓、付晨熙、姜泽文、唐玲等研究生给予了我诸多观点和资料方面的大力支持，鲁娜、朱津、余意、妥慧芳和黄圣丹同学帮忙承担了文字校对和部分章节的修订工作，在此一并向各位优秀的同学致敬！

最后，感谢上海人民出版社的夏红梅编辑为本书出版给予的关心和大力支持，鞭策我辛勤修改，及早将文章交付。没有夏红梅编辑的专心工作和细心修订，就没有本书的及时面世。在此感谢！

虽说作者在本书写作中极力追求论证严谨、文字规范，但正如前文所说作者的能力水平和思考时间有限，本书不可避免地会出现一些纰漏乃至错误，还请读者多"拍砖"指正，以求精益求精！

杨复卫

于缙云山下

2023 年 4 月 8 日

图书在版编目(CIP)数据

公民养老权的国家义务研究/杨复卫著.—上海：
上海人民出版社,2023
ISBN 978-7-208-18296-7

Ⅰ.①公… Ⅱ.①杨… Ⅲ.①养老-社会保障-研究
-中国 Ⅳ.①D669.6 ②D632.1

中国国家版本馆 CIP 数据核字(2023)第 084505 号

责任编辑 夏红梅
封面设计 一本好书

公民养老权的国家义务研究
杨复卫 著

出　　版　上海人民出版社
　　　　　　(201101　上海市闵行区号景路 159 弄 C 座)
发　　行　上海人民出版社发行中心
印　　刷　江阴市机关印刷服务有限公司
开　　本　720×1000　1/16
印　　张　15.75
插　　页　2
字　　数　246,000
版　　次　2023 年 6 月第 1 版
印　　次　2023 年 6 月第 1 次印刷
ISBN 978-7-208-18296-7/C・683
定　　价　68.00 元